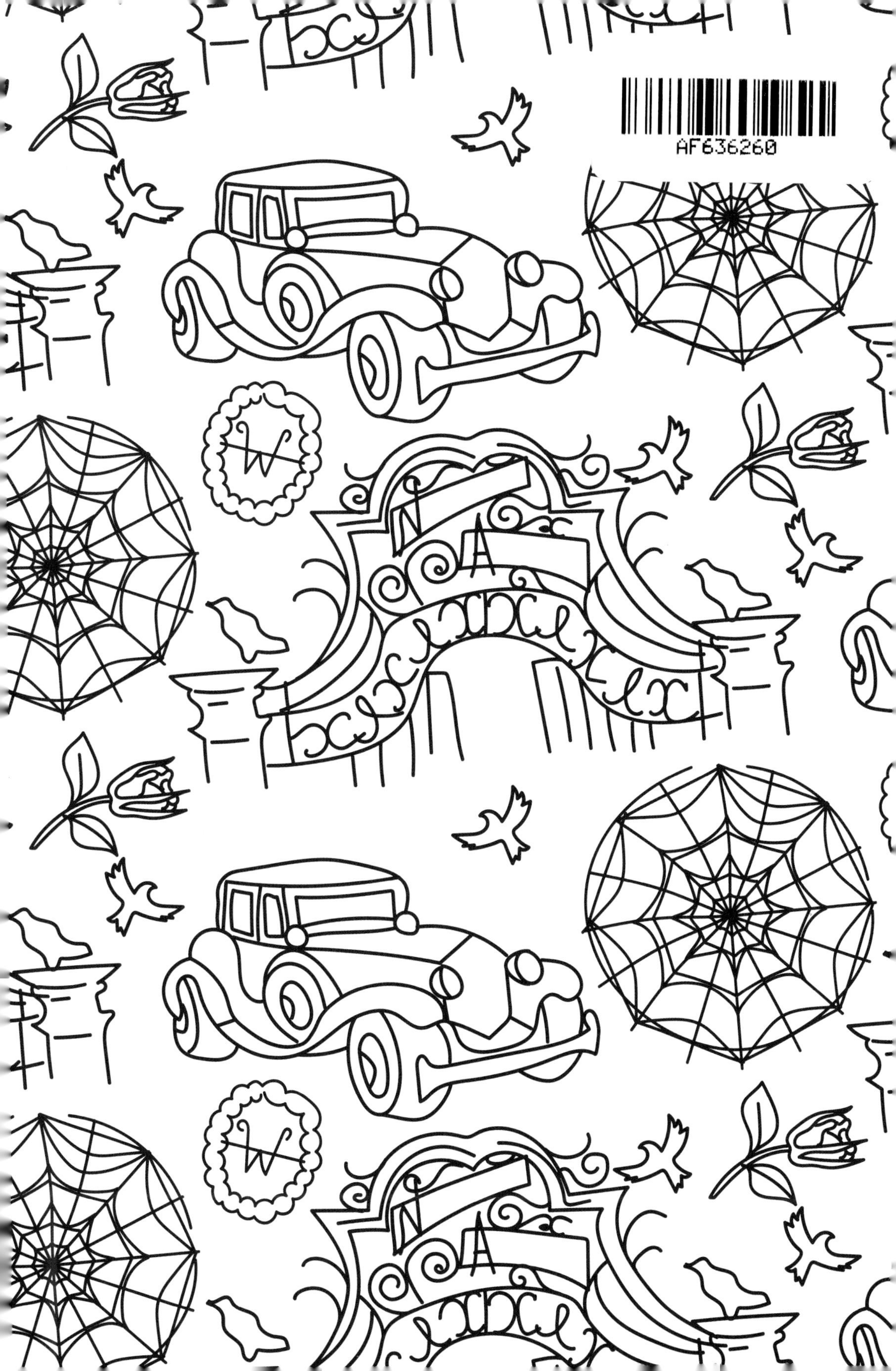

GET THE LOOK!

WEDNESDAY UND ENID

Das inoffizielle Buch zur Erfolgsserie

Stricken, Häkeln, Amigurumi, Plotten

CV

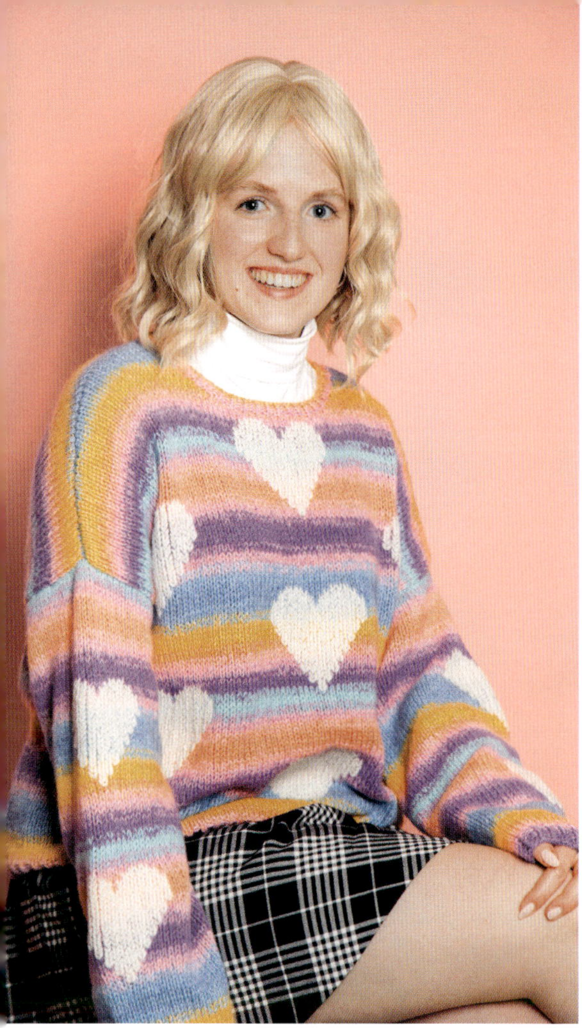

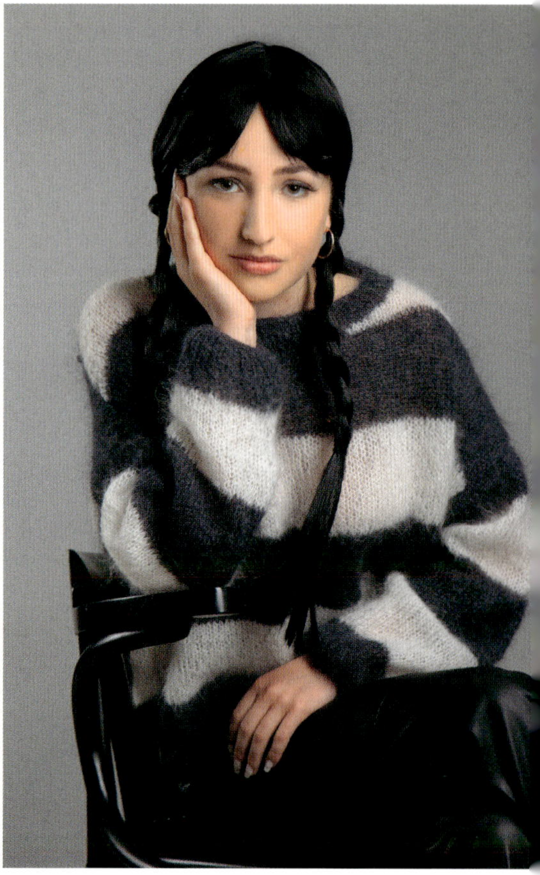

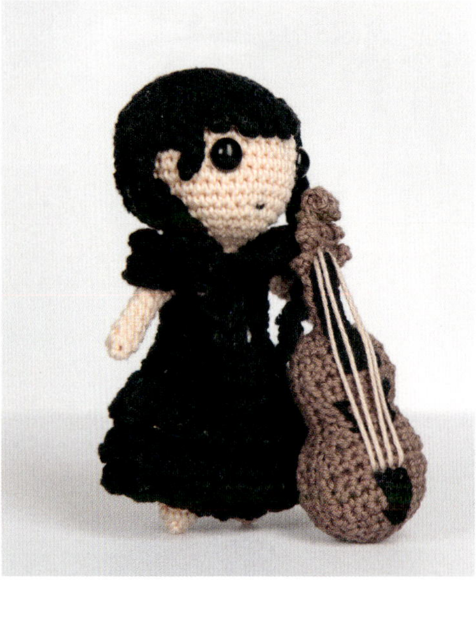

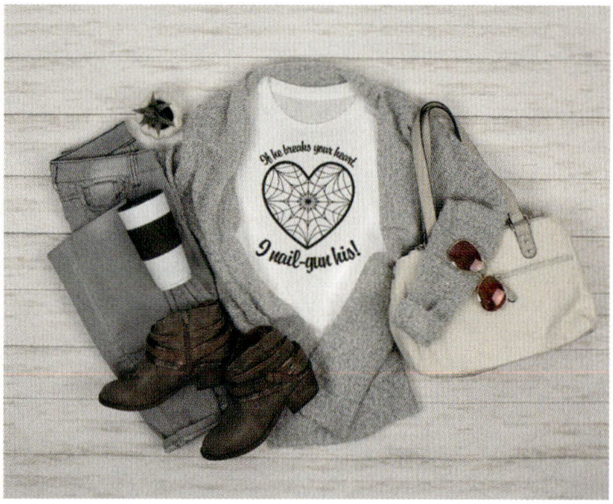
If he breaks your heart,
I nail-gun his!

INHALT

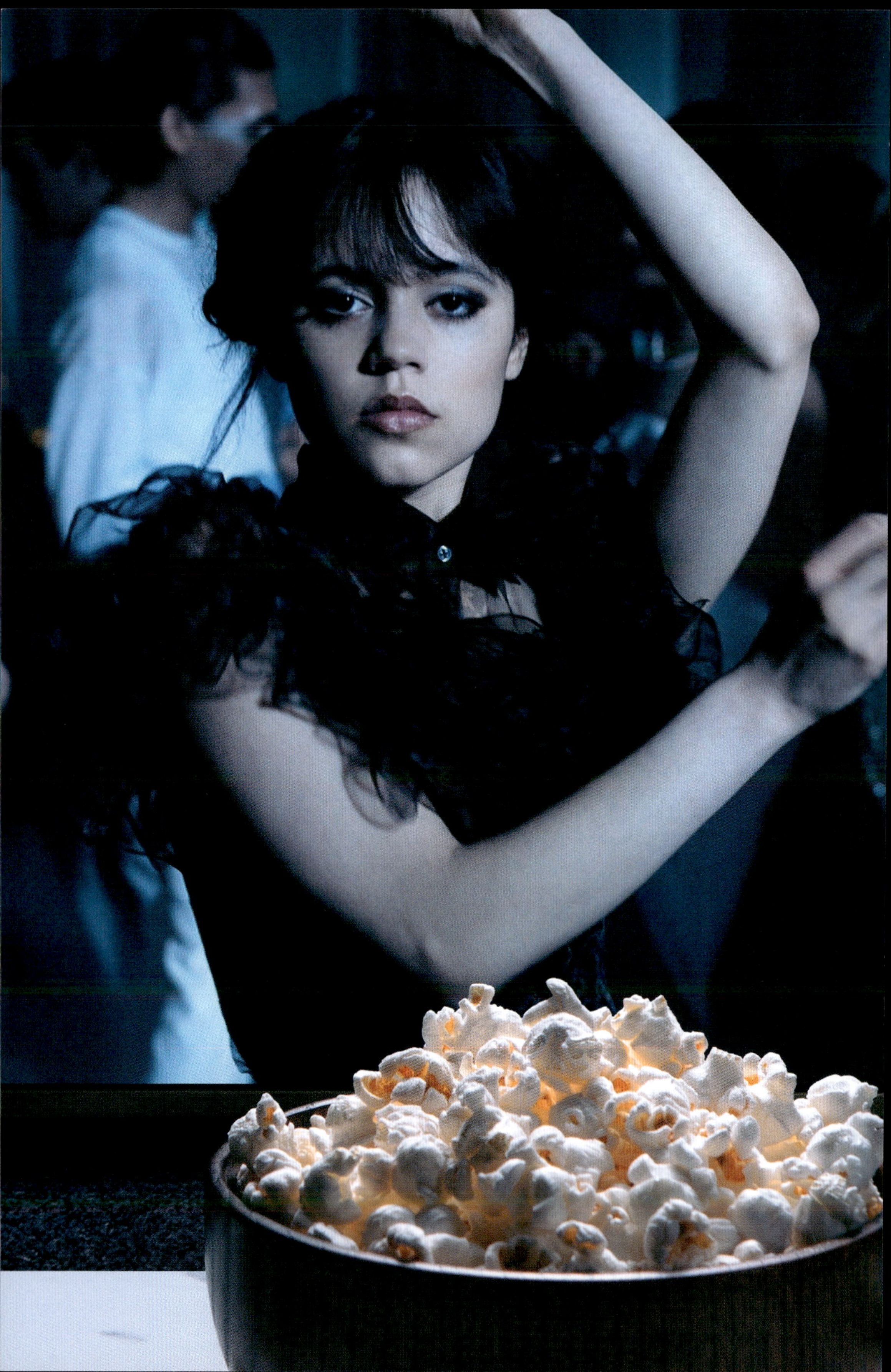

EXZENTRIK AT ITS BEST

Seit in den 1960er-Jahren erstmals die Fernsehserie »The Addams Family« , basierend auf den Charakteren der gleichnamigen Cartoons von Charles Addams, ausgestrahlt wurde, sind Morticia, ihr Mann Gomez und die beiden Kinder Wednesday und Pugsley gefühlt unsere Nachbarn. Sie leben in einem düsteren, aber irgendwie auch charmanten Herrenhaus und pflegen ihre skurrilen Hobbys wie das Anpflanzen von giftigen Pflanzen und das Pflegen von Fledermäusen als Haustiere. Wednesday baut bereits im Grundschulalter eine dampfbetriebene Guillotine, damit das Köpfen ihrer Puppen effektiver wird.

Trotz ihrer eigenwilligen Gewohnheiten und ihrer düsteren Vorlieben sind die Addams-Family-Mitglieder liebevoll und fürsorglich zueinander. Sie halten fest zusammen und unterstützen einander in allen Situationen, egal wie ungewöhnlich sie sein mögen. Die Familie geht über alles! Gomez ist ein leidenschaftlicher und liebevoller Ehemann, der seine Leidenschaft für Geld, Schwerter und Zeremonien auslebt. Morticia ist seine elegante und mysteriöse Frau, die mit ihrem Gothic-Stil und ihrer sanften, aber durchaus scharfsinnigen Art fasziniert. Vor allem aber ist sie eine tolle Mutter, die ihre Kinder über alles liebt.

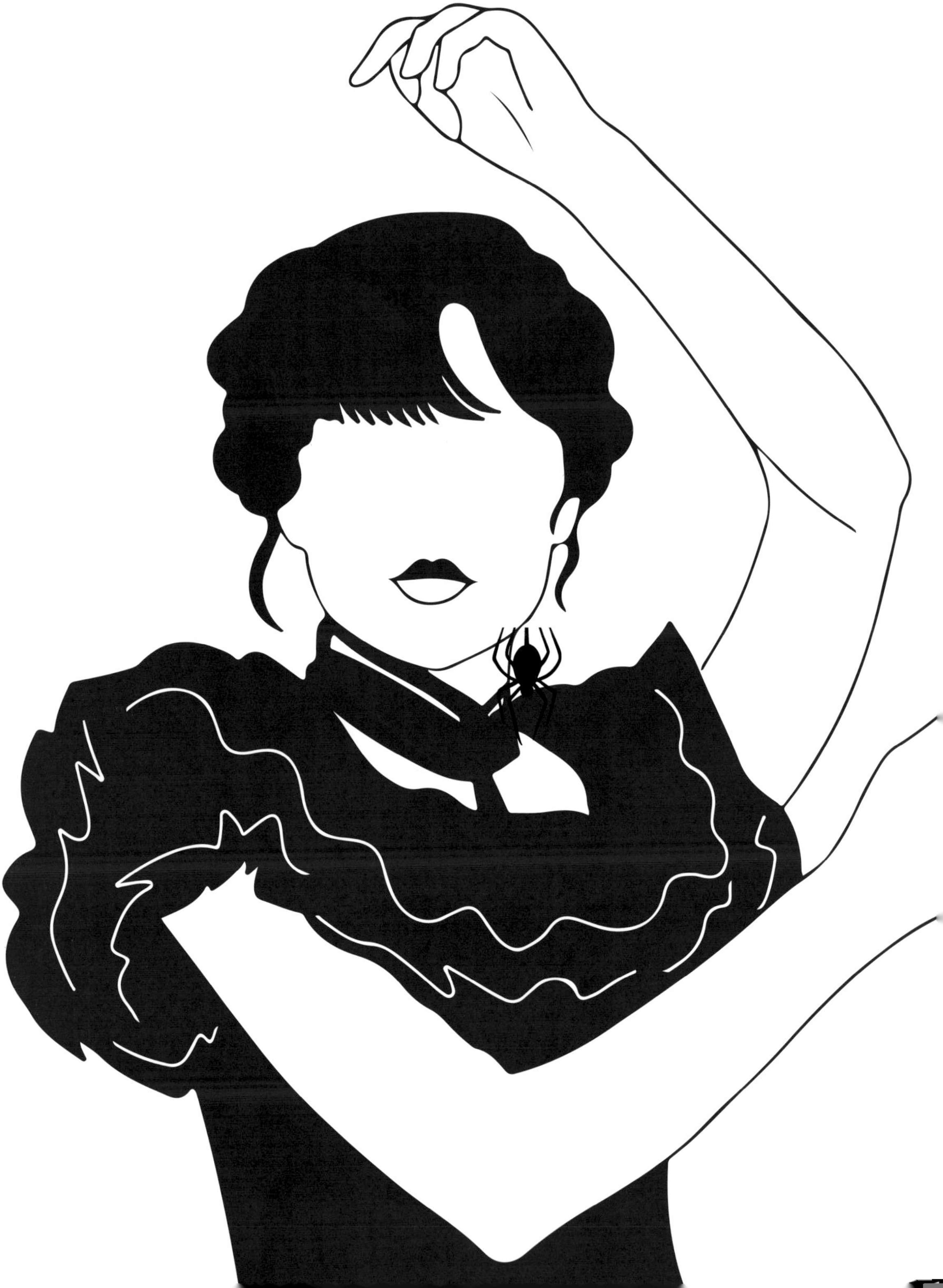

DAS MÄDCHEN, DAS AN EINEM MITTWOCH GEBOREN WURDE

Mit ihrer einzigartigen Persönlichkeit, ihrem sarkastischen Humor und ihrer beeindruckenden Fähigkeit, sich in düsteren Situationen zu behaupten, zieht Wednesday uns in ihren Bann. Sie ist schlau, sie ist einzigartig anders und vor allem: Sie ist authentisch. Wednesday schert sich nicht um die Meinung anderer und hat den Mut, so zu sein, wie sie ist. Auf den ersten Blick verschlossen und arrogant, findet sie nach und nach Freunde in Nevermore, vor allem aber reift ihre Freundschaft zu ihrer Mitbewohnerin Enid, mit der sie sich ein Zimmer teilt.
Mit ihrem scharfen Verstand und ihrer unerschütterlichen Intelligenz hinterfragt Wednesday stets die Welt um sich herum.
Trotz ihres oft unnahbaren Äußeren besitzt Wednesday eine innere Stärke und rebellische Natur. Sie stellt sich mutig gegen Ungerechtigkeiten und kämpft für ihre Überzeugungen.

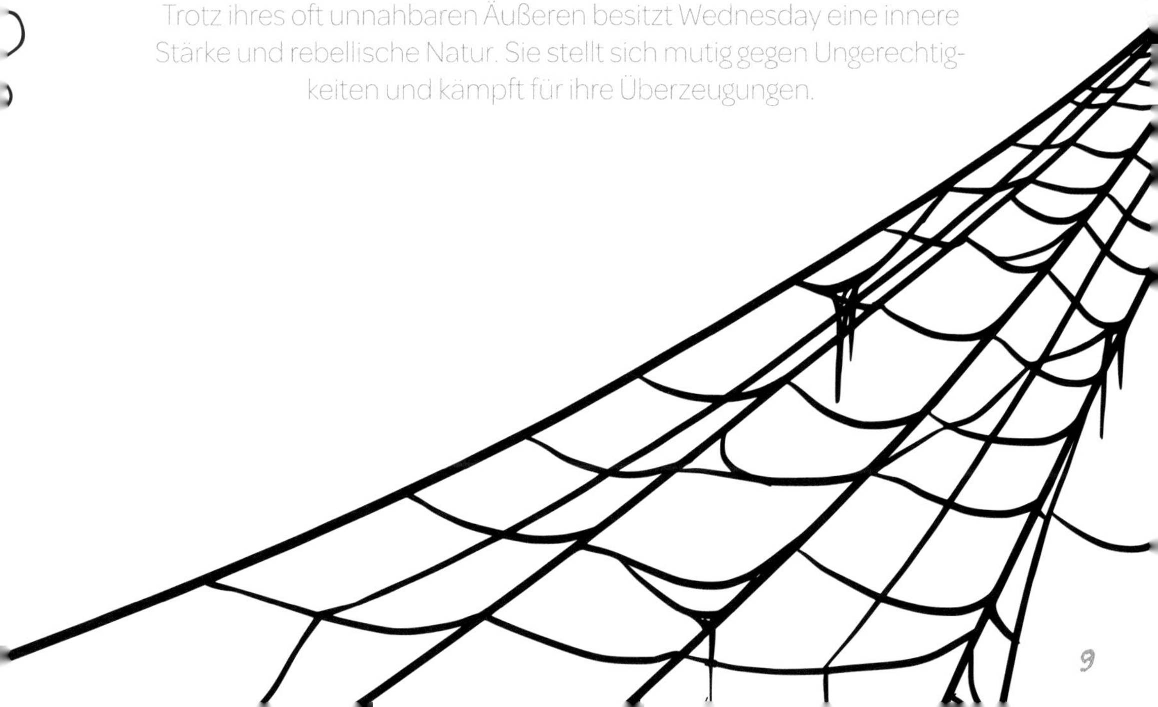

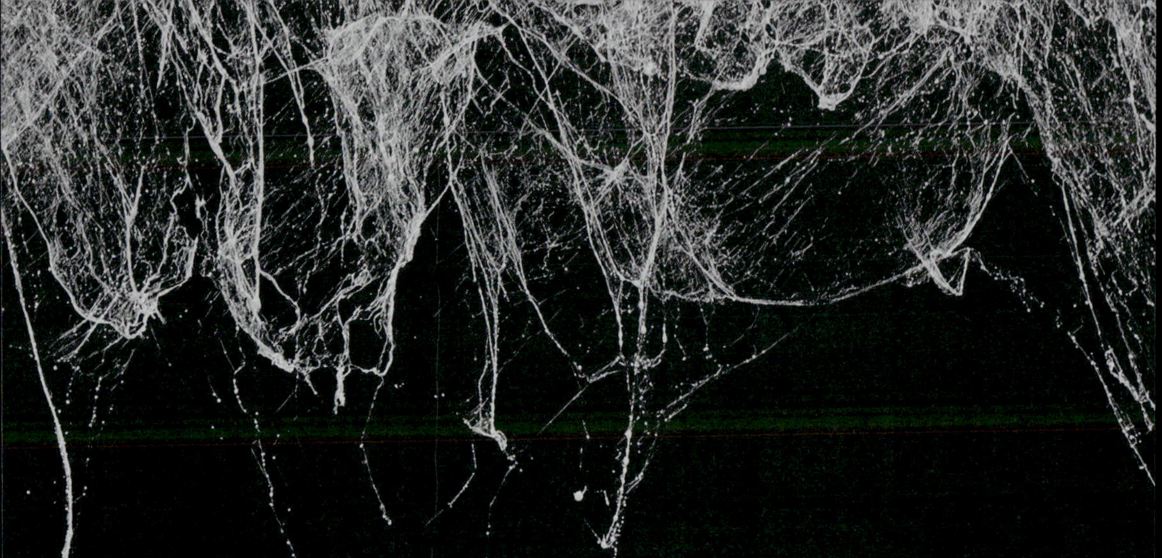

Morticia: »Bei Farben musst du Wednesday entschuldigen. Sie ist dagegen allergisch.«

Enid: »Wow, was passiert denn dann?«

Wednesday: »Es beginnt mit Ausschlag und dann schält sich das Fleisch von meinen Knochen.«

Aus: Wednesday, Staffel 1, Folge 1: »Das Kind am Mittwoch ist voller Kummer«

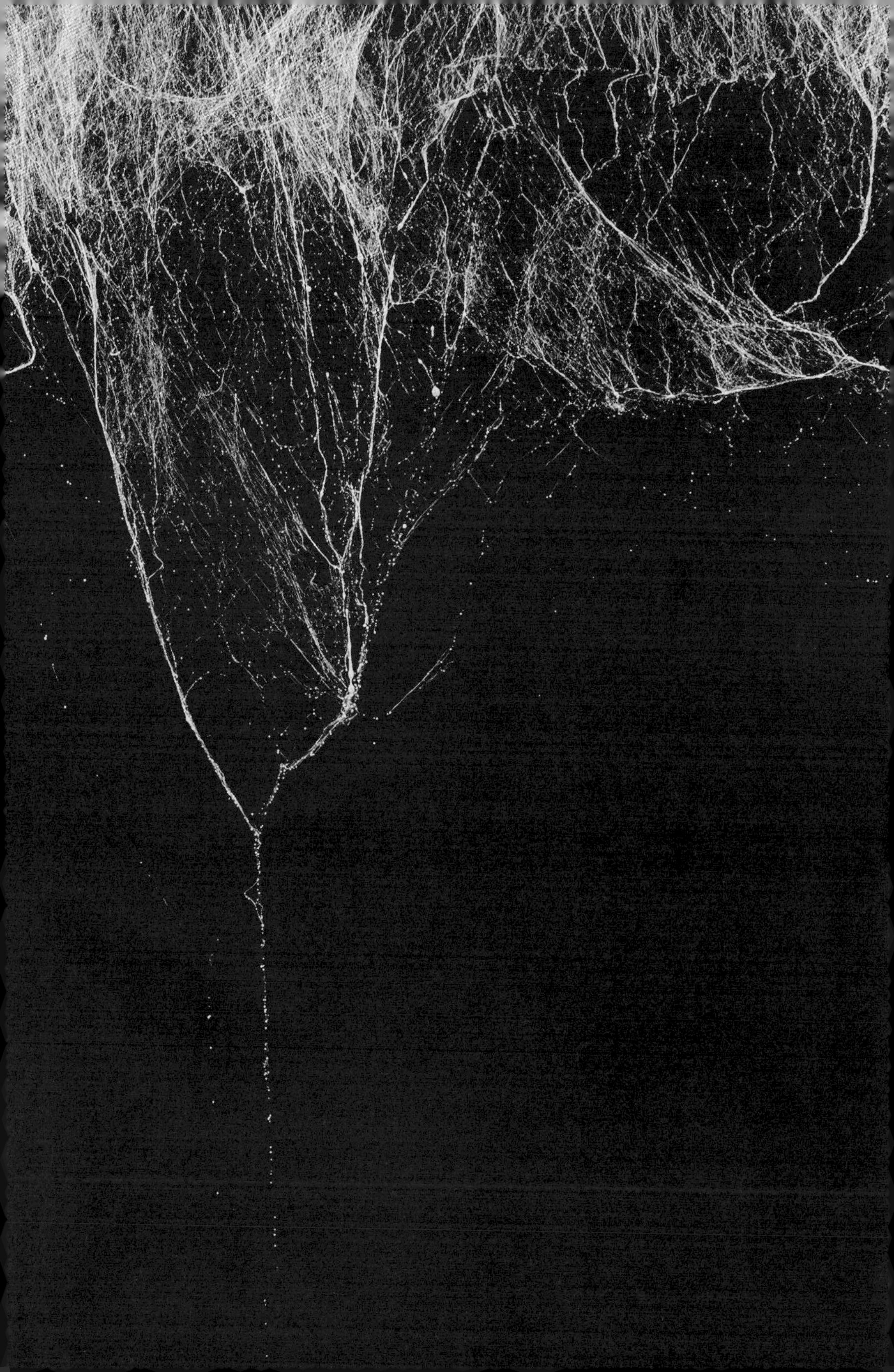

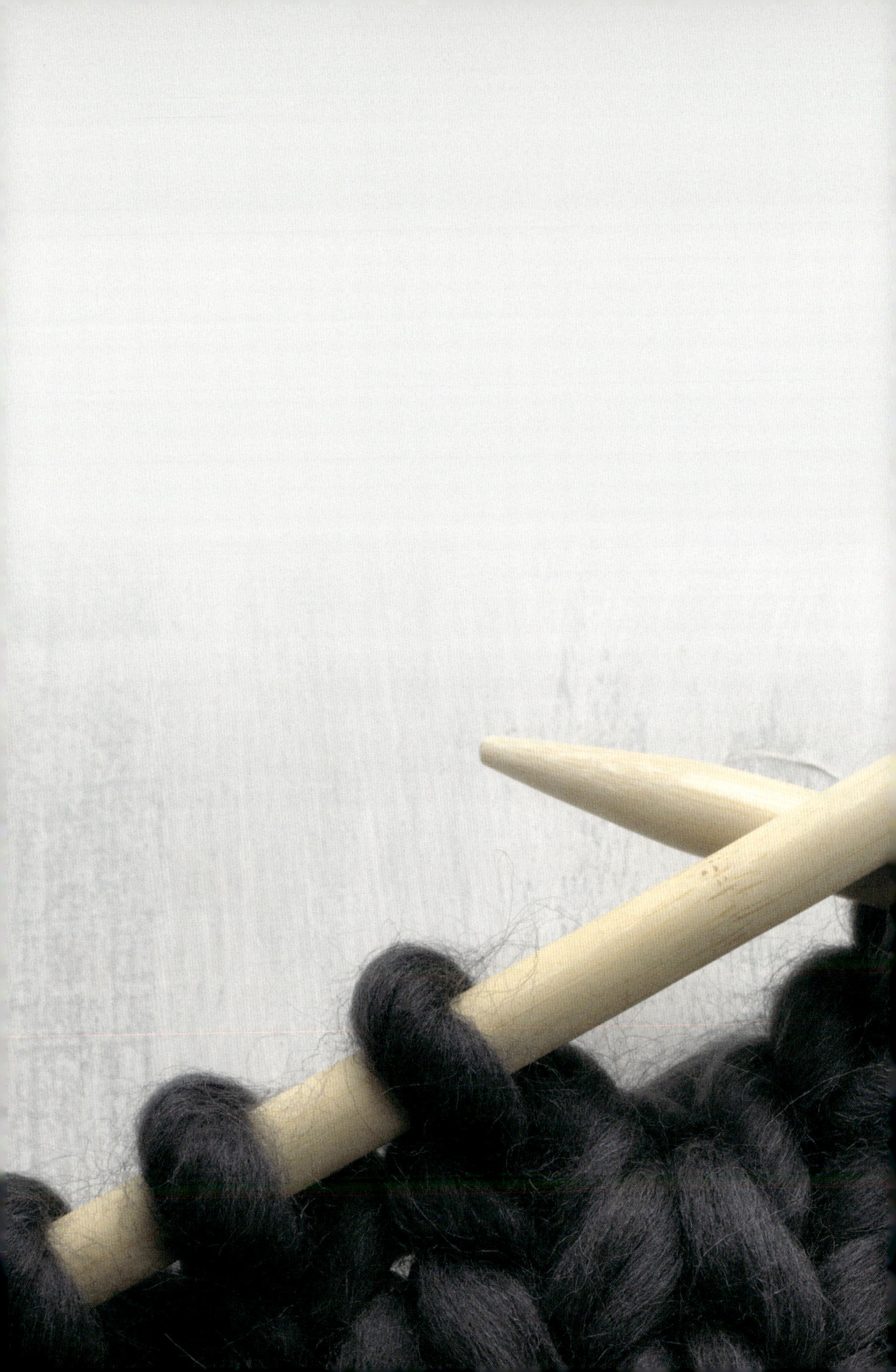

FREIZEIT-STRESS …

… kann man schon mal haben bei der langen Liste der Familien-Hobbys: Tiere und Menschen tot oder lebendig begraben, Zugunglücke mit der Modelleisenbahn nachstellen, Puppen mit einer dampfbetriebenen Guillotine köpfen, Rosen mit abgetrennten Köpfen ästhetisch arrangieren, fleischfressende Pflanzen züchten, einen Sumpf mit ekligem Getier im Garten anlegen, Mordpläne gegen seinen kleinen Bruder schmieden, Todesanzeigen sammeln, Folterkammern einrichten, mit Sprengstoff spielen, sich duellieren, Cello spielen und: STRICKEN.

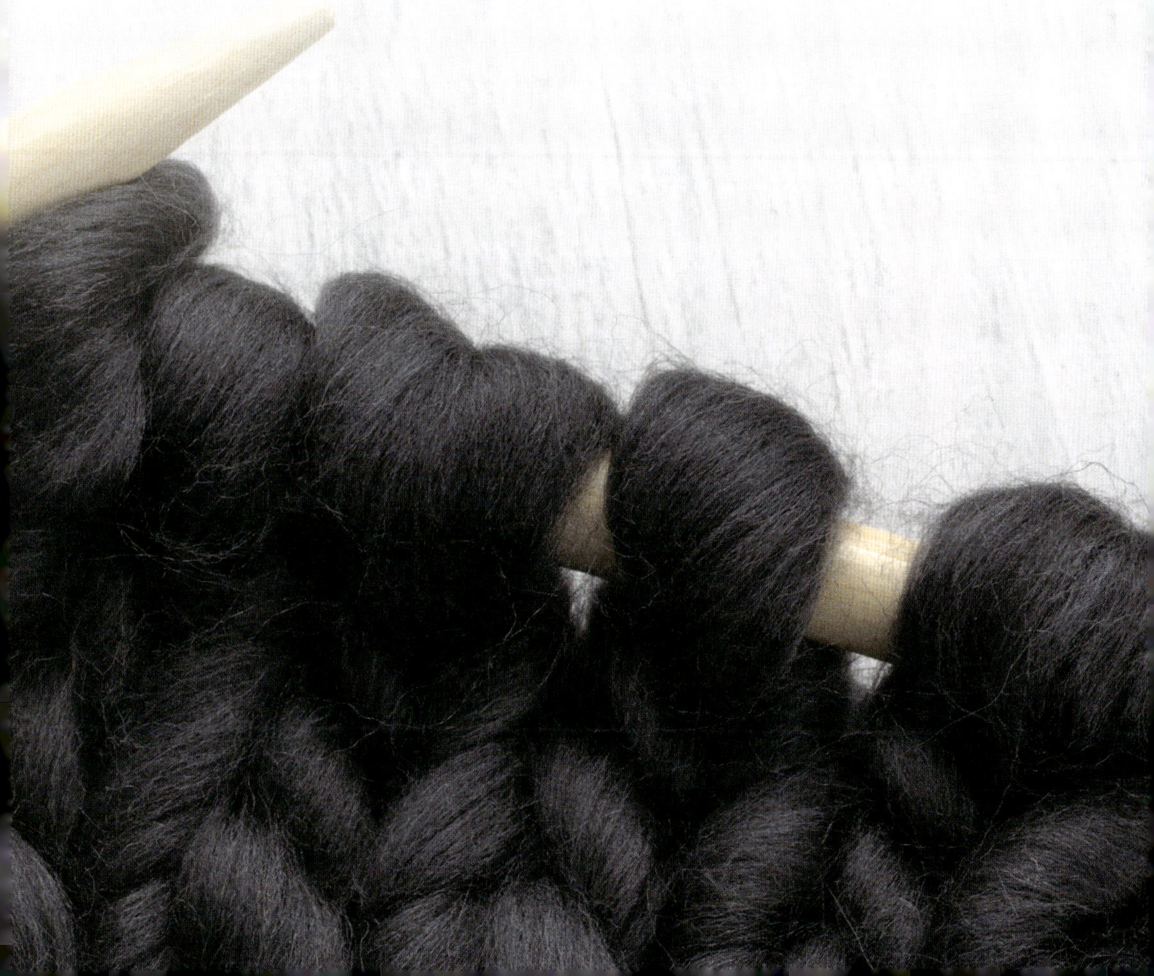

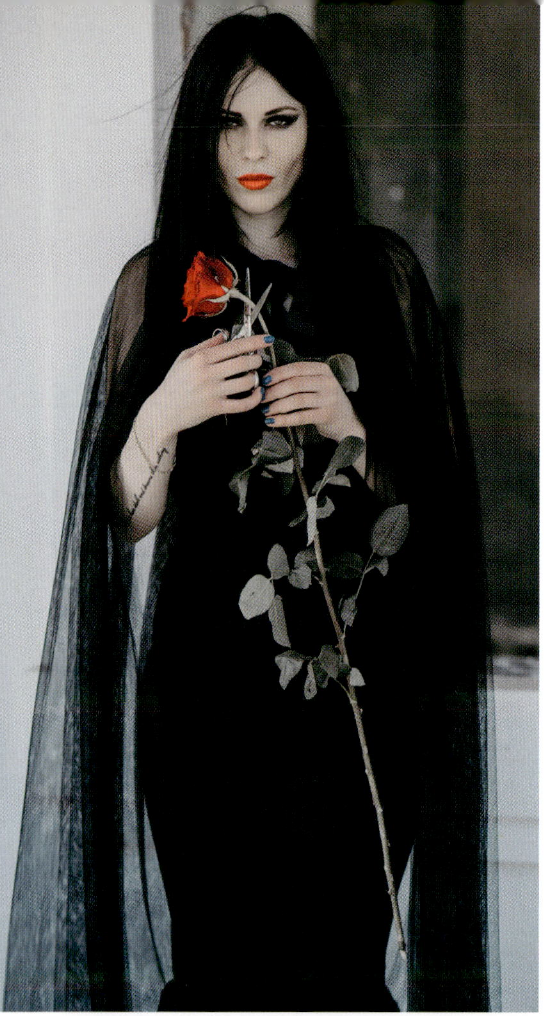

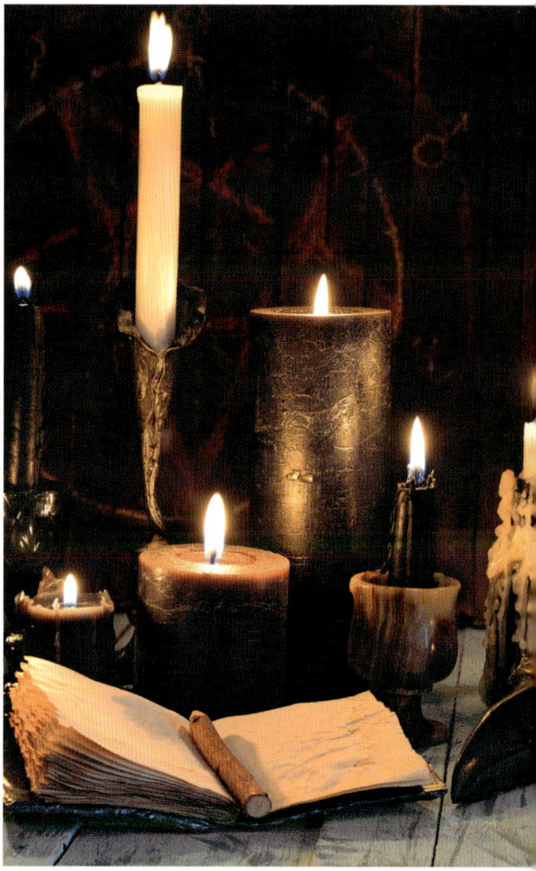

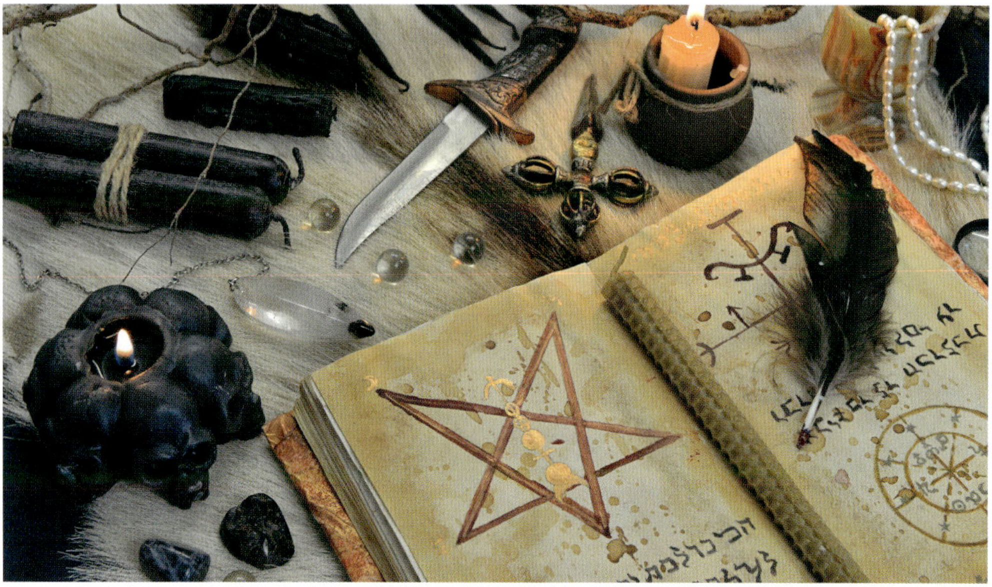

GANZ SCHÖN MAKABER

Die Vorliebe für düsteren, bisweilen auch höchst makaberen Humor, der einem das Blut in den Adern gefrieren lässt, schwarze Kleidung mit historischen Einflüssen, melancholische Musik und Faszination für alles Morbide haben alle Mitglieder der Addams Family gemeinsam. Wäre die durchaus liebenswerte Familie real, wäre sie vermutlich Anhänger der »Gothic«-Bewegung, die in den späten 1970er- und frühen 1980er-Jahren entstand.

Mitglieder kleiden sich meist dunkel und tragen mit Vorliebe spitze Stiefel, viktorianisch inspirierte Kleidung, Korsetts, Netzstrümpfe und lange Mäntel. Die Mode spiegelt den romantischen und mysteriösen Charakter wider, der die Gothic-Subkultur prägt.

Die Gothic-Subkultur ist auch für ihre literarischen Einflüsse bekannt. Werke von Schriftstellern wie Edgar Allan Poe, Mary Shelley und Bram Stoker haben die Gothic-Literatur geprägt. Die düstere Romantik und die Faszination für das Unheimliche und Übernatürliche sind wiederkehrende Buchthemen.

Die Vorliebe für das Dunkle und ihre ästhetische Ausdrucksweise bedeutet aber nicht zwangsläufig, dass Anhänger morbide oder depressive Personen sind. Vielmehr ist es ihre Möglichkeit, Individualität auszudrücken, sich künstlerisch zu entfalten und eine Gemeinschaft zu finden, die ihre Interessen teilt.

Welcome to Nevermore Academy!

WEDNESDAYS OUTFITS: GARANTIERT FARBLOS

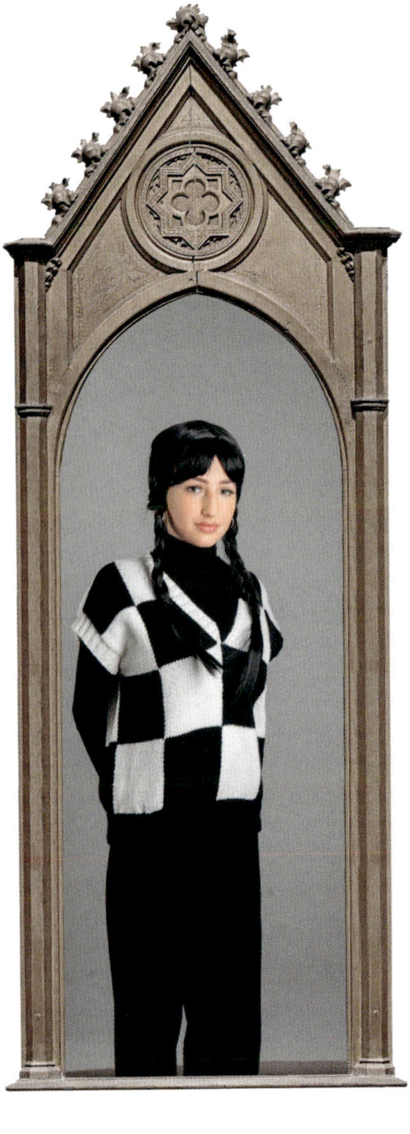

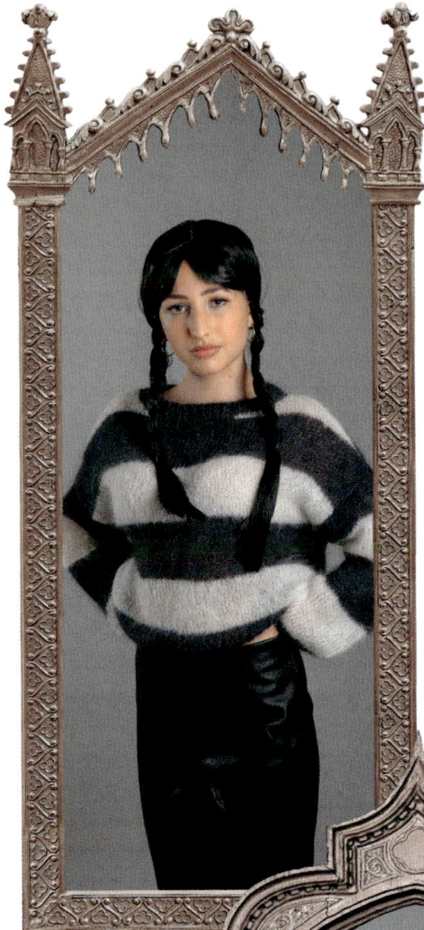

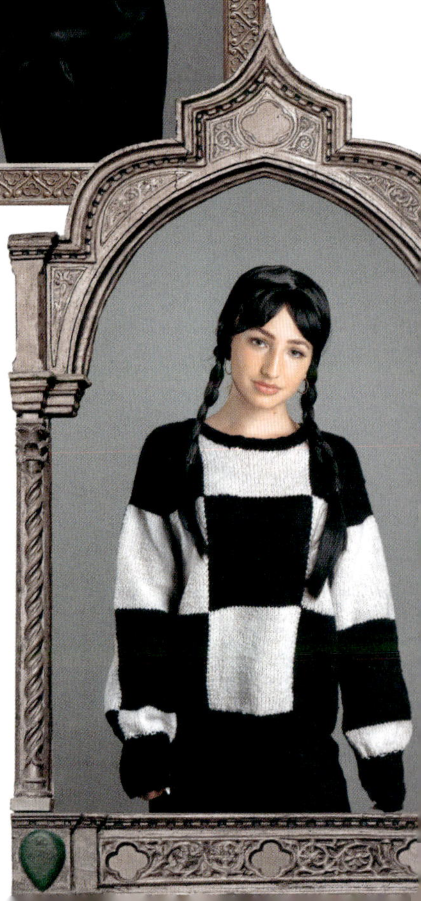

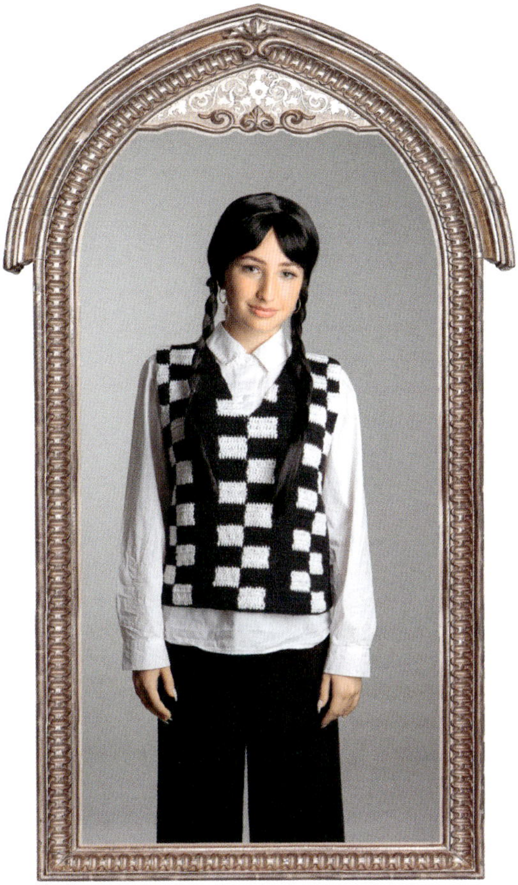

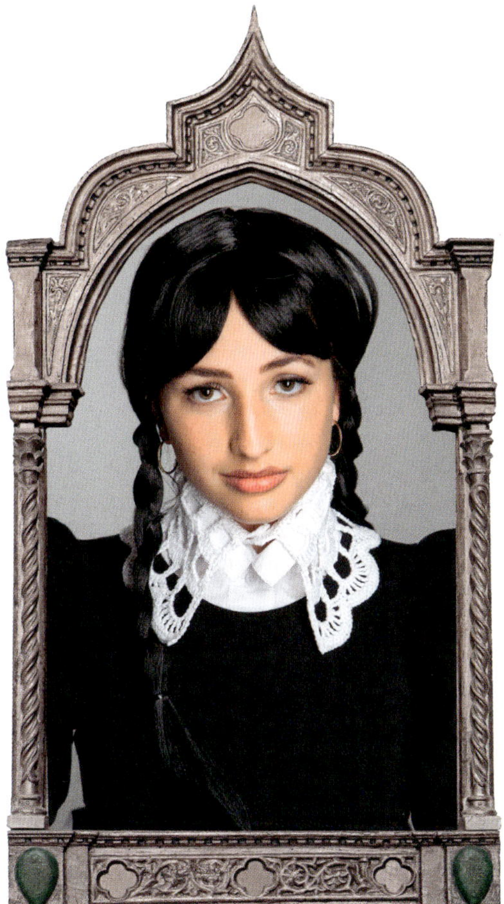

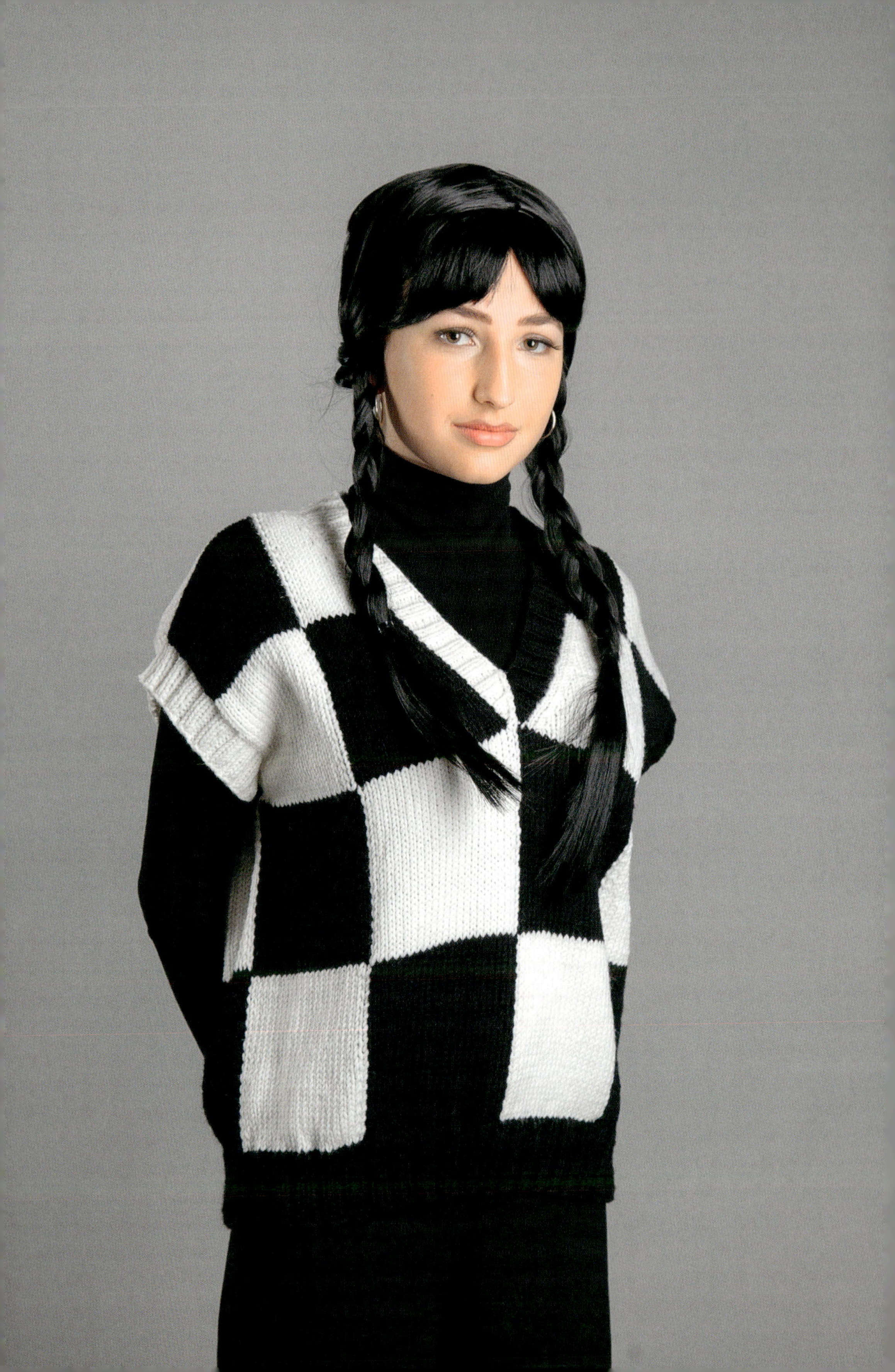

JENNA

Hüftlanger Pullunder im Schachbrettmuster, wie Wednesday ihn liebt. Kombiniere ihn für ein lässiges Tagesoutfit mit mittelweiter, cropped Hose und einer weißen Bluse.

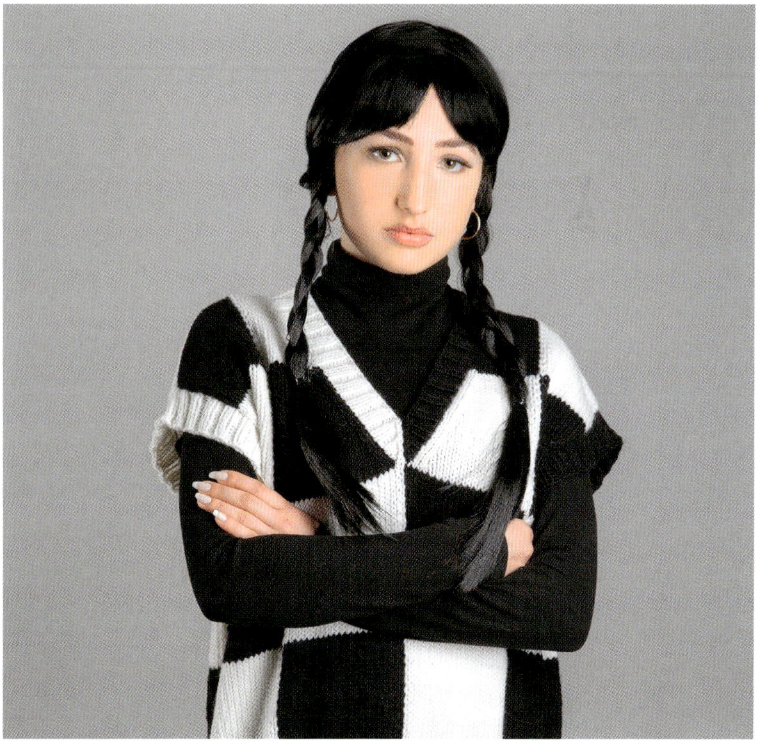

Schwierigkeitsgrad:

anspruchsvoll

GRÖSSE:

38–40 und 42–44. Die Angaben für Größe 38–40 stehen vor der Klammer, für 42–44 in der Klammer: 38–40 (42–44). Ist nur eine Angabe gemacht, gilt diese für alle Größen.

MATERIAL:

- Bingo (100 % Schurwolle Merino) von Lana Grossa mit einer Lauflänge von 80 m / 50 g: 250 (300) g in Schwarz (Fb 24), 250 g in Weiß (Fb 23),
- Stricknadeln der Stärke 5,5 mm und 4,5 mm, Rundnadel der Stärke 4,5 mm in 40 cm Länge

MASCHENPROBE:

Mit Nadeln der Stärke 5,5 mm glatt rechts gestrickt, ergeben 16 M und 23 R 10 cm × 10 cm.

Bündchenmuster 2-2-Rippe:

In Reihen: Maschenzahl teilbar durch 4 M + 2 M. In Hin-R 2 M rechts und 2 M links im Wechsel stricken und die R mit 2 M rechts beenden. In Rück-R die M stricken, wie sie erscheinen.
In Runden: Maschenzahl teilbar durch 4 M. In allen Rd 2 M rechts und 2 M links im Wechsel stricken.

Glatt rechts:

In Reihen: In Hin-R rechte M und in Rück-R linke M stricken.
In Runden: In allen Rd rechte M stricken.

Rand-Maschen:

Knötchenrand: Die erste M jeder R wie zum Rechtsstricken abheben. Die letzte M jeder R rechts stricken. Alle Ränder mit Knötchenrand arbeiten.
Betonte Abnahmen am Arm- und V-Ausschnitt:
In Hin-R am Anfang der R (= am rechten Rand) 1 Rand-M, 1 M rechts, 1 M wie zum Rechtsstricken abheben, 1 M rechts stricken, dann die abgehobene M über die gestrickte M ziehen. Am Ende der Hin-R (= am linken Rand) bis vor die letzten 4 M stricken, dann 2 M rechts zusammenstricken, 1 M rechts, 1 Rand-M.
Betonte Abnahmen an der Halsblende:
In Hin-R am Anfang der R (= am rechten Rand) 1 Rand-M, 1 M wie zum Rechtsstricken abheben, 1 M rechts stricken, dann die abgehobene M über die gestrickte M ziehen. Am Ende der Hin-R (= am linken Rand) bis vor die letzten 3 M stricken, dann 2 M rechts zusammenstricken und 1 Rand-M.

Farbfolge:

1.–32. (1.–35.) R: 1 Rand-M, 22 (24) M in Schwarz, 22 (24) M in Weiß, 22 (24) M in Schwarz, 22 (24) M und 1 Rand-M in Weiß.
33.–64. (36.–70.) R: 1 Rand-M, 22 M in Weiß, 22 M in Schwarz, 22 M in Weiß, 22 M und 1 Rand-M in Schwarz.
1.–64. (1.–70.) R noch 1 x wdh.
Hinweis: Damit beim Farbwechsel nicht alle Farben neu angesetzt werden müssen, vor jedem Farbwechsel, also nach der 32. (35.) R und nach der 64. (70.) R, die Arbeit ans andere Nadelende schieben, sodass entweder 2 Rück- oder 2 Hin-R aufeinandertreffen.

SO WIRD'S GEMACHT:

Rückenteil:
90 (98) M mit Nadel der Stärke 4,5 mm in Schwarz anschlagen und im Bündchenmuster stricken, dabei mit einer Rück-R beginnen. Nach 15 R = 6 cm ab Anschlag mit Nadel der Stärke 5,5 mm im Schachbrettmuster weiterarbeiten wie unter »Farbfolge« beschrieben. Nach 28 (30,5) cm = 66 (71) R ab Bund für die Armausschnitte beidseitig 1× 1 M, und danach noch 4× in jeder 2. R beidseitig je 1 M betont abnehmen = 80 (88) M. Die betonten Abnahmen sind oben beschrieben.

Nach weiteren 52 (58) R in 22,5 (25) cm Armausschnitthöhe die Schulterschrägung arbeiten.

Beidseitig 1× 4 M abketten, dann in jeder 2. R, also in jeder Hin-R, noch 4× je 4 M abketten. Gleichzeitig nach 58 (64) R in 25 (27,5) cm Armausschnitthöhe für den Halsausschnitt die mittleren 28 M abketten und beide Seiten getrennt beenden.

Für die Ausschnitt-Rundung an der zum Ausschnitt zeigenden Seite in der 2. R noch 1× 2 M abketten. Nach 128 (140) R ab Bund in 61 (66) cm Gesamthöhe die restlichen 4 (8) Schulter-M abketten. Die zweite Schulter ebenso arbeiten.

Vorderteil:
Wie das Rückenteil beginnen, aber nach dem Bündchen mit einem Karo in Weiß beginnen, dann zu Schwarz wechseln und mit Weiß die R beenden.

Nach 28 (30,5) cm = 66 (71) R ab Bund mit den Armausschnitten und gleichzeitig mit dem V-Ausschnitt beginnen. Die Armausschnitte wie bei Rückenteil beschrieben arbeiten.

Gleichzeitig die Arbeit in der Mitte teilen und beide Hälften getrennt beenden. Am Teilungsrand an der zum Ausschnitt zeigenden Kante 1× 1 M und in jeder 4. R noch 15× je 1 M betont abnehmen. Nach 22,5 (25) cm = 52 (58) R Armausschnitthöhe für die Schulterschrägung an der zum Armausschnitt zeigenden Kante 1× 4 M abketten, dann in jeder 2. R noch 4× je 4 M abketten. Nach 128 (140) R ab Bund in 61 (66) cm Gesamthöhe die restlichen 4 (8) Schulter-M abketten.

Halsblende:
Die Schulter- und Seitennähte schließen. Die Halsblende in zwei Teilen in R arbeiten. Mit der Rundstricknadel von der unteren Spitze beginnend bis zur rückwärtigen Mitte 69 (73) M in Weiß auffassen und in Reihen im Bündchenmuster stricken. Dabei mit einer Rück-R wie folgt beginnen: Rand-M, 1 M links, 2 M rechts, dann ***2 M links, 2 M rechts*** stricken und von *** bis *** fortlaufend wiederholen. Die R beenden mit 1 Rand-M.

Gleichzeitig für die V-Spitze am rechten, zum V zeigenden Rand in jeder Hin-R 1 M betont abnehmen. Nach 3,5 cm = 9 R im Bündchenmuster alle M locker abketten. Für die zweite Hälfte von der rückwärtigen Mitte bis zur unteren Spitze 69 (73) M in Schwarz auffassen und in Reihen im Rippenmuster stricken, dabei mit einer Rück-R wie folgt beginnen: Rand-M, ***2 M rechts, 2 M links, ab *** stets wiederholen. Die R beenden mit 2 M rechts, 1 M links und 1 Rand-M. Gleichzeitig für die V-Spitze am linken Rand in jeder Hin-R 1 M betont abnehmen. Nach 3,5 cm = 9 R im Bündchenmuster alle M locker abketten.

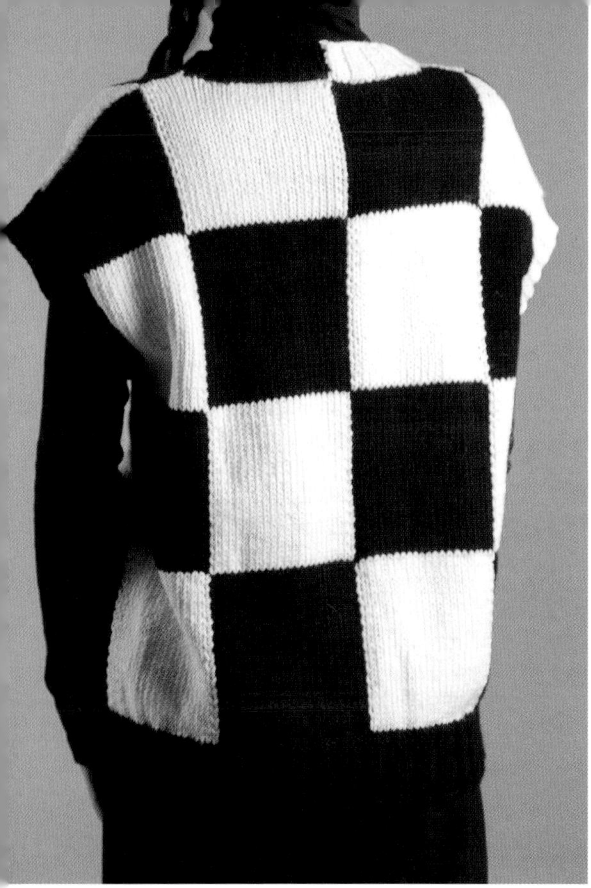

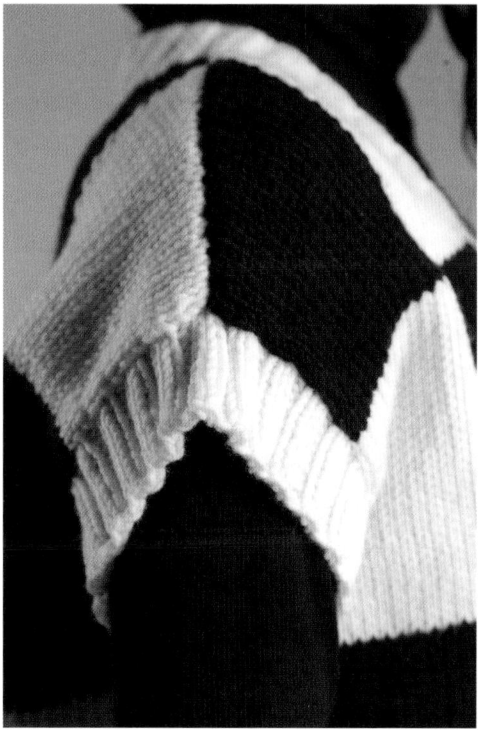

Ärmelblenden:

Für die linke Blende mit der Rundstricknadel aus dem linken Armausschnittrand 80 (84) M in Schwarz auffassen und zur Runde schließen. In Rd im Bündchenmuster stricken. Nach 3,5 cm = 9 R alle M locker abketten. Die rechte Blende ebenso, aber in Weiß arbeiten.

Zu guter Letzt:

Alle Fäden vernähen. Den Pullover glatt ausbreiten, leicht anfeuchten und unter feuchten Tüchern trocknen lassen.

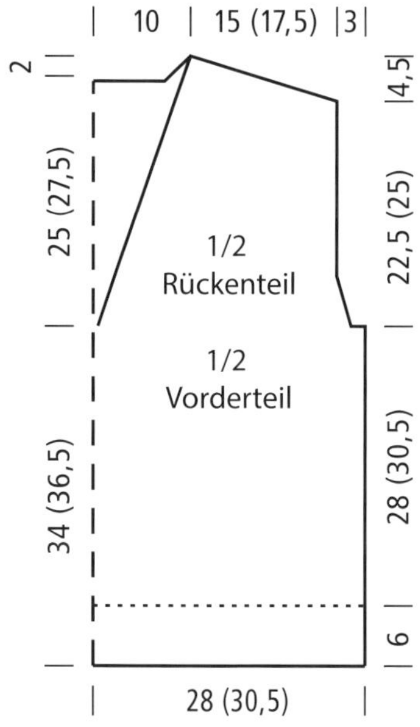

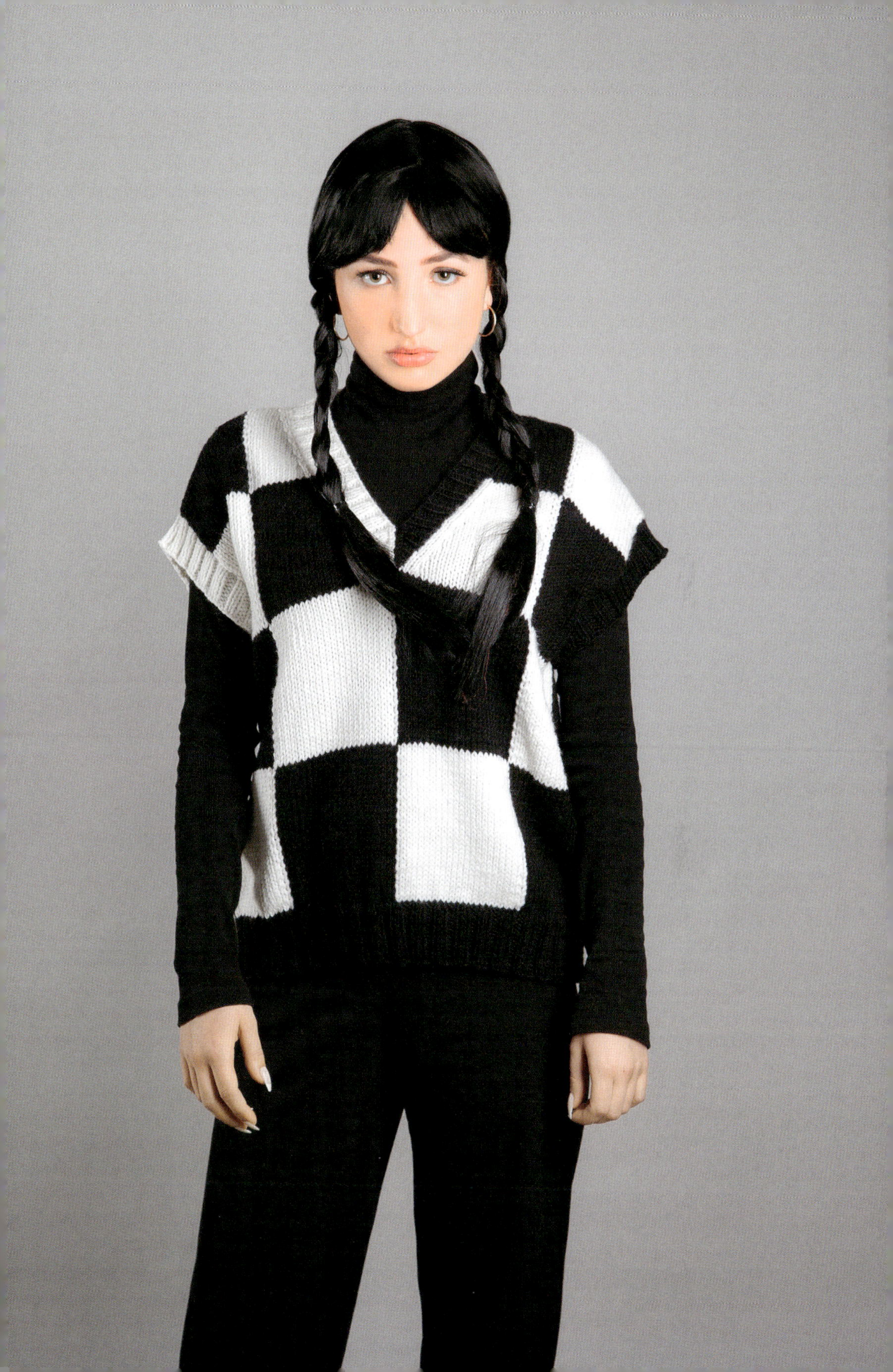

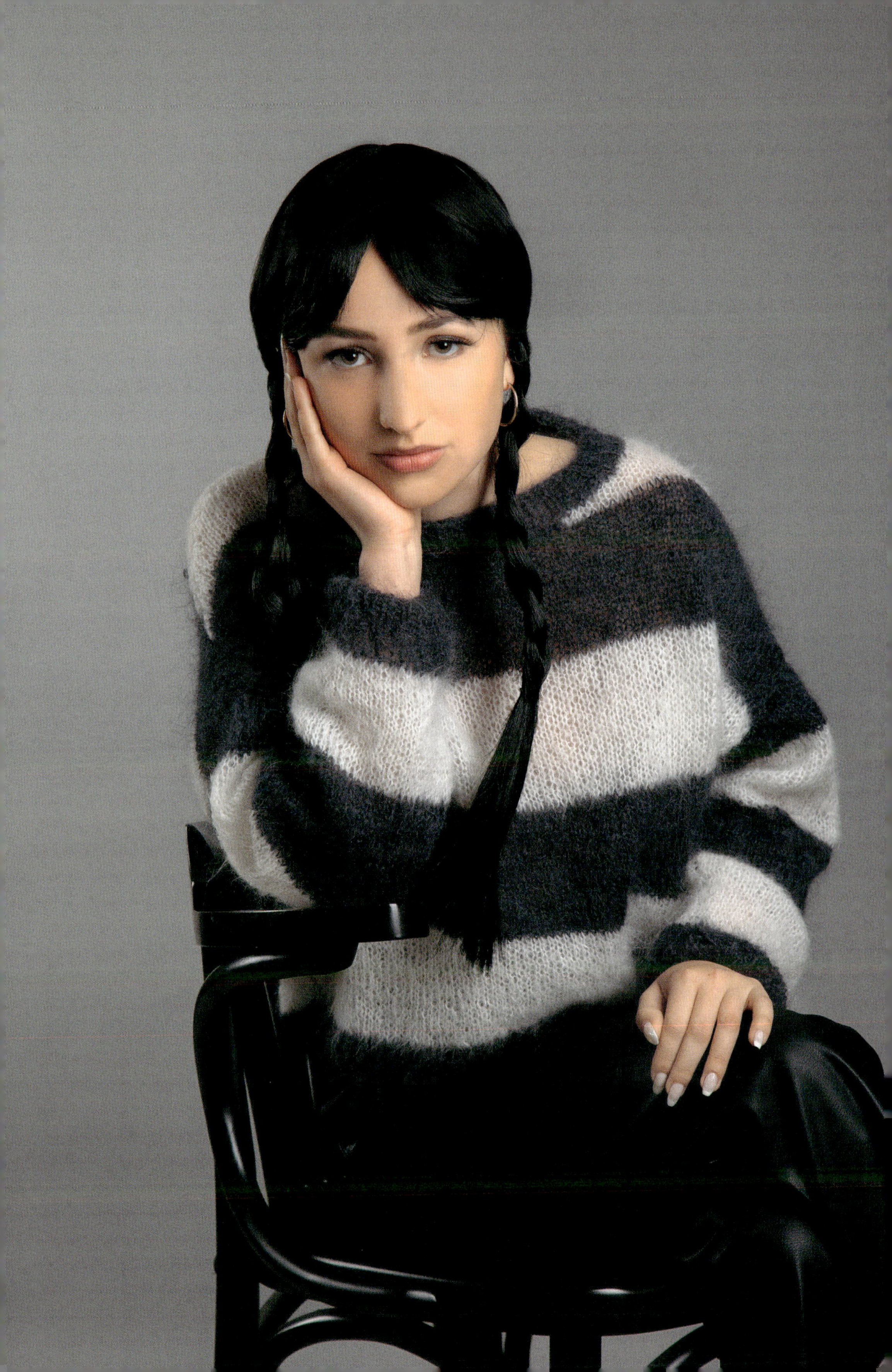

MORTICIA

Morticia: »Die Familie des Jungen wollte Anzeige wegen versuchten Mordes erstatten. Was wäre das nur für eine Akte?«

Wednesday: »Eine furchtbare. Dann wüsste jeder, dass ich den Job vermasselt habe.«

Schwierigkeitsgrad:
einfach und schnell fertig

GRÖSSE:

38–40, 42–44. Die Angaben für Größe 38–40 stehen vor der Klammer, für 42–44 in der Klammer: 38–40 (42–44). Ist nur eine Angabe gemacht, gilt diese für alle Größen.

MATERIAL:

- Brigitte No 3 (40 % Mohair, 37 % Schurwolle, 23 % Polyamid) von Lana Grossa mit einer Lauflänge von 100 m / 25 g: 100 (125) g in Schwarz (Fb 10), 100 (125) g in Weiß (Fb 20) Stricknadeln der Stärke 4 mm und 5 mm, Rundnadel der Stärke 4 mm in 40 cm Länge

MASCHENPROBE:

Mit Nadeln der Stärke 5 mm glatt rechts gestrickt, ergeben 16 M und 20 R 10 cm × 10 cm.

Bündchenmuster 1:1-Rippe:
1 M rechts und 1 M links im Wechsel stricken.

Glatt rechts:
In Hin-R rechte M und in Rück-R linke M stricken.
Streifenfolge:
20 (22) R = 10 (11) cm in Weiß und 22 (24) R = 11 (12) cm in Schwarz stricken. Die Blockstreifen fortlaufend wechseln.

SO WIRD'S GEMACHT:

Rückenteil:
Mit Nadel der Stärke 4 mm in Schwarz 86 (98) M anschlagen. Die erste und letzte M sind Rand-M. Über 6 cm im Bündchenmuster stricken, dabei mit einer Rück-R mit 2 M links beginnen und enden. Nach knapp 6 cm in der letzten Rück-R nur linke M stricken.

Wechseln zu Nadel der Stärke 5 mm, weiter glatt rechts in Weiß stricken und die Streifenfolge beginnen.

Für die seitlichen Schrägungen in der 13. R ab Bund und danach noch 4× in jeder folgenden 10. R beidseitig neben den Rand-M je 1 M rechts verschränkt aus dem Querfaden herausstricken und so pro R 2 M zunehmen = 96 (108) M.

In der 21. (23.) R des letzten schwarzen Streifens mit den Abnahmen für die Schulterschrägungen beginnen. Dafür beidseitig in jeder 2. R 1× 7 M, 1× 4 M und 6× 3 M abketten. (Für Größe 42–44 1× 7 M und 7× 4 M abketten.)

Nach der letzten Abnahme in der folgenden Hin-R in 56 (60) cm Gesamthöhe die verbleibenden 38 M für den Halsausschnitt abketten.

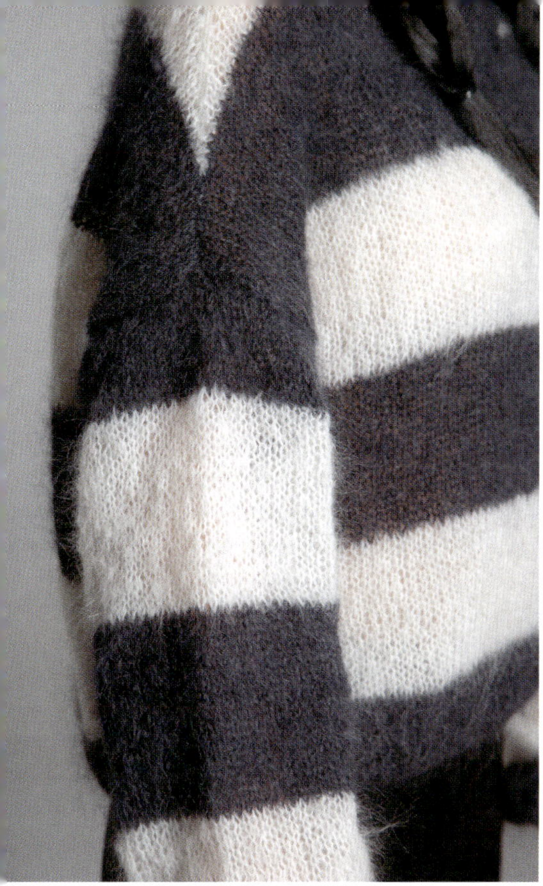

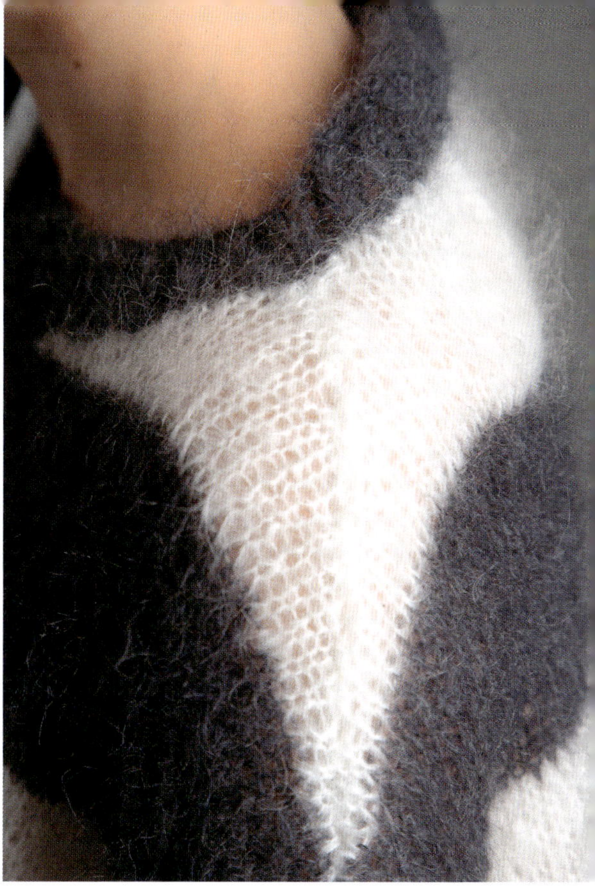

Vorderteil:
Bis zu einer Gesamthöhe von 48 (52) cm wie das Rückenteil stricken. Dann gleichzeitig die Schulterschrägungen und den vorderen Halsausschnitt beginnen. Die Schulterschrägungen wie beim Rückenteil arbeiten. In der 1. Abnahme-R die mittleren 16 M stilllegen. Beide Vorderteilhälften getrennt beenden. An der zum Ausschnitt zeigenden Seite in jeder 2. R noch 1× 4 M, 1× 3 M, 1× 2 M und 2× 1 M abketten.

In 56 (60) cm Gesamthöhe sind alle M verbraucht. Die 2. Seite gegengleich beenden.

Ärmel:
42 M mit Nadel der Stärke 4 mm in Schwarz anschlagen und den Ärmel wie das Rückenteil beginnen.

Nach 6 cm zu Nadel der Stärke 5 mm wechseln und weiter in Weiß glatt rechts stricken und mit der Streifenfolge beginnen. In der 1. R verteilt 8 (13) M aus dem Querfaden zunehmen = 50 (56) M.
Für die seitlichen Schrägungen beidseitig in der 6. R neben den Rand-M 1 M aus dem Querfaden zunehmen. Danach noch 2× in jeder weiteren 6. R und 7× in jeder folgenden 8. R beidseitig 1 M zunehmen = 70 (76) M. In 45 cm Gesamthöhe alle M abketten.

Halsbündchen:
Die Schulternähte schließen. Mit Rundnadel in Schwarz aus dem Halsausschnitt 94 M auffassen. Die M zur Runde schließen und 4 cm im Bündchenmuster stricken. Dann alle M locker abketten.

Konfektionieren:

Die Ärmel laut Schnitt an die Seitenkanten nähen. Dann die Seiten- und Ärmelnähte in einem Arbeitsgang schließen.

Zu guter Letzt:

Den Pullover glatt hinlegen, leicht anfeuchten und unter feuchten Tüchern trocknen lassen.
Alle Fäden vernähen.

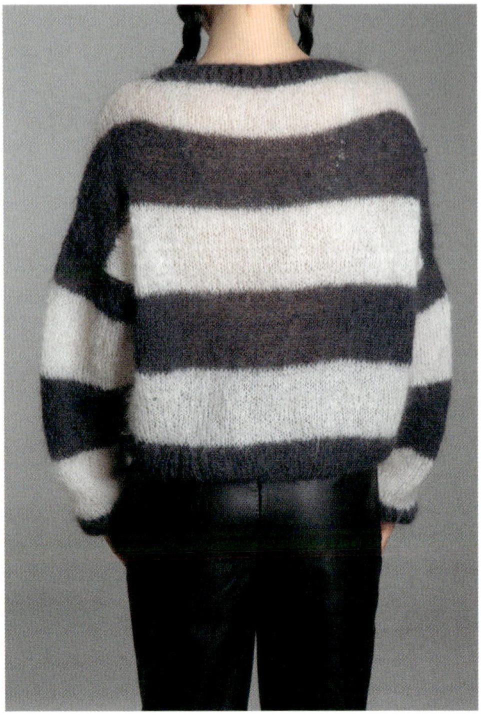

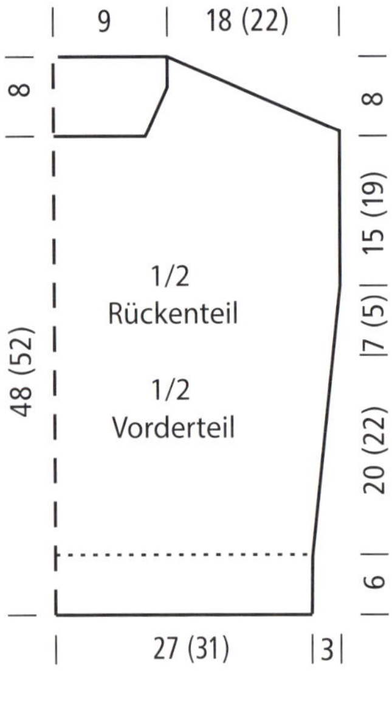

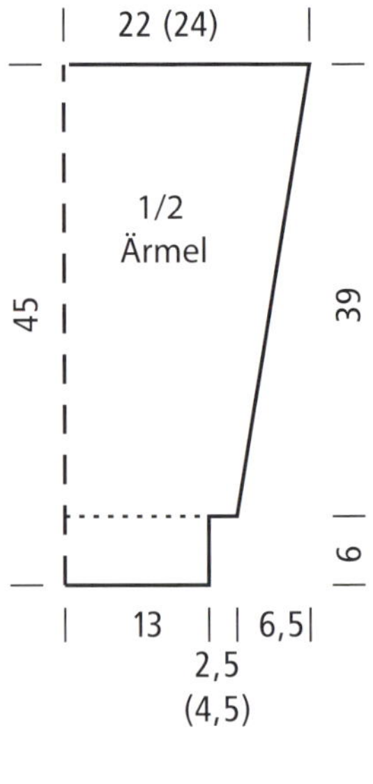

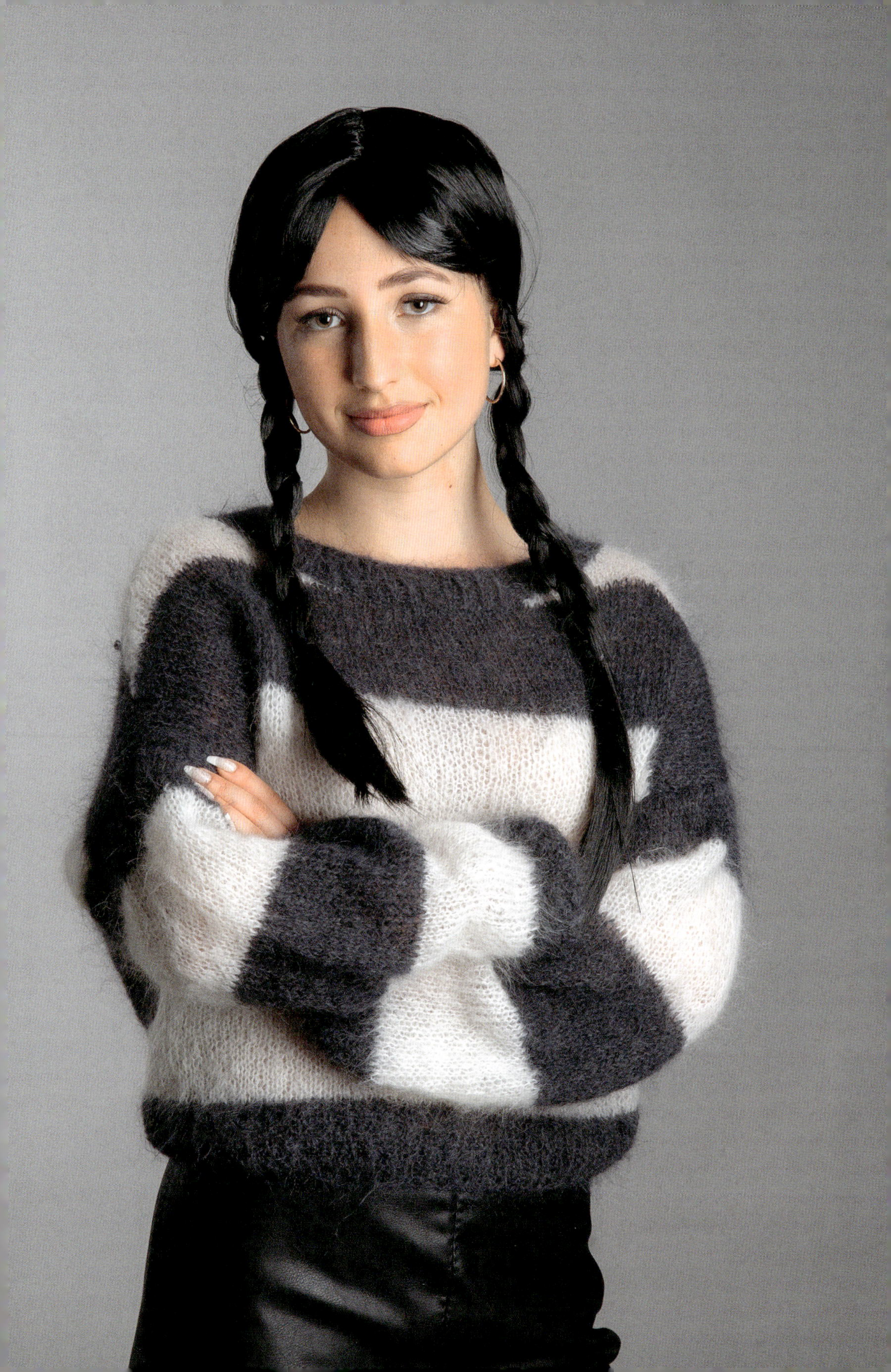

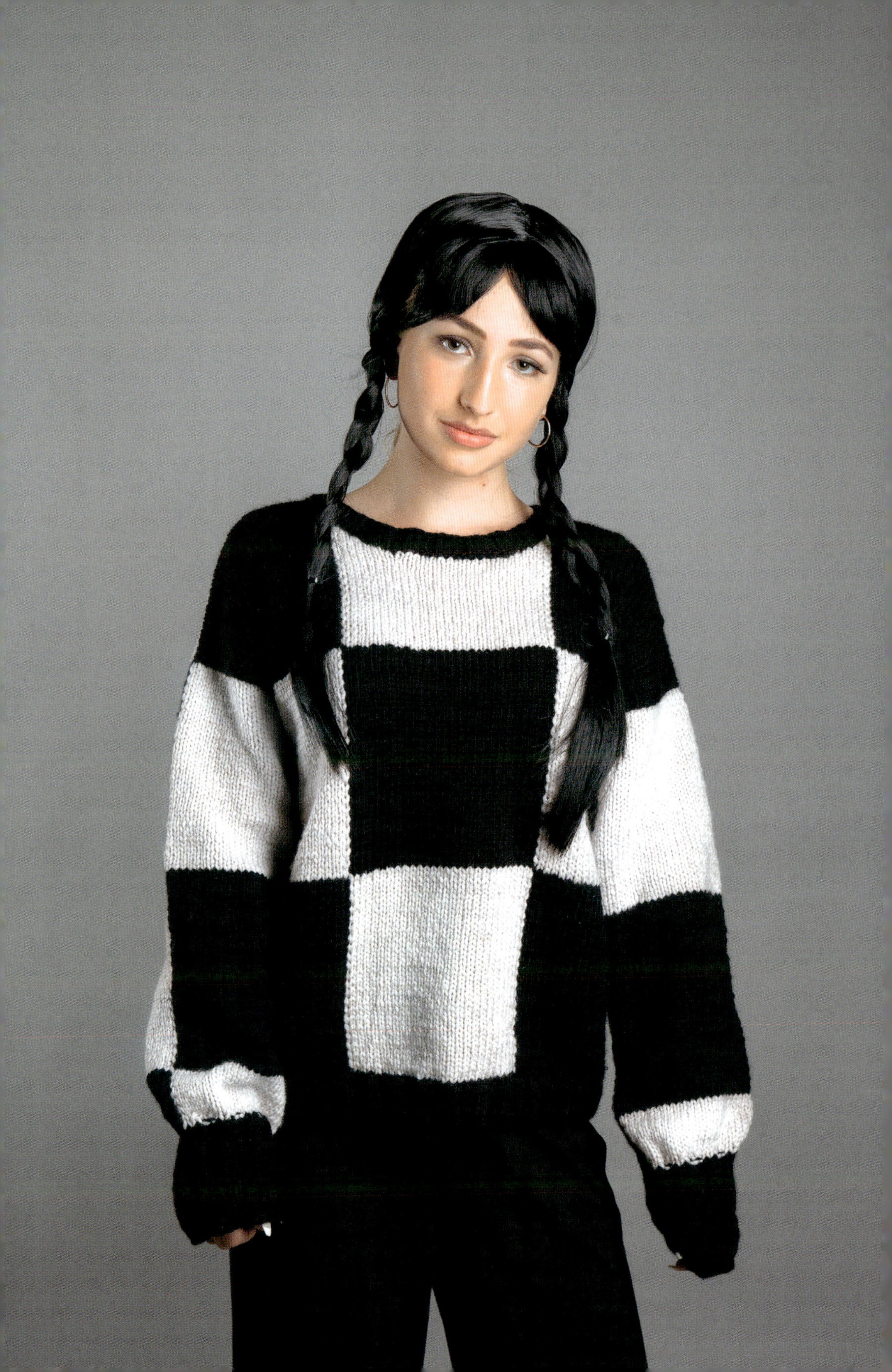

SCHACHBRETT

Wednesdays Allergie auf Farben ist allgegenwärtig. »Wenn es eine dunklere Farbe als Schwarz gäbe, würde ich diese tragen«, sagt eigentlich schon alles über ihren messerscharfen, zynischen und schwarzen Humor.

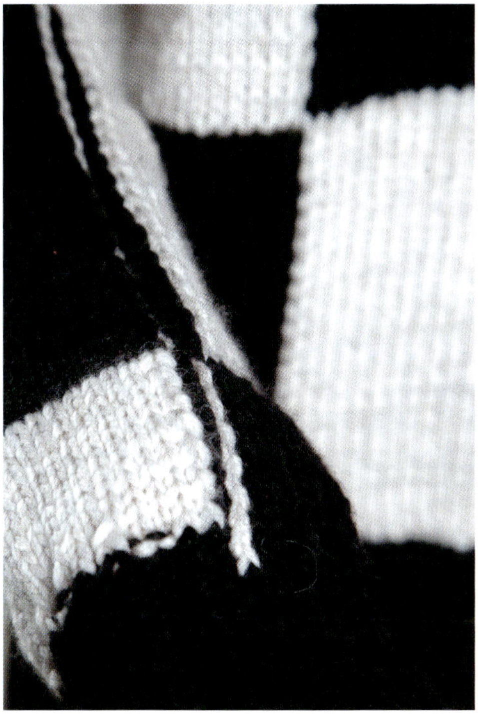

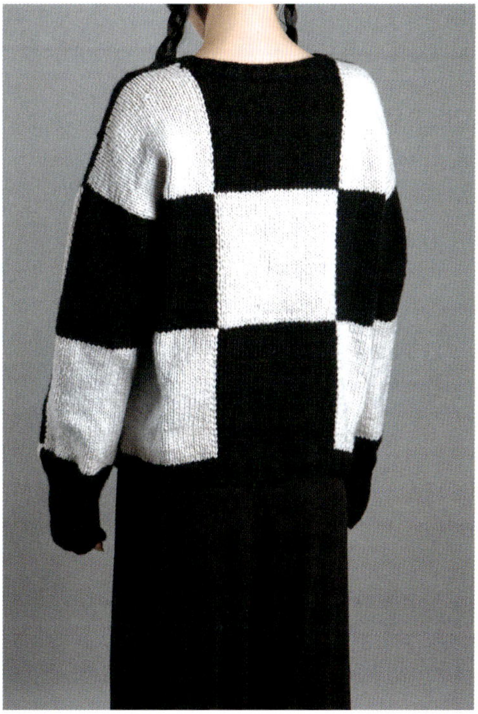

Schwierigkeitsgrad:
Dank extra-ausführlicher Anleitung für ambitionierte Anfänger geeignet.

GRÖSSE:

36–38, 40–42, 44–46. Die Angaben für Größe 36–38 stehen vor der Klammer, für 40–42 in der Klammer an erster Stelle, für 44–46 in der Klammer an letzter Stelle: 36–38 (40–42/44–46). Ist nur eine Angabe gemacht, gilt diese für alle Größen.

MATERIAL:

- Alta Moda Cashmere 16 (78 % Schurwolle, 12 % Kaschmir, 10 % Polyamid) von Lana Grossa mit einer Lauflänge von 110 m/50 g: 350 (400/450) g in Schwarz (Fb 15), 300 (350/400) g in Blütenweiß (Fb 41), Stricknadeln der Stärke 6 mm und 5 mm, Rundnadel der Stärke 5 mm in 40 cm Länge

MASCHENPROBE:

Mit Nadeln der Stärke 6 mm glatt rechts gestrickt, ergeben 15 M und 22 R 10 cm × 10 cm.

Bündchenmuster 2:2-Rippe:
2 M rechts und 2 M links im Wechsel stricken.

Glatt rechts:
In Hin-R rechte M und in Rück-R linke M stricken

SO WIRD'S GEMACHT:

Rückenteil:
Mit Nadel der Stärke 5,5 mm in Schwarz 78 (84/90) M anschlagen. 6 R im Bündchenmuster stricken. Mit einer Rück-R und 2 M links beginnen und enden. In der 7. R (= Rück-R) 1 R linke M stricken, verteilt 3× 1 M aus dem Querfaden auf die Nadel nehmen und die M links verschränkt abstricken = 81 (87/93) M.
Danach mit dem Karomuster beginnen. Jedes Karo mit einem separaten Knäuel stricken.

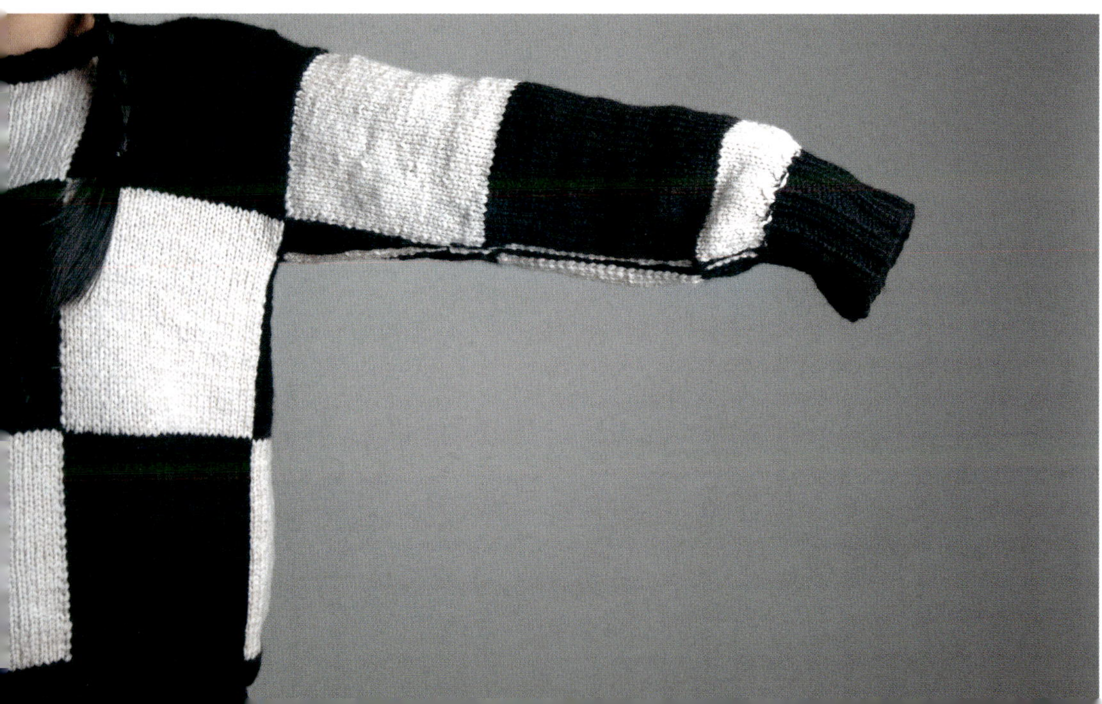

Mit 27 (29/31) M in Blütenweiß beginnen, dann 27 (29/31) M in Schwarz stricken und die R mit 27 (29/31) M in Blütenweiß beenden. Insgesamt 42 (44/46) R stricken. An den Farbübergängen die Fäden an der Rückseite miteinander verkreuzen, damit keine Löcher entstehen.
Nach 42 (44/46) R die Farbe tauschen und mit 27 (29/31) M in Schwarz beginnen, dann 27 (29/31) M in Blütenweiß stricken und die R mit 27 (29/31) M in Schwarz beenden. Wieder 42 (44/46) R stricken.
Nach 42 (44/46) R die Farbe erneut tauschen und erneut 42 (44/46) R stricken.

In der folgenden Hin-R in 58 (61/64) cm Gesamthöhe 9 (10/11) M abketten, 24 (26/28) M stricken, die folgenden 15 M für den hinteren Halsausschnitt abketten und die R beenden.
***In der folgenden Rück-R 9 (10/11) M abketten und zunächst die linke Schulter beenden. Rückenteil wenden und in der Hin-R an der zum Ausschnitt zeigenden Seite 3 M abketten. Die R beenden.
Ab *** bis *** noch 1× wiederholen und zuletzt die verbleibenden 9 (10/11) M abketten.

Die rechte Schulter beenden. Dafür den Faden an der zum Ausschnitt zeigenden Seite wieder anlegen und eine Rück-R stricken.

In der Hin-R 9 (10/11) M abketten, die R beenden. Rückenteil wenden und in der Rück-R an der zum Ausschnitt zeigenden Seite 3 M abketten

Vorgang von *** bis *** noch 1× wiederholen und zuletzt die verbleibenden 9 (10/11) M abketten.

Vorderteil:
Wie das Rückenteil beginnen, aber die Farbflächen für die Karos gegenläufig einteilen: beginnen und enden mit 27 (29/31) M in Schwarz.

In der 27. (29./31.) R des 3. Karos mit dem vorderen Ausschnitt beginnen. 34 (37/40) M mustergemäß stricken, 13 M abketten, 34 (37/40) M mustergemäß stricken.

Zunächst die linke Vorderteilseite beenden. 34 (37/40) M in der Rück-R stricken.
An der zum Ausschnitt zeigenden Seite jeweils in den Hin-R noch 1× 2 M, 1× 2 M, 1× 1 M, 1× 1 M, 1× keine M und noch 1× 1M abketten. Es verbleiben 27 (30/33) Schulter-M.

In der 42. (44./46.) R des letzten Karos (= Rück-R) 9 (10/11) M abketten.

In der 44. (46./48.) und 46.(48/50) R ebenfalls an der zur Schulter zeigenden Seite 9 (10/11) M abketten. Nach der 46. (48./50.) R sind alle M verbraucht.

Für die linke Schulter die Abnahmen ebenso arbeiten. Die Halsausschnitt-Abnahmen wie beschrieben ausführen, jedoch an der zum Ausschnitt zeigenden Seite jeweils zu Beginn der Rück-R.

Die Schulternähte zusammennähen.

Ärmel:
Die Ärmel werden von oben nach unten gestrickt. An Vorder- und Rückenteil ausgehend von der Schulternaht 20 (21/22) cm in Richtung Saum abmessen und markieren.

Mit der Nadel der Stärke 6 mm beginnend an der linken Seitennaht des Vorderteils auf Höhe der Markierung mit dem Faden in Schwarz 6 (7/8) M bis zum Übergang des schwarzen Karos auffassen. Die rechte Seite des Vorderteils liegt oben. Im Bereich des schwarzen Karos bis zur Schulternaht 27 (28/29) M in Blütenweiß auffassen, dann im Bereich des blütenweißen Karos 27 (28/29) M in Schwarz und im Anschluss bis zur Markierung noch 6 (7/8) M in Blütenweiß auffassen = 66 (70/74) M. Eine Rück-R linke M stricken, dabei die M links verschränkt abstricken.

In dieser Einteilung noch 40 (42/44) R stricken, dann die Farben wechseln, wie beim Rückenteil beschrieben. Gleichzeitig 6× in jeder 7. R (= Hin-R) die beiden M neben den Rand-M rechts zusammenstricken = 54 (58/62) M.

Nach 42 (44/46) R wieder die Farben wechseln und das letzte Teil-Karo bis zu einer Ärmellänge von 41 cm stricken. In der letzten Rück-R 15× 2 M links zusammenstricken wie folgt: 1 Rand-M, 5 (4/3) M links, 14× (16× / 18×) *** 2 M links zusammenstricken, 1 M links stricken *** und die R beenden mit 4 (3/2) M links und 1 Rand-M = 26 M.

Weiter mit der Nadel der Stärke 5 mm und in Schwarz 1 R rechte M stricken, in der Rück-R mit dem Bündchenmuster mit 2 M links beginnen und 2 M links enden. 10 cm im Bündchenmuster stricken, dann alle M locker abketten.

Halsbündchen:
Mit Rundnadel in Schwarz aus dem Halsausschnitt 80 M auffassen. Die M zur Runde schließen und 5 Rd = 2 cm im Bündchenmuster stricken. Dann alle M locker abketten.

Zu guter Letzt:
Den Pullover glatt ausbreiten, leicht anfeuchten und unter feuchten Tüchern trocknen lassen.
Die Seitennähte in einem Arbeitsgang vom Ärmelbündchen bis zum Saumbündchen schließen.
Alle Fäden vernähen.

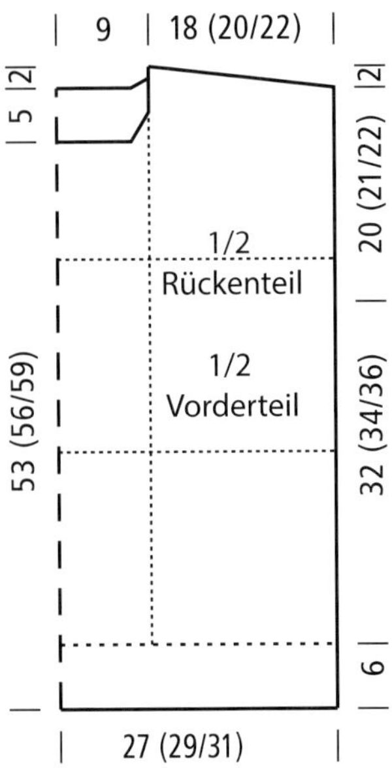

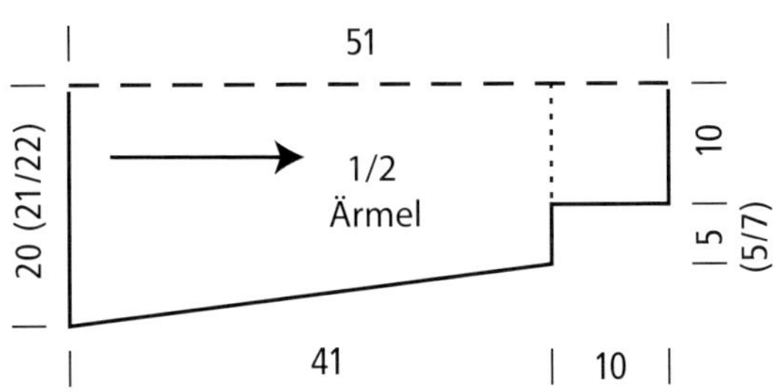

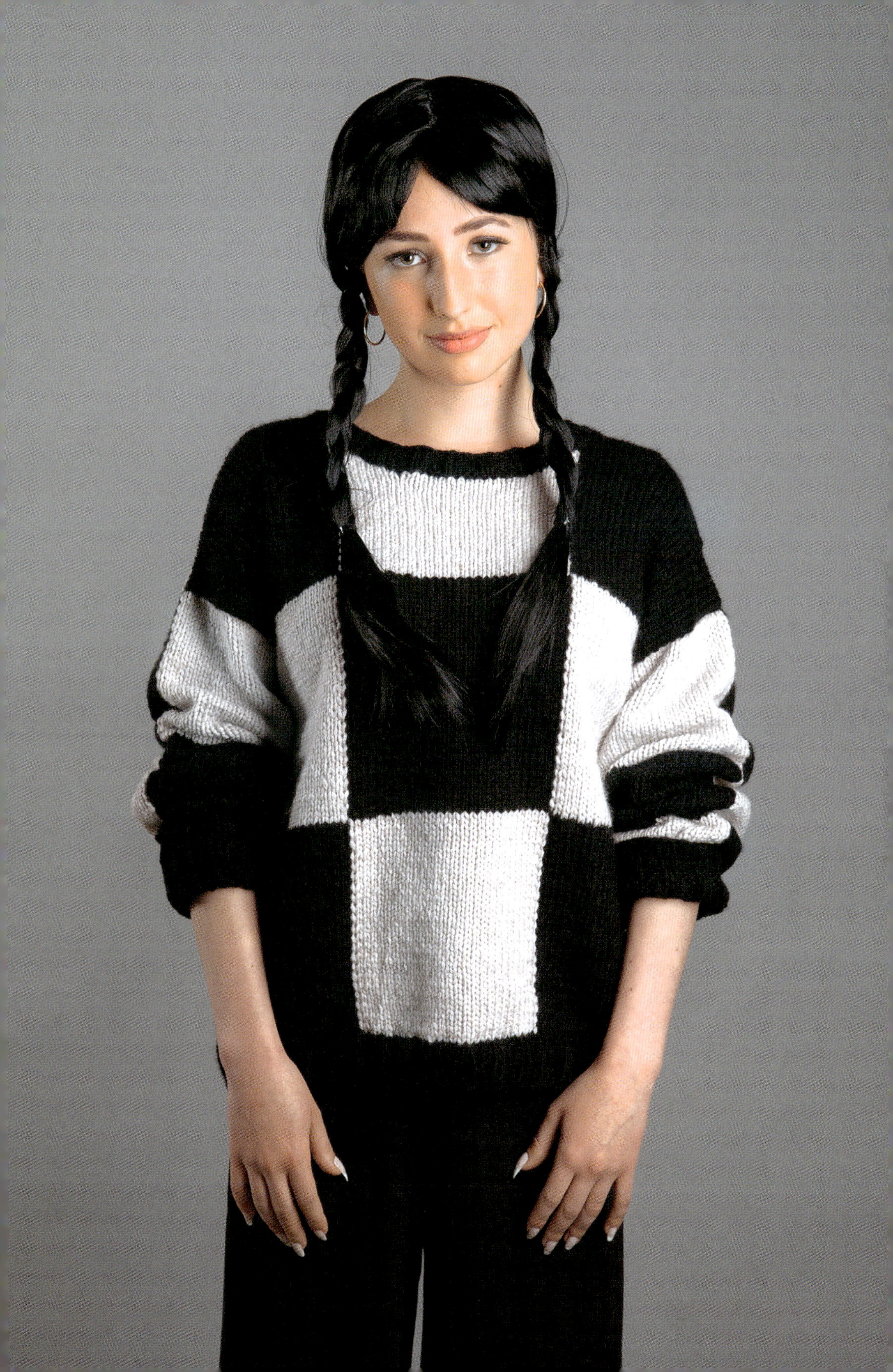

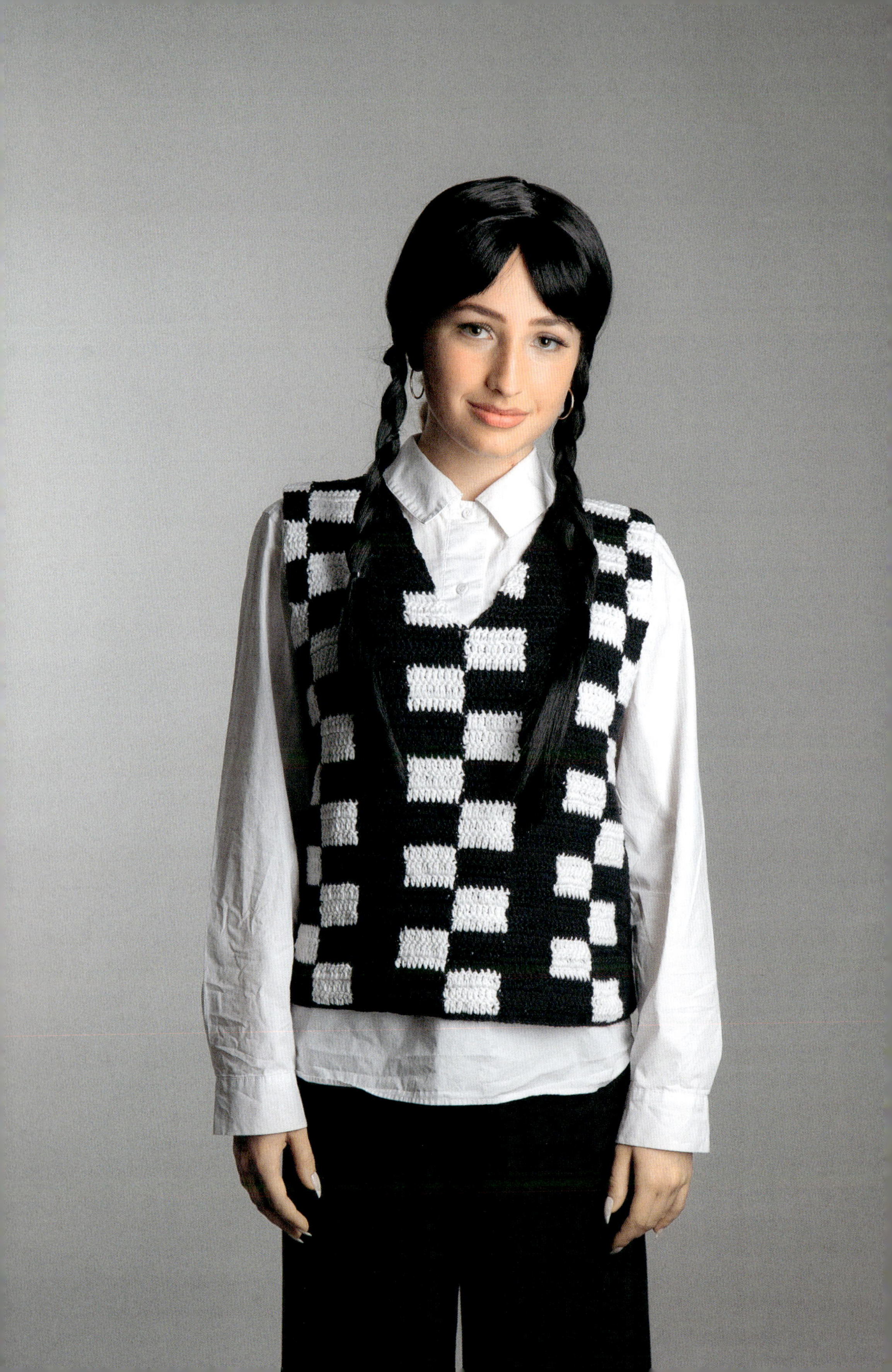

NEVERMORE

In Wirklichkeit steht die Kulisse für die Nevermore Academy in Rumänien, wo die Serie *Wednesday* gedreht wurde. Das kleine Schloss wurde 1911 erbaut. Wäre es nicht fantastisch, wenn alle Schüler und Schülerinnen, die eine normale Schule nicht mögen, dieses geniale Internat besuchen könnten?

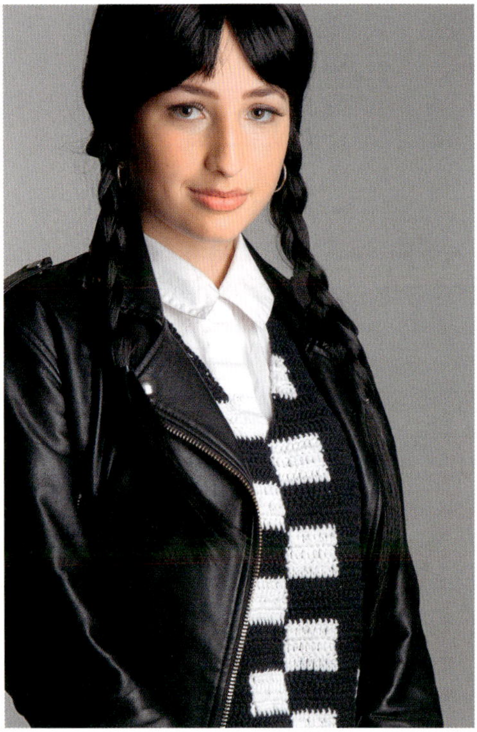

Schwierigkeitsgrad:
mittel

GRÖSSE:

36–38 und 40–42. Die Angaben für Größe 36–38 stehen vor der Klammer, für 40–42 in der Klammer: 36–38 (40–42). Ist nur eine Angabe gemacht, so gilt sie für alle Größen.

MATERIAL:

- 200 (250)g myboshi No. 2 (85 % Schurwolle, 15 % Kapok) in Schwarz (Fb. 15) und 150 (200) g in Weiß (Fb. 41) von MyBoshi mit einer Lauflänge von 100 m / 50 g;
- Häkelnadel 4 mm

ZÄHLSCHEMA:

Jedes Kästchen stellt ein Stäbchen und 1 R dar und ist für Größe 36–38 gezeichnet. Für Gr. 40–42 rechts und links jeweils 4 Maschen in Schwarz zusätzlich häkeln und in der Höhe 2 R mustergemäß anfügen.

MASCHENPROBE:

Mit Nadeln 4 mm in Stäbchen gehäkelt ergeben 18 M und 9 R 10 cm × 10 cm

SO WIRD'S GEMACHT:

Rückenteil:
Mit Schwarz 82 (90) Lm anschlagen. In die 2. Lm ab Nadel das 1. Stb sowie in alle weiteren 81 Lm 1 fM häkeln = 82 (90) M. Die Lm ersetzt die 1. fM. In allen weiteren R Stb häkeln und jede R mit 3 Wende-Lm beginnen. 24 R Stb häkeln. Am Ende der 24. R (=Rück-R) die letzten 5 (6) M unbehäkelt lassen und in der folgenden Hin-R am R-Ende ebenso 5 (6) M unbehäkelt lassen = 72 (78) M.

In der 27., 28., 29., 30. R und 31. R beidseitig die 3. und 4. M sowie die 3. und 4.-letzte M zusammenhäkeln und so die Armlochschrägung arbeiten = 62 (70) M.

Noch 5 R über 62 (68) M häkeln und ab 36. (38.) R den Rückenausschnitt beginnen. Beide Hälften getrennt über je 31(34) M weiter in Stb häkeln. An der zur Mitte zeigenden Seite wie folgt M abnehmen:

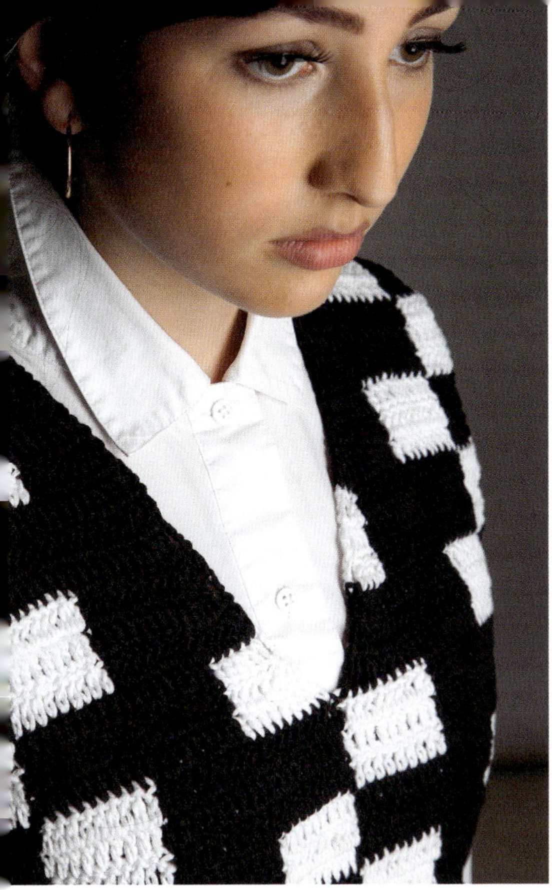

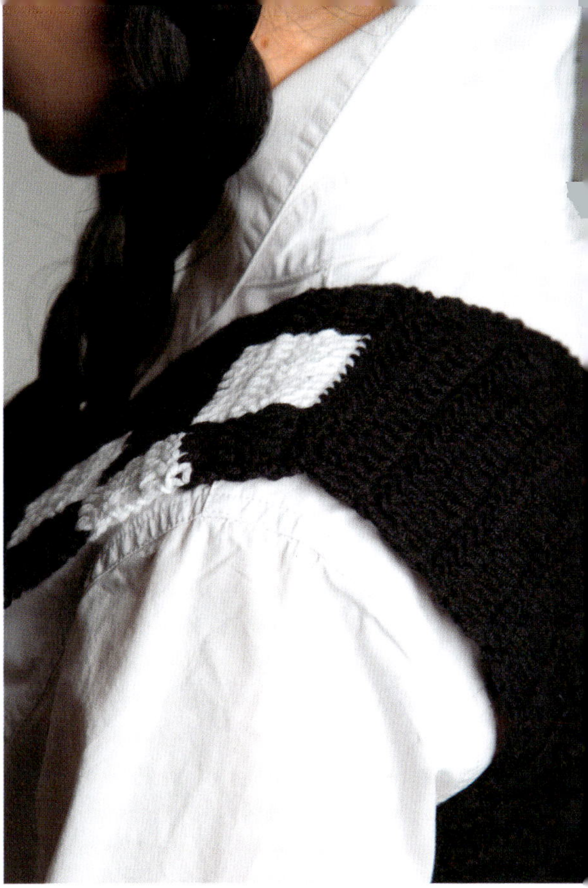

37. R: Die 3. und 4. M zusammenhäkeln = 30 (33) M.

38. R: Die 3. und 4. sowie die 5. und 6. M zusammenhäkeln = 28 (31) M.

39. R: Die 3. und 4. sowie die 5. und 6. M zusammenhäkeln = 26 (29) M.

40. R: Die 3. und 4. sowie die 5. und 6. M zusammenhäkeln = 24 (27) M.

41. R: Die 3. und 4. sowie die 5. und 6. M zusammenhäkeln = 22 (25) M.

42. R: Die 3. und 4. sowie die 5. und 6. M zusammenhäkeln = 20 (23) M.

Für Größe 40–42 noch 2 R ohne Abnahme über 23 M häkeln.

Nach der 42. (44.) R den Faden abschneiden und durch die letzte M ziehen.
Die 2. Rückenteilhälfte gegengleich beenden.

Vorderteil:

Das Vorderteil wird in Tapestry-Technik gehäkelt. Es werden wie gewohnt Stäbchen gehäkelt, dabei aber der unbenutzte Faden hinter der Arbeit entlang locker mitgeführt und in ca. jeder 3. oder 4. M so gelegt, dass der Faden mit eingehäkelt wird. Die mitgeführten Fäden liegen jeweils hinter der Arbeit. Bei einem Farbwechsel bzw. den Farbübergängen des Karos wie folgt arbeiten: für das letzte Stäbchen vor dem Farbwechsel Umschlag auf die Nadel nehmen, in die Masche stechen und den Faden durchholen. Den Faden der »alten« Farbe nochmals durchholen, sodass noch 2 Schlingen auf der Nadel liegen. Dann das Stäbchen mit der »neuen« Farbe abmaschen, indem der »neue« Faden durch die beiden Schlingen gezogen wird. Nun liegt der »alte« Faden hinter der Arbeit und wird mit eingehäkelt, bis ein neuer Farbwechsel stattfindet.

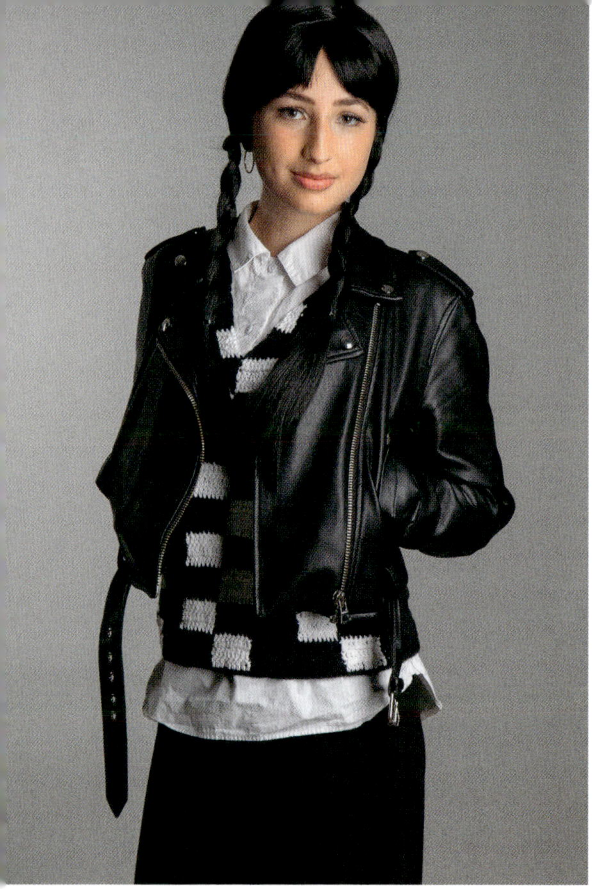

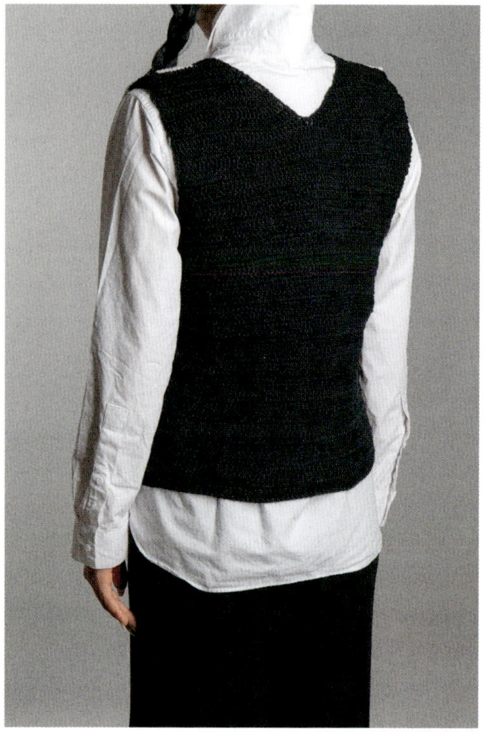

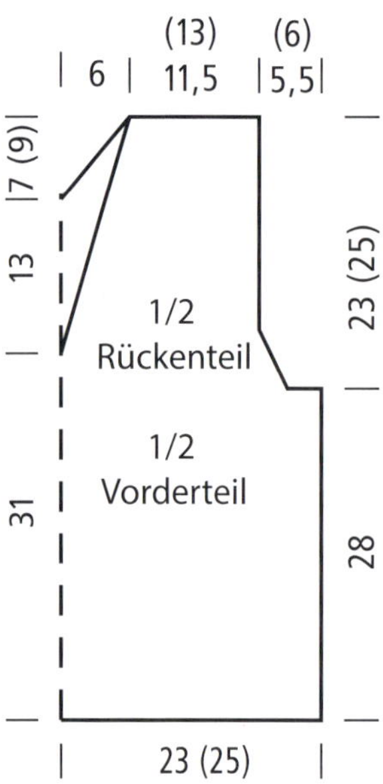

Das Vorderteil wie das Rückenteil beginnen. Nach der Rück-R fM das Karomuster nach der Zeichnung einteilen und in Reihen das Karomuster häkeln. Die Armausschnitte wie beim Rückenteil beschrieben häkeln.

Ab 28. R den vorderen Ausschnitt beginnen und die Arbeit in der Mitte teilen. An der zum Ausschnitt zeigenden Seite 11× in jeder R die 3. und 4. M zusammenhäkeln = 20 (23) M.

Nach der 42. (44.) R den Faden abschneiden und die zweite Seite gegengleich beenden.

Zu guter Letzt:

Die Tunika glatt hinlegen, leicht anfeuchten und unter feuchten Tüchern trocknen lassen oder mit Dampf glattbügeln. Die Schulter- und Seitennähte schließen. Alle Fäden vernähen.

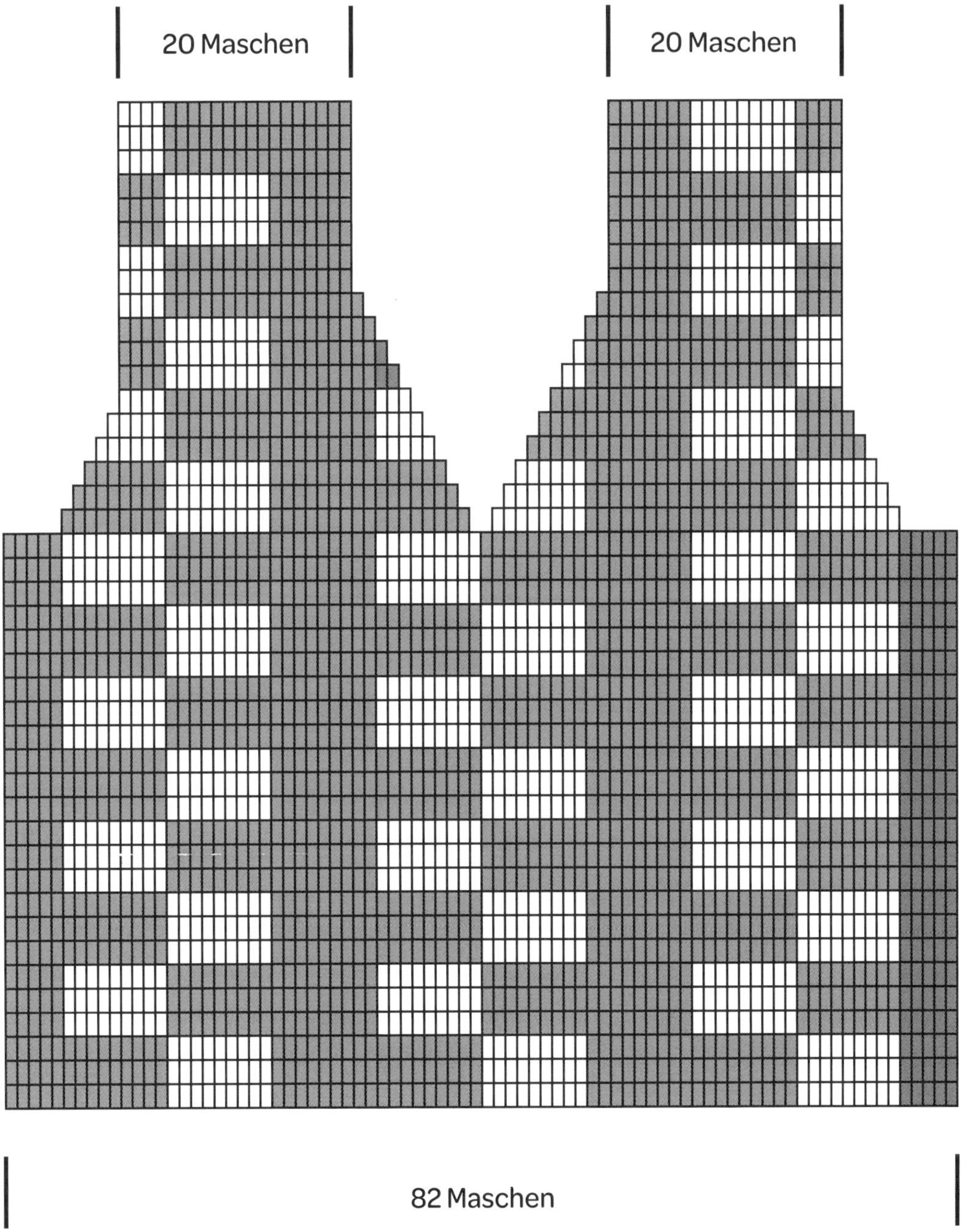
20 Maschen
20 Maschen
82 Maschen

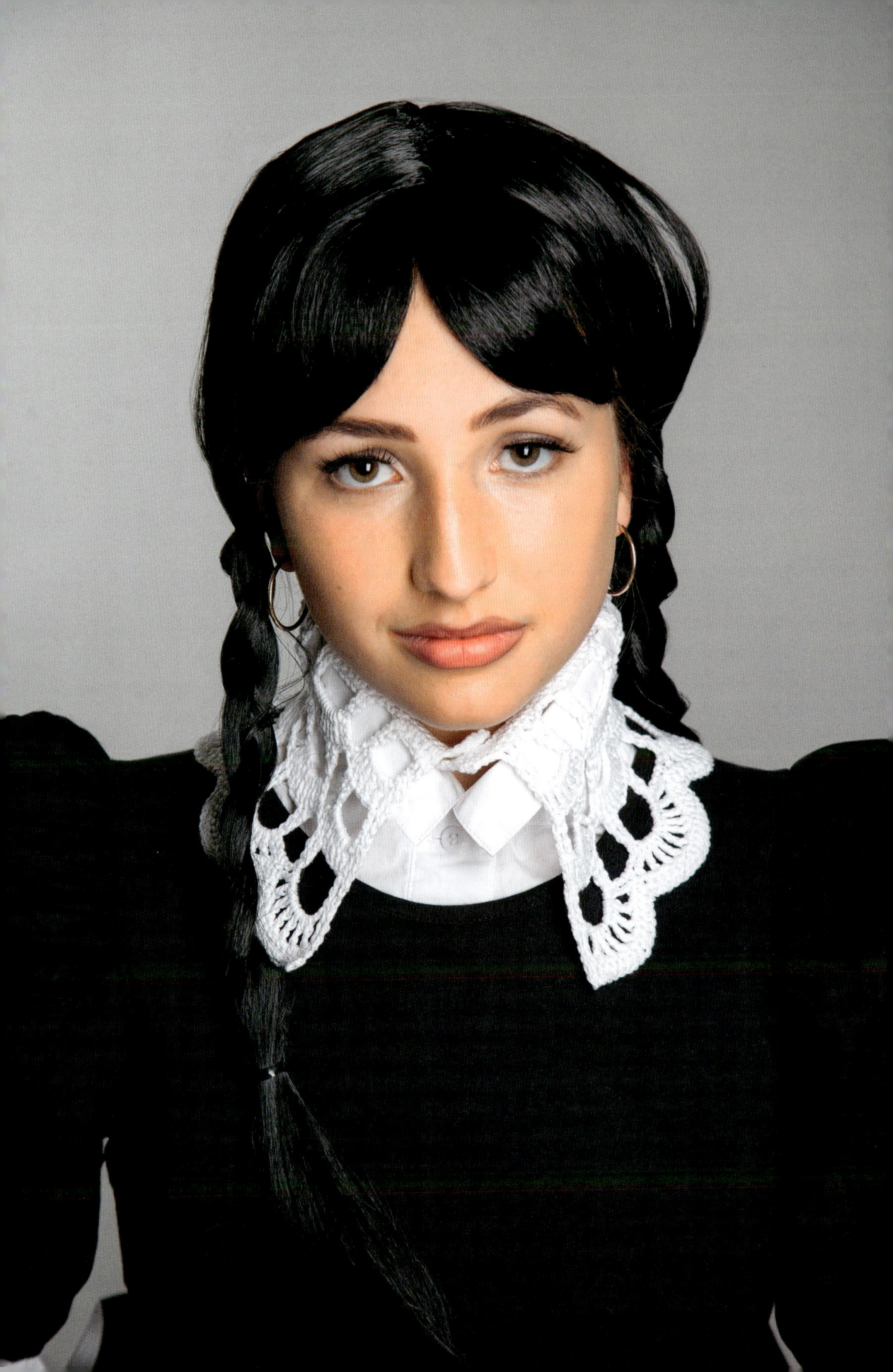

»BÖSES MÄDCHEN«

»Benutzen Sie die Worte ‚klein' und ‚Mädchen', um mich noch einmal anzusprechen, und ich kann für Ihre Sicherheit nicht garantieren.«
Wednesday, Staffel 1, Folge 3: »Freund oder Wehe«

Schwierigkeitsgrad:
Vorkenntnisse erforderlich

GRÖSSE:

Einheitsgröße:
Geschlossen hat der Kragen einen Umfang von 36 cm. Die Größe kann angepasst werden, indem der Kragen heiß mit viel Dampf gebügelt wird und auf die gewünschte Weite gedehnt wird. So kann man etwa 1,5 bis maximal 2 cm Umfang gewinnen. Sollte das nicht ausreichen, muss der Kragen um einen Rapport = ca. 4 bis 4,3 cm erweitert werden. Es müssen somit 11 M zusätzlich angeschlagen werden. Das gilt ebenso für Verkleinerungen. Ist der Kragen zu weit, werden 11 M weniger angeschlagen.

MATERIAL:

- Catania (100 % Baumwolle) von Schachenmayr mit einer Lauflänge von 125 m / 50 g.
- Häkelnadel 2,5 mm
- 1 kleiner, weißer Hemdenknopf oder ein Kugelknöpfchen mit einem Durchmesser von maximal 11mm

MASCHENPROBE:

Mit Nadel 2,5mm in Stäbchen gehäkelt ergeben 26 M und 12 R 10 cm × 10 cm.

KRAGEN

Der Kragen wird in Reihen nach Häkelschrift gearbeitet und vorn mit einem kleinen Knopf geschlossen. Der eigentliche Spitzenkragen legt sich um den in Stäbchen gearbeiteten Kragensteg wie bei einem klassischen Herrenhemd. Der Kragen trifft vorn in der Mitte aufeinander, der Steg hingegen überlappt, damit er mit dem Knopf geschlossen werden kann.

SO WIRD'S GEMACHT:

99 Lm + 2 Wende-Lm anschlagen und zunächst den Steg häkeln. Die Wende-Lm ersetzen das 1. Stb.
1. R: Das 1. Stb in die 3. Lm ab Nadel häkeln und in jede weitere Lm 1 Stb = 100 M.
2.–3. R: Die R jeweils mit 2 Wende-Lm beginnen und mit 1 Stb in die oberste der Wende-Lm beenden.

Nun den Umlegekragen nach Häkelschrift arbeiten. Mit einem halben Rapport beginnen, dann 7× den Rapport à 11 M häkeln und die R mit einem halben Rapport beenden.

1. R: 4 Stb der Vor-R mit 4 Kett-M überhäkeln. 2 Lm als Ersatz für das 1. Stb, 3 Stb, 1 Halb-Stb, 1 fM, 3 Kett-M, 1fM, 1 Halb-Stb, 2 Stb. 11× ***2 Stb, 1 Halb-Stb, 1 fM, 3 Kett-M, 1 fM, 1 Halb-Stb, 2 Stb***, 2 Stb. Die verbleibenden M für den Kragensteg unbearbeitet lassen. Die Arbeit wenden.

2. R: 3 Lm als Ersatz für das 1. DStb, 1 Doppel-Stb, 6 Lm, 2 Doppel-Stb in das Halb-Stb und die fM der Vor-R häkeln und diese immer gemeinsam abhäkeln, mit 6 Lm die Kett-M der Vor-R übergehen, 11× ***2 Doppel-Stb in die nächste fM und das Halb-Stb häkeln, 6 Lm, 4 Stb überspringen, 2 Doppel-Stb in das Halb-Stb und die fM der Vor-R häkeln.

Mit 6 Lm die Kett-M der Vor-R überspringen***. Die R endet mit 2 Doppel-Stb.

3. R: 3 Lm als Ersatz für das 1. Doppel-Stb, 1 Doppel-Stb, 5 Doppel-Stb in den Lm-Bogen arbeiten, 1 fM in den nächsten Lm-Bogen, *10 Doppel-Stb in den nächsten Lm-Bogen, 1 fM in den nächsten Lm-Bogen*. Von * bis * stets wdh. Die R endet mit 5 Doppel-Stb in den letzten Lm-Bogen und 2 Doppel-Stb.

4. R: 3 Lm als Ersatz für das 1. Doppel-Stb, 1 Doppel-Stb, 8 Lm, 2 Doppel-Stb in das 3. Und 4. Doppel-Stb des Stäbchenfächers der Vor-R. 6 Lm, 2 Doppel-Stb in das 2. Und 3.Doppel-Stb des nächsten Stäbchenfächers der Vor-R, 6 Lm, 4 M überspringen, 2 Doppel-Stb in das 8. Und 9. Doppel-Stb des gleichen Stäbchenfächers der Vor-R häkeln. Die R endet mit 2 Doppel-Stb in das 2. und 3. Doppel-Stb des letzten Stb-Fächers und 8 Lm, 2 Doppel-Stb.

5. R: 3 Lm als Ersatz fürs 1. Doppel-Stb, 1 Doppel-Stb, 7 Doppel-Stb in den 1. Lm-Bogen arbeiten, 1 fM in den nächsten Lm-Bogen, ***10 Doppel-Stb in den nächsten Lm-Bogen, 1 fM***. Von *** bis *** stets wdh. Die Reihe endet mit 7 Doppel-Stb in den letzten Lm-Bogen und 2 Doppel-Stb.

6. R: 3 Lm als Ersatz fürs 1. Doppel-Stb, 1 Doppel-Stb, 8 Lm, 2 Doppel-Stb in das 5. und 6. Doppel-Stb des Stäbchenfächers der Vor-R, 6 Lm, ***in das 2. und 3. Doppelstäbchen des Fächerbogens der Vor-R wieder 2 Doppel-Stb häkeln, 6 Lm, 4 M überspringen, in das 8. und 9. Doppel-Stb der Vor-R, 2 Doppel-Stb arbeiten. 6 Lm***. Von *** bis ***stets wdh. Die Reihe endet mit 2 Doppel-Stb in die 2. und 3. Doppel-Stb des Fächerbogens der Vor-R, 8 Lm und 2 Doppel-Stb.

7. R: 3 Lm, 1 Doppel-Stb, 7 Doppel-Stb -dabei aber zwischen den Doppel-Stb jeweils 1 Lm arbeiten- in den 1. Lm-Bogen, ***1 fM in den nächsten Lm-Bogen, 10 Doppel-Stb und auch hier zwischen den einzelnen Doppel-Stb jeweils 1 Lm arbeiten, in den folgenden Lm-Bogen***. Von *** bis *** stets wdh. Die R endet mit 7 Doppel-Stb und dazwischen jeweils 1 Lm in den letzten Lm-Bogen und 2 Doppel-Stb.

Nach der 7. R endet die Häkelschrift.

8. R: In jede Lm der Vor-R sowie zwischen die Doppel-Stb der Vor-R jeweils 1 fM häkeln. Die fM der Vor-R hingegen überspringen.

9. R: In jeder fM der Vor-R 1 fM häkeln.

Den Faden abschneiden und durch die letzte M ziehen.

Zu guter Letzt:
Alle Fäden vernähen. Kragen spannen und unter feuchten Tüchern trocknen lassen. Bei Bedarf etwas dehnen. Für einen steiferen Look nach Bedarf mit Sprühstärke behandeln. Den Kragen mittig auf den Steg auf der beim Tragen linken Seite nähen. Der Steg wird von rechts auf links geschlossen.

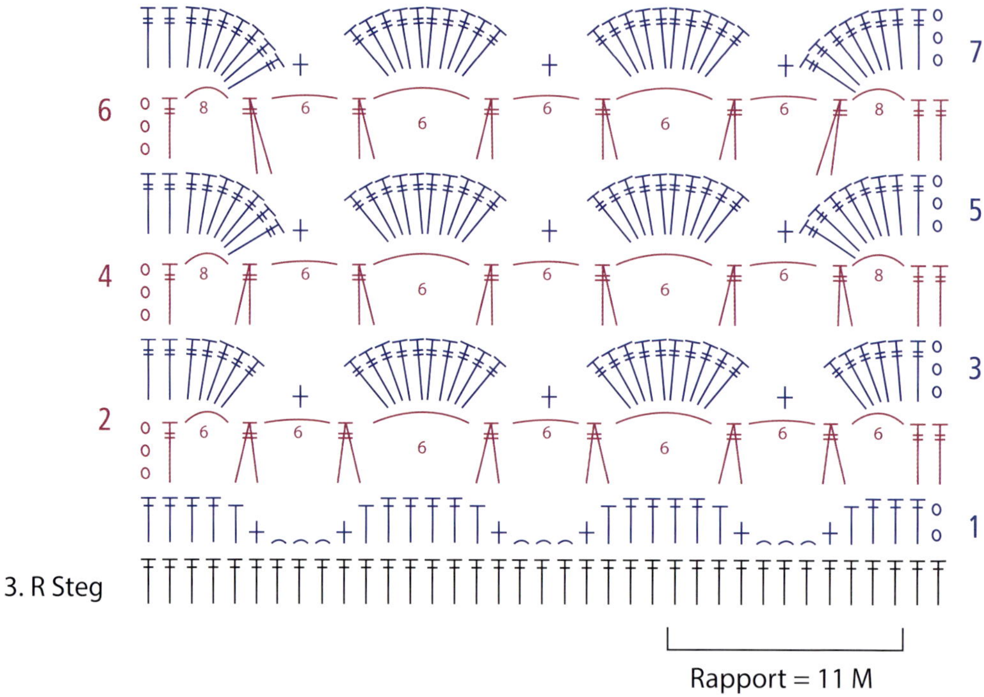

- ⌢ Lm (Luftmasche)
- ○ Kett-M (Kettmasche)
- \+ fM (feste Masche)
- Halb-Stb (Halbstäbchen)
- Stb (Stäbchen)
- Doppel-Stb (Doppelstäbchen)
- 2 Doppel-Stb gemeinsam abmaschen
- Lm-Bogen aus 6 Lm

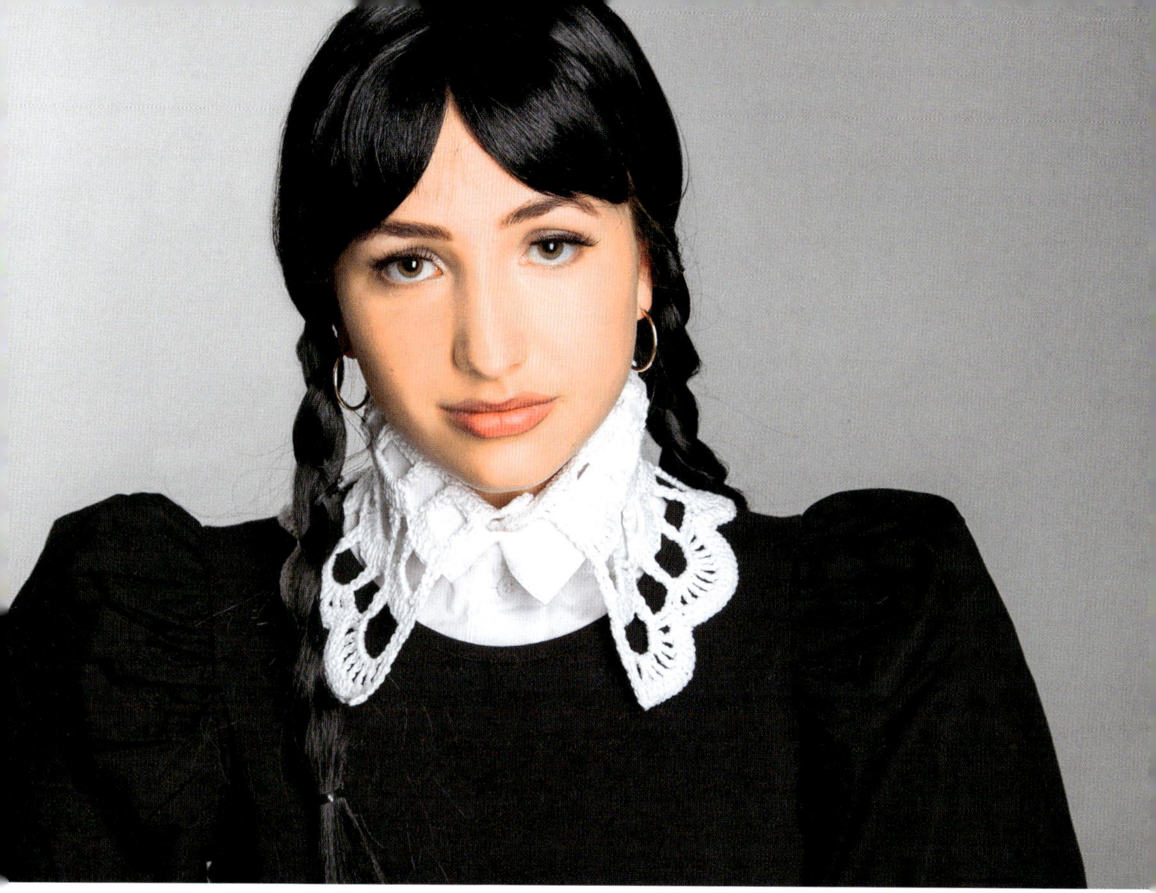

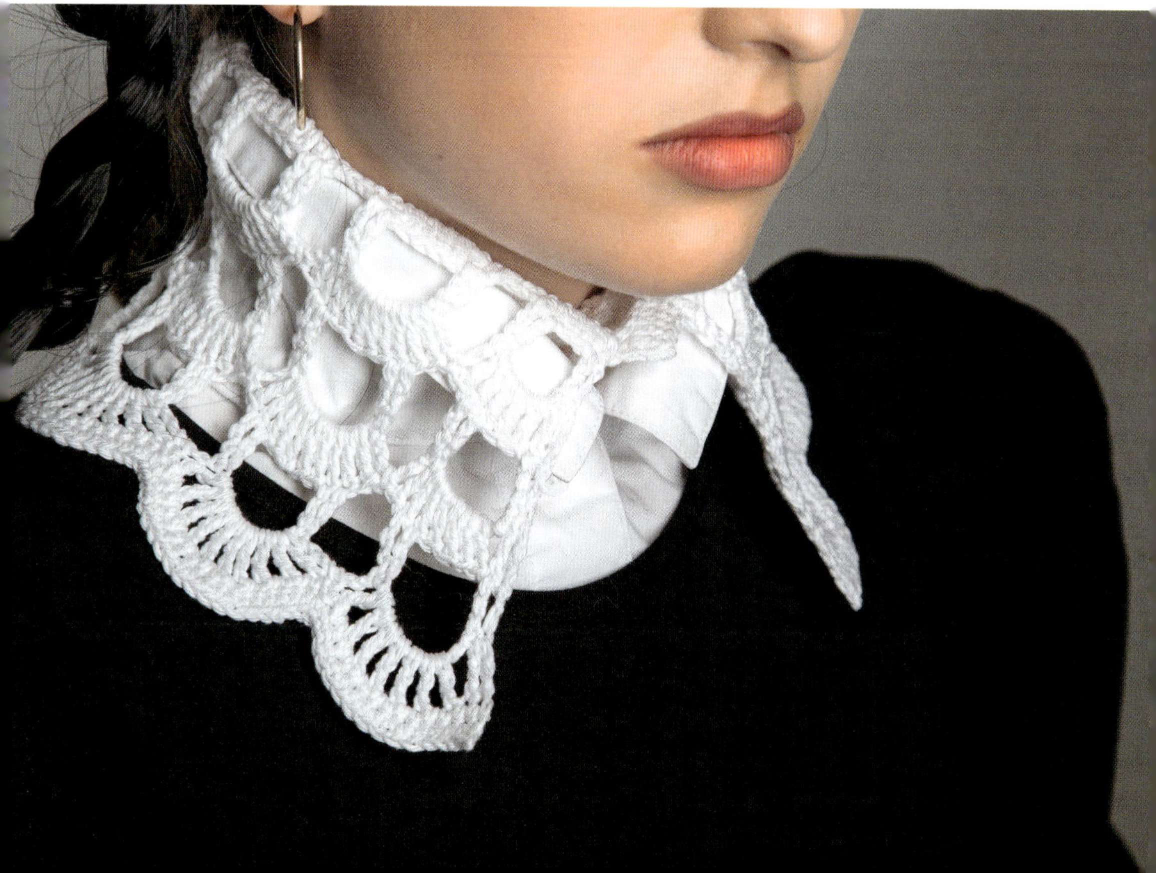

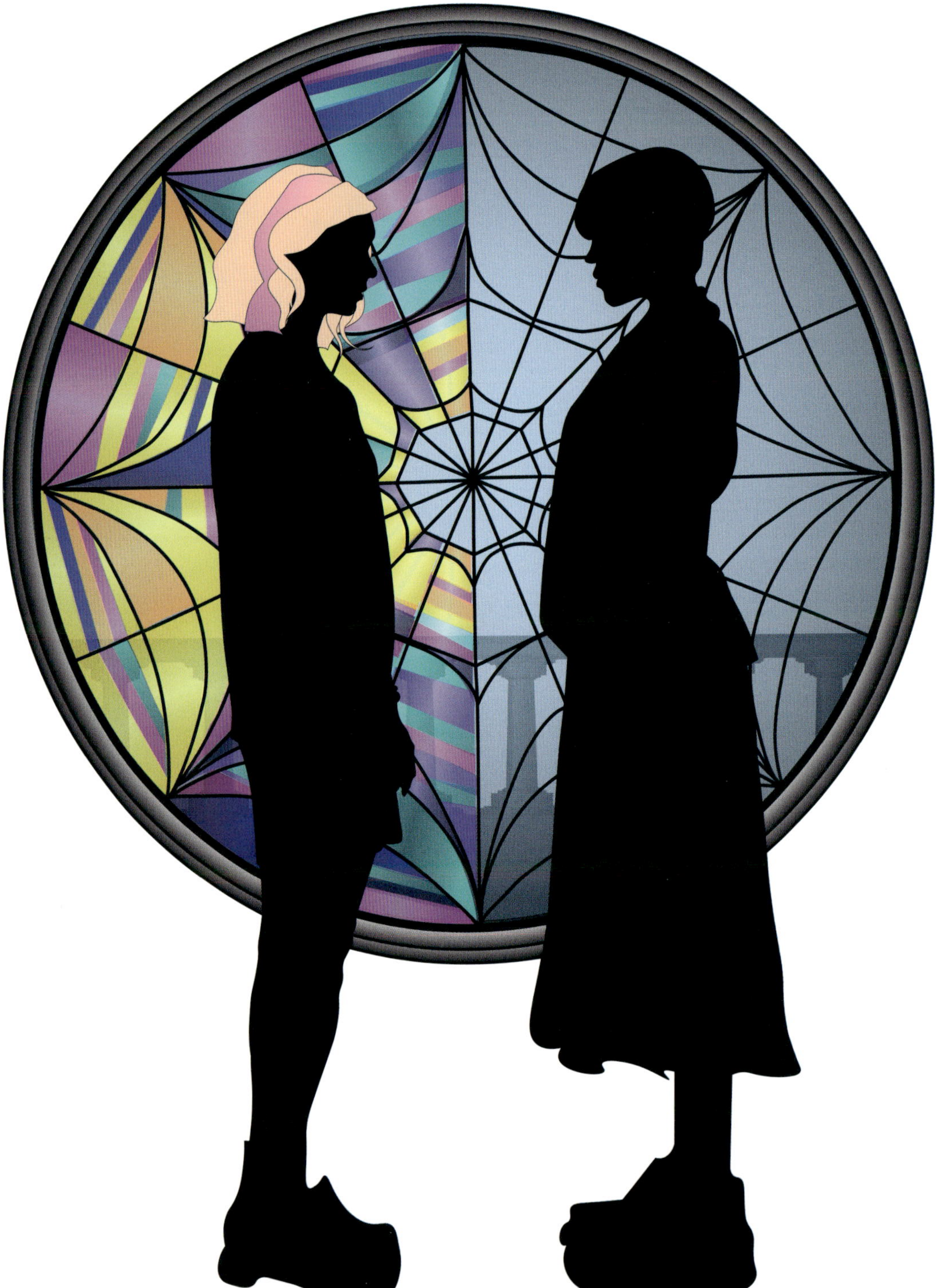

DAS GOSSIP-GIRL ZEIGT KRALLEN

Enid liebt alles, was bunt, schrill, laut, fröhlich, romantisch und ein bisschen verkitscht ist. Am allerliebsten strickt und häkelt sie, mag Gossip und bloggt unermüdlich über alles und jeden in Nevermore, während Wednesday Social Media als »seelensaugenden Hohlraum der bedeutungslosen Bestätigung« bezeichnet.

Auf den ersten Blick ist Enid in allem das farbenfrohe Gegenteil von Wednesday, doch eines haben die beiden Mädchen gemeinsam: Sie haben keine Freunde. Bei Enid klappt das Verwandeln in ihre Werwolfgestalt noch nicht, lediglich ihre Krallen kann sie ausfahren, so bleibt ihr das »Rudel« verwehrt. Sie versucht daher alles, wirklich alles, um Wednesdays Freundin zu werden und häkelt sogar die legendären Freundschaftsloops für beide.

Als Wednesday ihr erlaubt, das Klebeband, das das Zimmer in zwei Hälften teilt, zu entfernen, ist das die schönste Freundschaftsbekundung, die Enid je bekommen hat.

KLAMOTTEN, WIE ENID SIE LIEBT

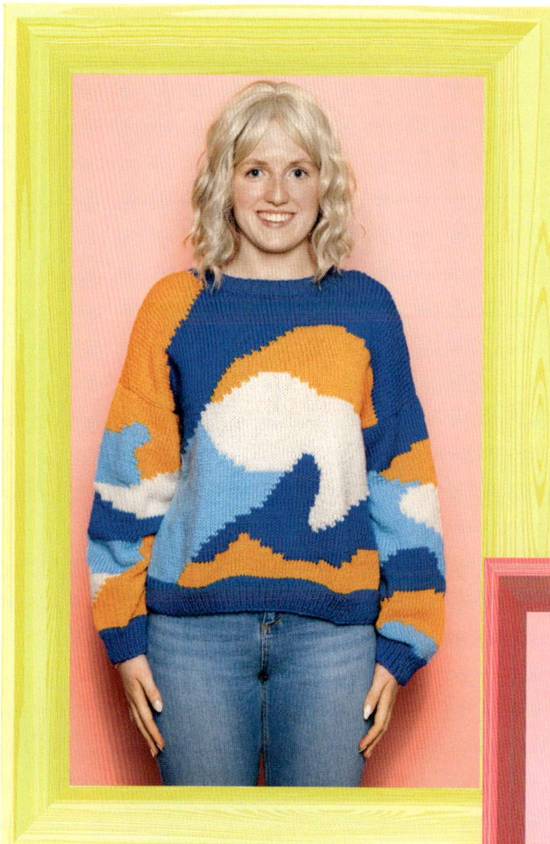

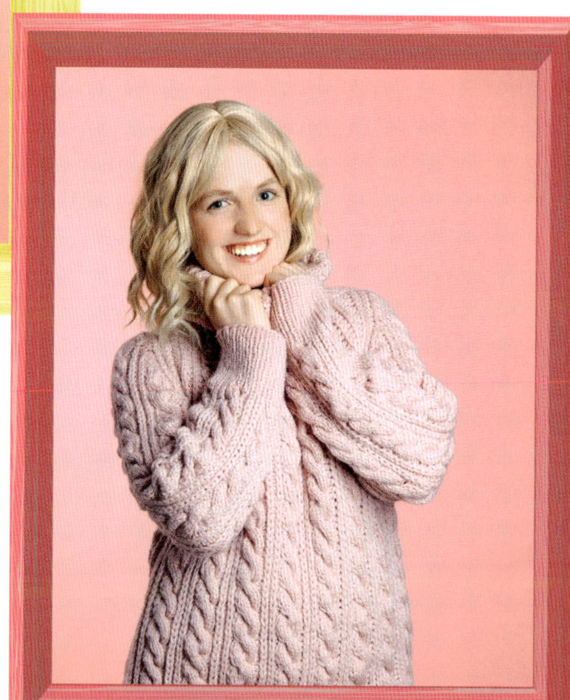

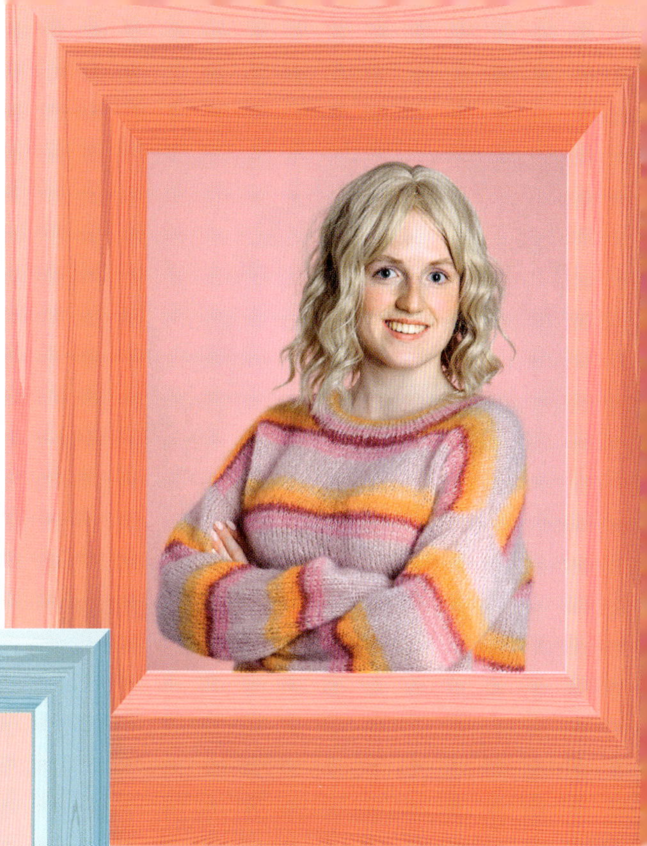

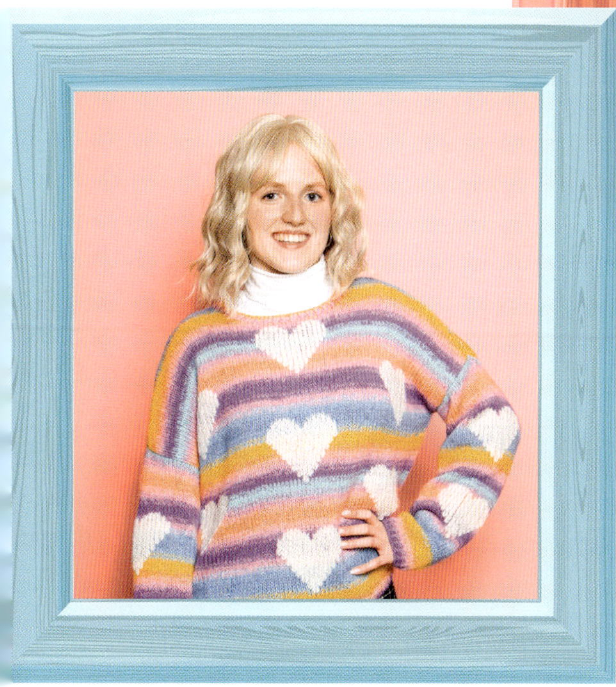

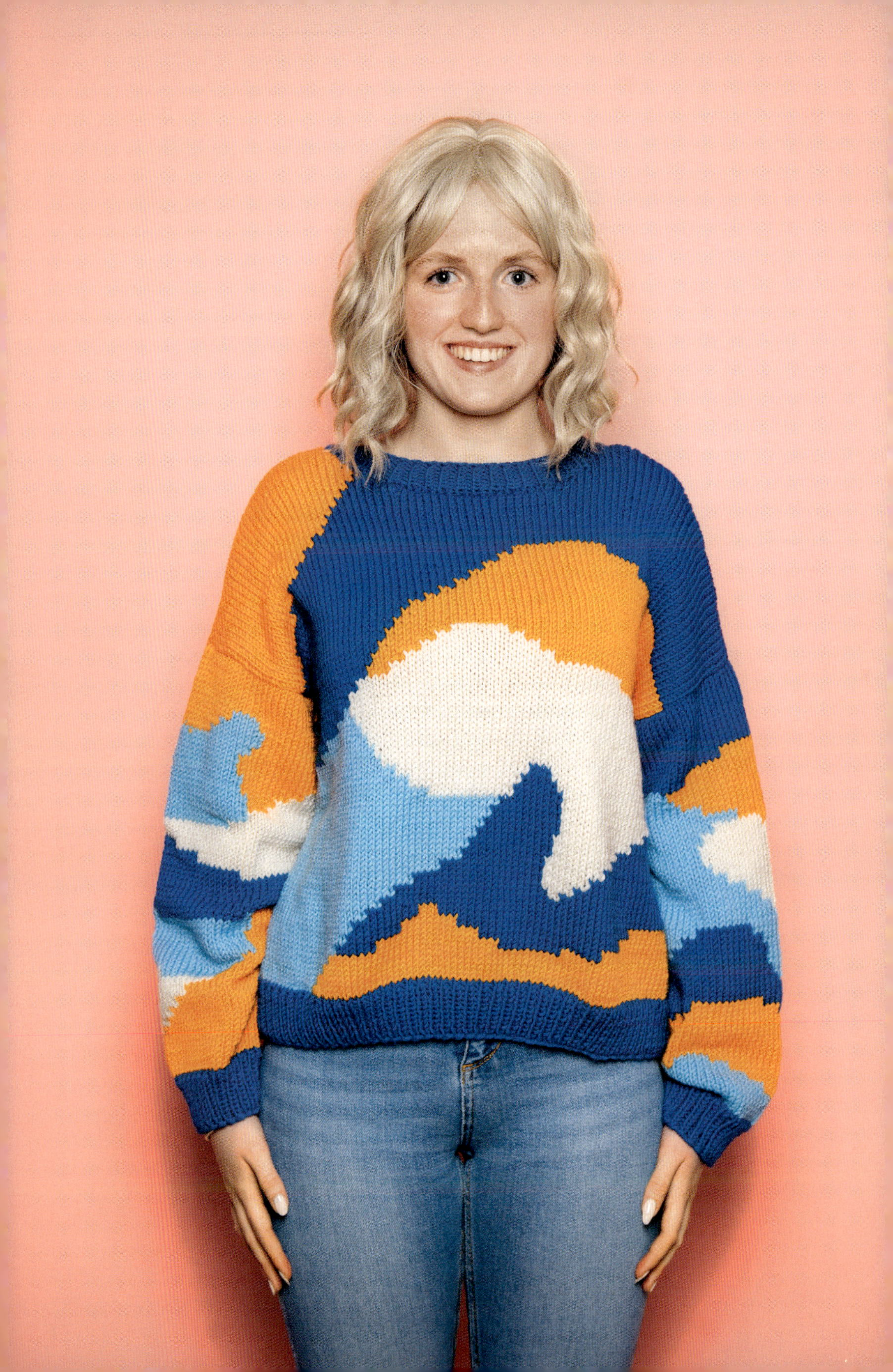

CAMOUFLAGE

Strahlendes Sonnengelb, intensives Tintenblau, zartes Himmelblau und eine Prise Creme für noch mehr Leuchtkraft machen die Magie dieses süßen Pullis aus. Perfekt zu Jeans oder gemütlicher Sweatpants sorgt das Lieblingsstück für gute Laune. Aber die hat Enid eigentlich sowieso immer.

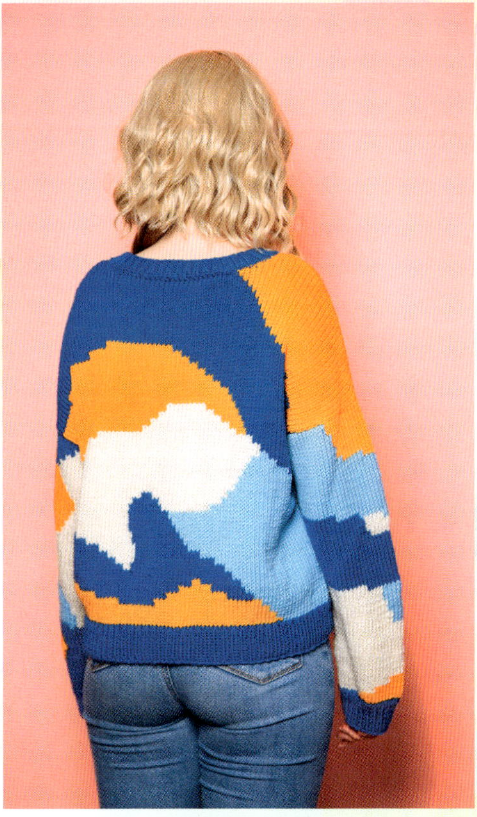

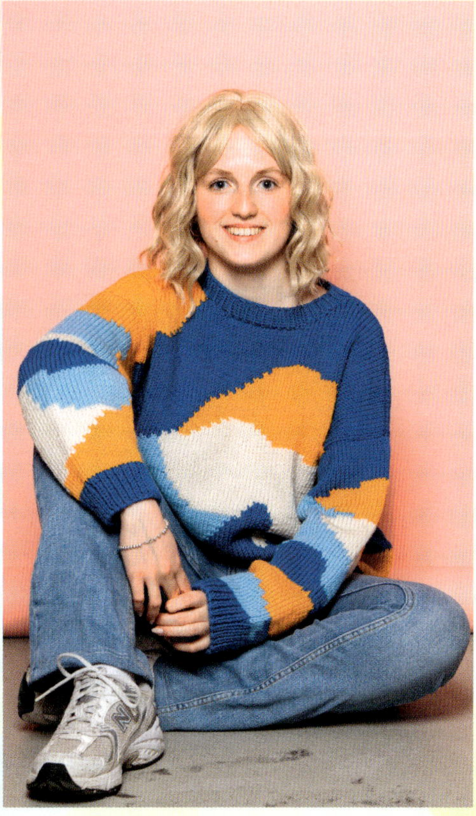

Schwierigkeitsgrad:
anspruchsvoll

GRÖSSE:

S, M und L (34/36, 38 und 40/42) Die Angaben für Größe 34/36 stehen vor der Klammer, für 38 in der Klammer an erster Stelle und für 40/42 an letzter Stelle: Ist nur eine Angabe gemacht, gilt diese für alle Größen.

MATERIAL:

- Bingo (100% Schurwolle Merino) von Lana Grossa mit einer Lauflänge von ca 80m / 50g: 250 (300–300) g Blau (Fb 738), 150 (200–200) g Hellorange (Fb 750), 100 (150–150) g Creme (Fb 748) und 100 (150–150) g Hellblau (Fb 756);
- Stricknadeln 5,0mm und 5,5mm, Rundnadel 5,0mm in 40cm Länge

MASCHENPROBE:

Mit Nadeln der Stärke 5,5mm glatt rechts gestrickt ergeben 16 M und 21 R =10 cm × 10 cm

Bündchenmuster 1-1-Rippe:
In Reihen: Maschenzahl teilbar durch 2 M. In Hin-R 1 M rechts und 1 M links im Wechsel stricken. In Rück-R die M stricken, wie sie erscheinen.
In Runden: Maschenzahl teilbar durch 2 M. In allen Rd 1 M rechts und 1 M links im Wechsel stricken.

Glatt rechts:
In Reihen: In Hin-R rechte M und in Rück-R linke M stricken.
In Runden: In allen Rd rechte M stricken.

Rand-Maschen:
Knötchenrand: Die 1. M und letzte M jeder R rechts stricken. Alle Ränder mit Knötchenrand arbeiten!

FARBMUSTER:

Siehe Zählmuster 1, 2, 3 und 4. Es sind nur Hin-R gezeichnet. In den Rück-R M stricken, wie sie erscheinen. Die einzelnen Farbflächen werden mit separaten Knäueln gestrickt. Damit beim Farbwechsel keine Löcher entstehen, die Fäden auf der Rückseite der Arbeit miteinander verkreuzen und beim Weiterstricken leicht anziehen.

ACHTUNG: Das Farbmuster ist für Größe M gezeichnet. Stricken Sie in Größe S, stricken Sie beidseitig je 3 M weniger und in der Höhe 2 R weniger als im Zählmuster 1 angegeben. Stricken Sie in Größe L ergänzen Sie beidseitig je 3 M und stricken Sie in der Höhe 2 R mehr als im Zählmuster 1 angegeben.

Die Rand-M als Knötchenrand-M arbeiten. Sie sind im Zählmuster als M eingezeichnet, jedoch nicht extra bezeichnet.

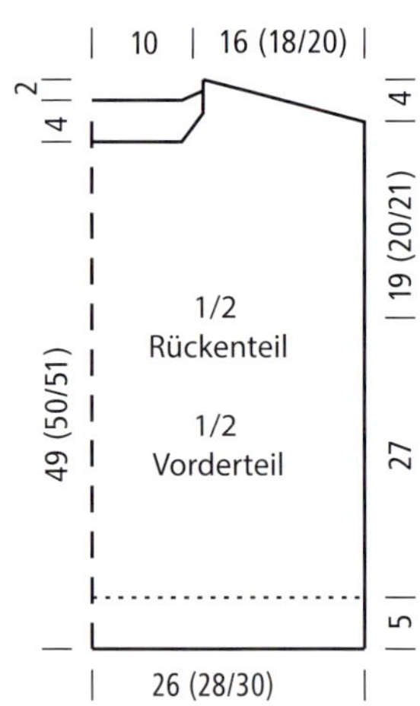

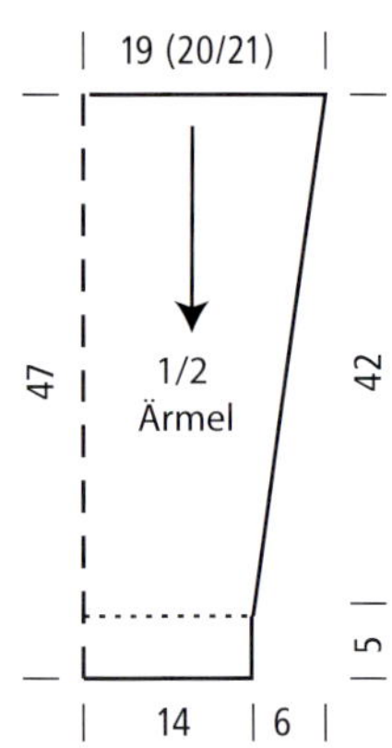

SO WIRD'S GEMACHT:

Vorderteil:

87 (93–99) M mit Nadeln 5,0mm in Blau anschlagen. Im Rippenmuster stricken, dabei in der 1. R, = Rück-R, die M wie folgt einteilen: Knötchenrand-M, dann im Wechsel 1 M links und 1 M rechts, stricken und die R beenden mit 1 M links und 1 Knötchen-Rand-M. Nach 5 cm mit Nadeln Nr. 5,5mm zwischen den Rand-M glatt rechts nach Farbmuster 1 weiterarbeiten.

In 32 cm Gesamthöhe beidseitig den Beginn der Armausschnitte markieren. In 19 (20–21) cm Armausschnitthöhe für die Schulterschräge beidseitig 1× 6 M (1× 6 M / 1× 7 M) M abketten. Danach in jeder 2. R beidseitig noch 1× 6 M und 3× 5 M (4× 6 M / 2× 7 M und 2× 6 M) abketten. In 49 (50–51) cm Gesamthöhe für den Halsausschnitt die mittleren 17 M abketten und beide Seiten getrennt beenden. Für die Rundung am inneren, zum Ausschnitt zeigenden Rand in der 2. R noch 1× 3 M, 1× 2 M und 3× 1 M abketten. Nach 55 (56/57) cm Gesamthöhe sind alle M verbraucht. Die 2. Seite gegengleich beenden.

Rückenteil:

Das Rückenteil wie das Vorderteil beginnen, aber die M am Bündchen zwischen den Rand-M mit 1 M rechts beginnen. Das Einstrickmuster nach Schema 2 arbeiten.Die Abnahmen für die Schulterschrägungen wie beim Rückenteil in 19 (20–21) cm Armausschnitthöhe beginnen. In 53 (54–55) cm Gesamthöhe für den vorderen Halsausschnitt die mittleren 23 M abketten. Für die Rundung am inneren, zum Ausschnitt zeigenden Rand in der 2. R noch 1× 3 M und 1× 2 M abketten. Nach 55 (56/57) cm Gesamthöhe sind alle M verbraucht. Die 2. Seite gegengleich beenden.

Linker Ärmel:

50 M mit Nadeln 5,0mm in Blau anschlagen. Im Rippenmuster stricken, dabei in der 1. R = Rück-R, die M wie folgt einteilen: Knötchenrand-M, dann im Wechsel *** 1 M links und 1 M rechts*** wiederholen und die R beenden mit 1 Knötchenrand-M. Nach 5 cm wechseln zu Nadel 5,5mm und weiter glatt rechts nach Farbmuster 3 weiterarbeiten. Die Rand-M immer als Knötchenrand-M arbeiten. Für die Ärmelschräge in der 15. (11. – 9.) R beidseitig 1× 1 M zunehmen, dann in der danach folgenden 14. R 1× 1 M und danach noch 4× in jeder 12. R 1 M zunehmen.

Für Größe 38 noch 7× in jeder 10. R 1 M und für Größe 40/42 noch 9× in jeder 8. R 1 M zunehmen. = 62 (66–70) M. In 47 cm Gesamthöhe alle M abketten.

Rechter Ärmel:

Wie den linken Ärmel, jedoch im Farbmuster 4 arbeiten.

Halsbündchen:

Alle Teile spannen, anfeuchten und trocknen lassen. Die Schulternähte schließen. Aus dem Halsausschnitt in Blau mit der Rundnadel 5,0mm 82 M auffassen, dabei an einer Schulternaht beginnen. M zur Rd schließen und in Rd 3cm im Bündchenmuster stricken. Danach alle locker abketten.

Konfektionieren:

Für die Ärmel von der Schulternaht in Richtung Saum an Vorder- und Rückenteil 19 (20–21) cm abmessen und markieren. Zwischen den Markierungen die Ärmel annähen, dann die Ärmel- und Seitennähte in einem Arbeitsgang im Matratzenstich schließen.

Zu guter Letzt:

Alle Fäden vernähen.

Zählmuster 2

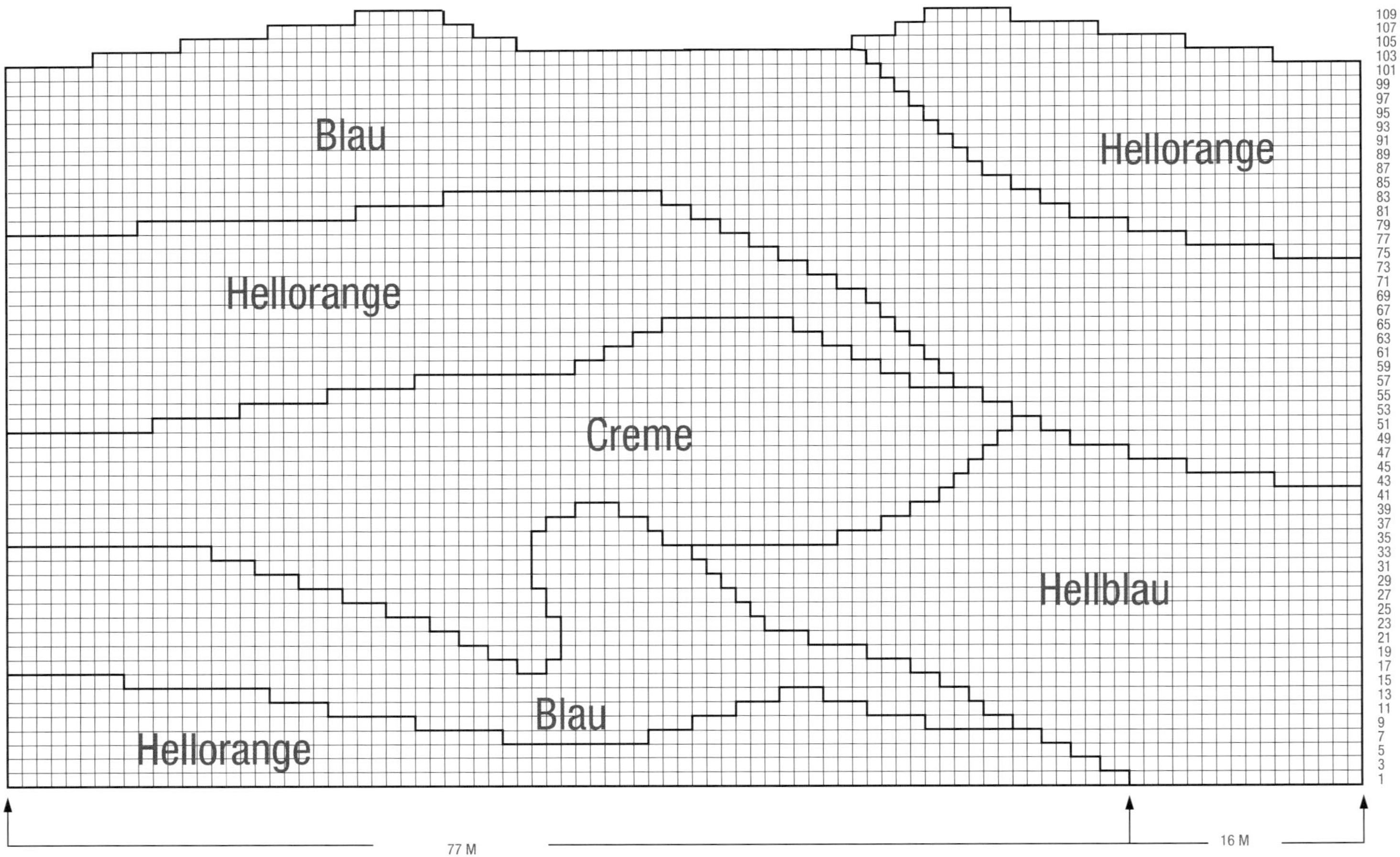

Zählmuster 1

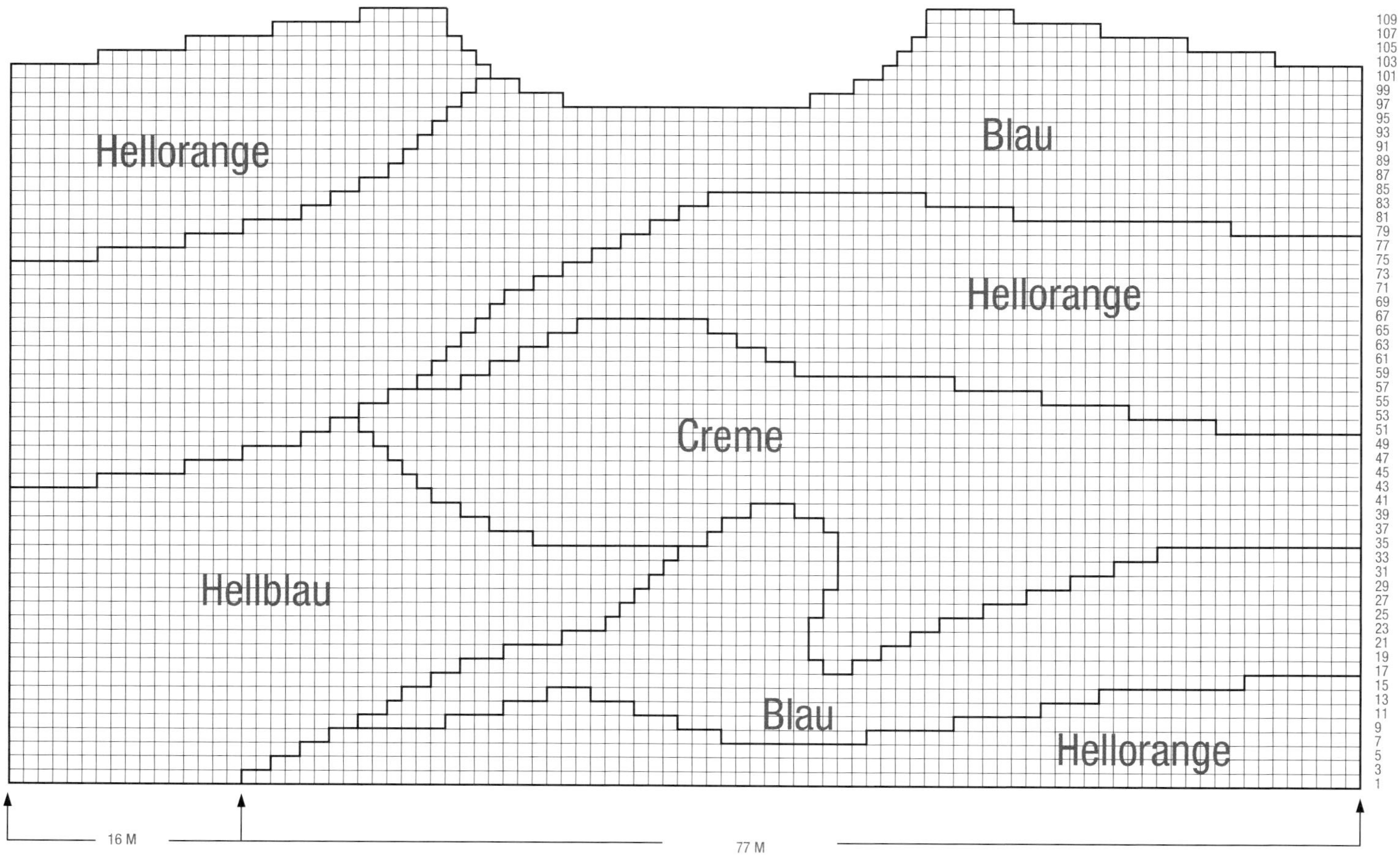

Zählmuster 3

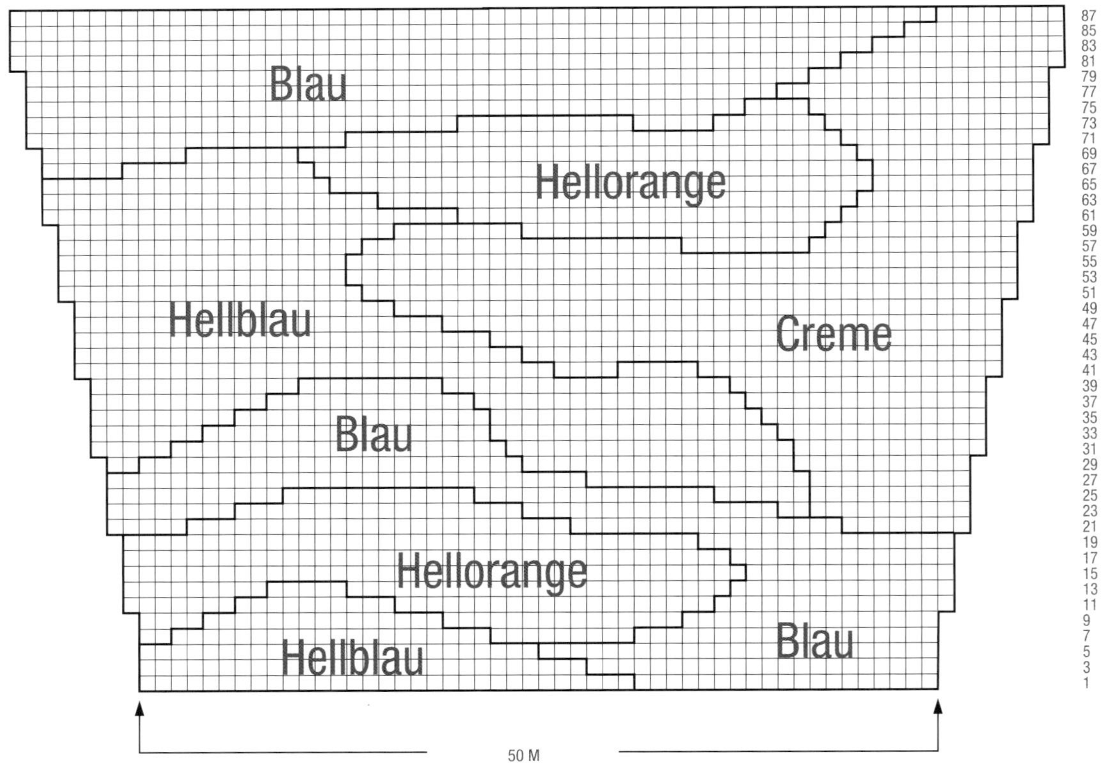

Zählmuster 4

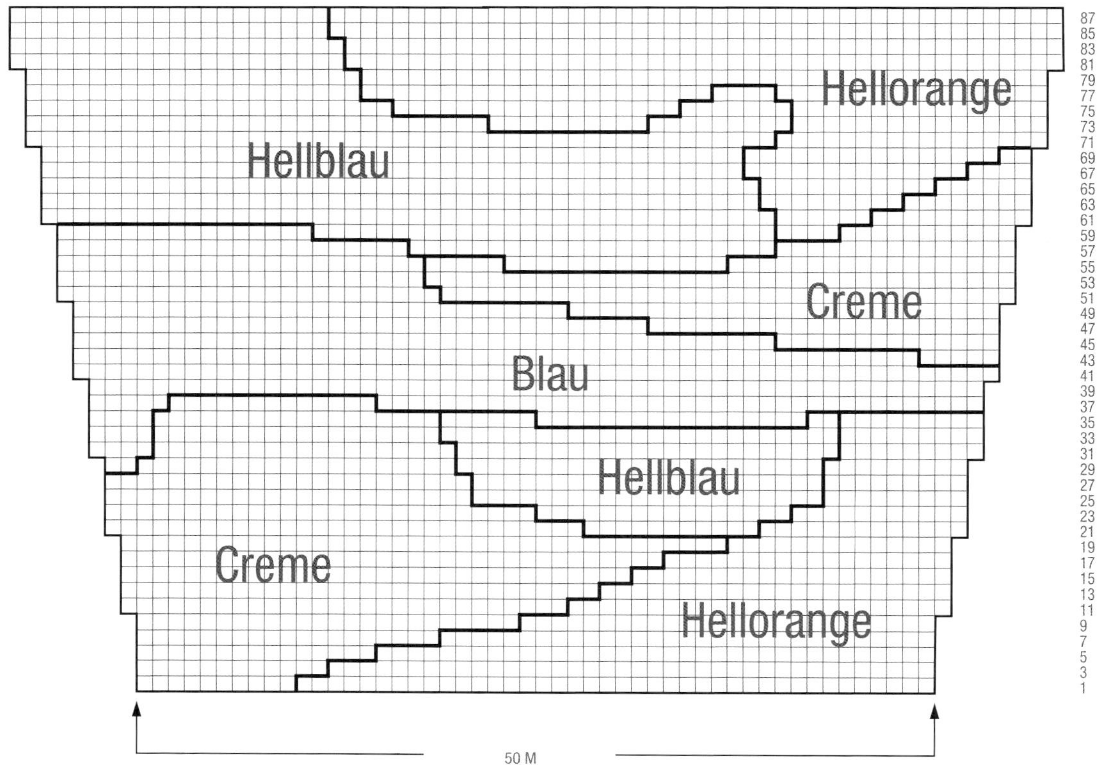

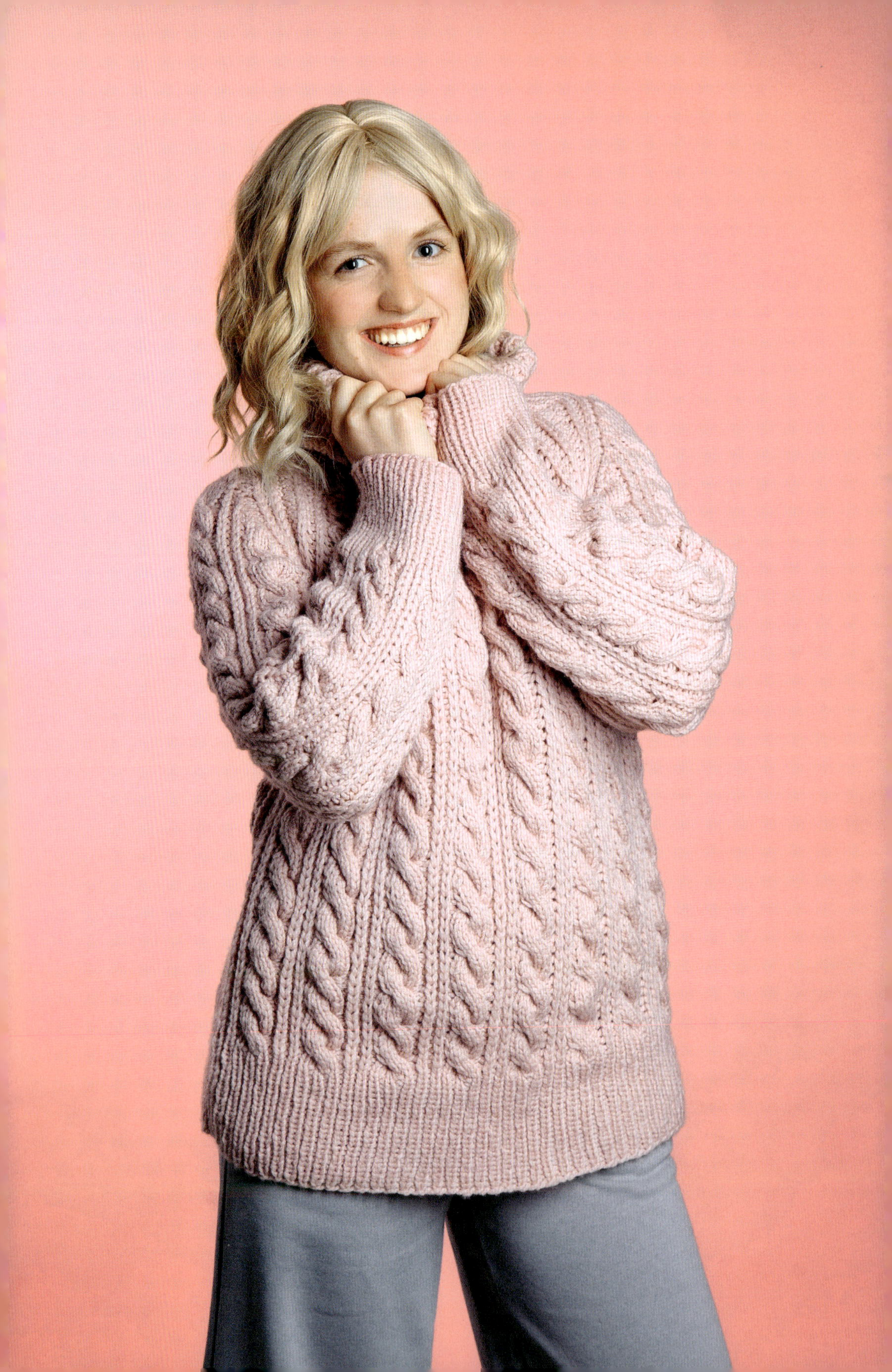

KÄTZCHEN

Manchmal täuscht die liebliche, flauschige Optik und das kleine Kätzchen fährt die Krallen aus und wird zum Werwolf-Mädchen.

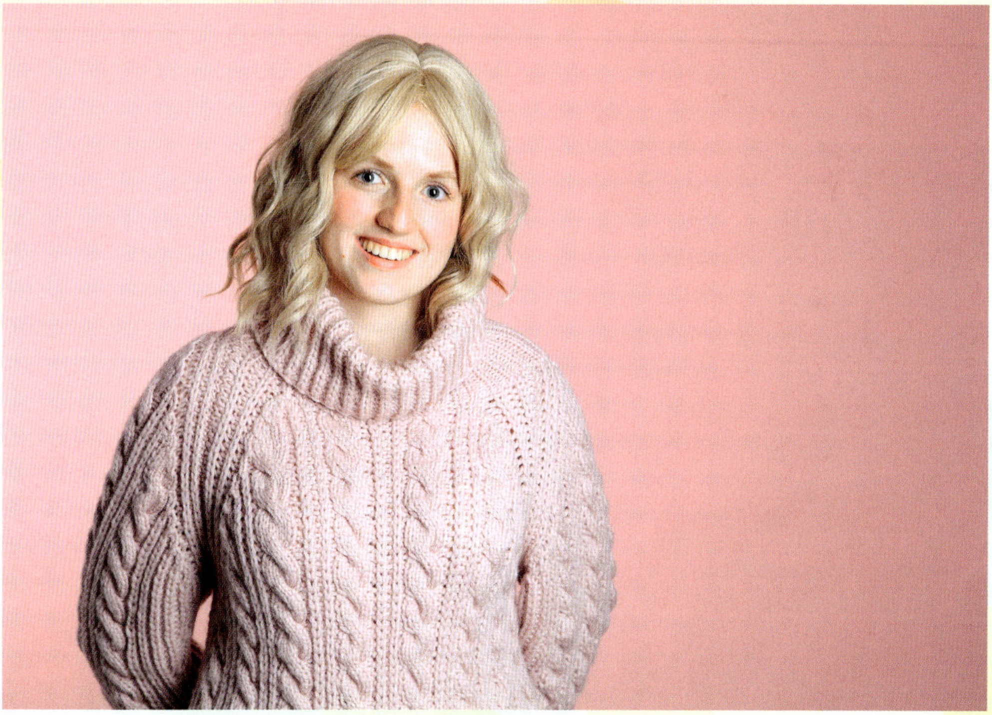

Schwierigkeitsgrad:

für Fortgeschrittene

GRÖSSE:

34–36, 38 und 40–42. Die Angaben für Größe 34–36 stehen vor der Klammer, für 8 in der Klammer an erster Stelle und für 40–42 an letzter Stelle: 34–36 (38 / 40–42). Ist nur eine Angabe gemacht, gilt diese für alle Größen.

MATERIAL:

- Alta Moda Cashmere 16 (78% Schurwolle Merino, 12% Kaschmir, 10% Polyamid) von Lana Grossa mit einer Lauflänge von ca 110m / 50g: 600 (650 / 700) g Zartrosa (Fb 39 Stricknadel 7mm und 8mm, Rundnadel 7,0mm und 8,0mm in 40cm Länge, 1 Zopfnadel

MASCHENPROBE:

Mit Nadeln der Stärke 8mm im Zopf-Patentrippen-Muster gestrickt ergeben 16 M und 24 R =10 cm × 10 cm

Bündchenmuster 1-1-Rippe:

In Reihen: Maschenzahl teilbar durch 2 M + Rand-M. In Hin-R 1 Rand-M, dann 1 M links und 1 M rechts verschränkt im Wechsel stricken und die R mit 1 M links und 1 Rand-M beenden. In Rück-R die linken M links verschränkt und die rechten M rechts stricken.

In Runden: Maschenzahl teilbar durch 2 M. In allen Rd 1 M rechts verschränkt und 1 M links im Wechsel stricken.

Glatt rechts:

In Reihen: In Hin-R rechte M und in Rück-R linke M stricken.

In Runden: In allen Rd rechte M stricken.

Zopf-Patentrippenmuster:

Maschenzahl teilbar durch 11 + 5 + Rand-M. Siehe Strickschrift. Dargestellt sind nur Hin-R. Sofern in der Zeichenerklärung nicht anders angegeben, in den Rück-R die M stricken, wie sie erscheinen. Die 1. und 2. R 1× arbeiten, dann die 3. – 10. R fortlaufend wiederholen.

Rand-Maschen:

Knötchenrand: Die 1. M jeder R in Hin- und Rück-R rechts stricken. Alle Ränder mit Knötchenrand arbeiten!

Halbpatent in Runden:

Gerade M-Zahl. »Schlanke« Rippe = Innenseite.

1. Rd: 1 M rechts, 1 M links im Wechsel stricken.

2. Rd: *** 1 M rechts, die linke M mit 1 U wie zum Links-Stricken abheben*** fortlaufend weiderholen

3. Rd: *** 1 M rechts, den Umschlag und die abgehobenen M der Vor-Rd links zusammenstricken*** fortlaufend wiederholen

Die 2. und 3. Rd wiederholen.

Betonte Abnahmen an der Raglanschräge:

In Hin-R am Reihen-Anfang über 8 M = Rechter Rand: Knötchenrand-M, 2× *** 1 Patent-M, 1 M links, ab***, dann 3 M rechts zusammenstricken.

In Hin-R am Reihen-Ende über 8 M = Linker Rand: 1 doppelter Überzug (= 1 M rechts abheben, 2 M rechts zusammenstricken, dann die abgehobene M überziehen), 2× *** 1 M linkes, 1 Patent-M*** , 1 Knötchenrand-M.

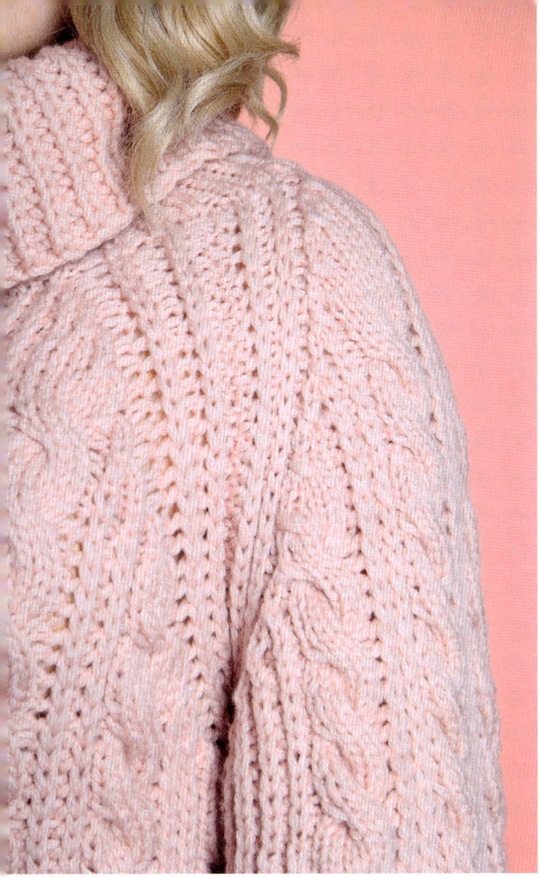

SO WIRD'S GEMACHT:

Rückenteil:

83 (87–91) M mit Nadeln Nr. 8 anschlagen. Im Rippenmuster stricken, dabei in der 1. R = Rück-R, die M wie folgt einteilen: Knötchenrand-M, * 1 M re, 1 M li, ab * stets wiederholen, 1 M rechts, Knötchenrand-M. Nach 10 cm im Zopf-Patentrippenmuster weiterarbeiten.

Knötchenrand-M, lt. Strickschrift mit der 3. M (mit Beginn der Strickschrift / zusätzlich 2 M stricken) beginnen und bis zum Ende des Rapports stricken, dann 7× den Rapport wiederholen., lt. Strickschrift mit der 3.-letzten M (der letzten M / nach zusätzlichen 2 M) enden, Knötchenrand-M.

In der folgenden R lt. Strickschrift beginnen, 8× den Rapport wiederholen, lt. Strickschrift enden, Knötchenrand-M.

In der 1. R wurde je Rapport 1 M zugenommen, = insgesamt 8 zugenommene M = 91 (95–99) M. Die 1. und 2. R 1× arbeiten, dann die 3.–10. R stets wiederholen. In 34 cm Gesamthöhe für die Raglanschräge 1× 2 M beidseitig abnehmen, dann in jeder 4. R 13× 2 M und in jeder 2. R 2× (3× / 4×) beidseitig 2 M abnehmen, dabei betonte Abnahmen arbeiten. In 57 (58–59) cm Gesamthöhe die restl. 27 M abketten, dabei vor dem Abketten innerhalb der Zöpfe jeweils 1× 2 M rechts zusammenstricken.

Betonte Zunahmen an der Ärmelschräge:

In Hin-R am Reihen-Anfang = Rechter Rand: 1 Knötchenrand-M, 1 M links, 1 Patent-M, 1 M links, aus der folgenden Patent-M 3 M herausstricken (= 1 M rechts, 1 M links verschränkt, 1 M rechts).
In Hin-R am Reihen-Ende = Linker Rand: bis 5 M vor R-Ende stricken.

Aus der folgenden Patent-M 3 M herausstricken (= 1 M rechts, 1 M links verschränkt, 1 M rechts), dann 1 M links, 1 Patent-M, 1 M links, Knötchenrand-M.

Vorderteil:

Zunächst wie das Rückenteil arb. In 34 cm Gesamthöhe für die Raglanschräge 1× 2 M beidseitig abnehmen, dann in jeder 4. R 13× 2 M (in jeder 4. R 13× 2 M und in der folg. 2. R 1× 2 M – in jeder 4. R 14× 2 M und in der folg. 2. R 1× 2 M) beidseitig abnehmen, dabei betonte Abnahmen arbeiten.

In 53 (54–55) cm Gesamthöhe für den Halsausschnitt die mittleren 15 M stilllegen und beide Hälften getrennt beenden. Danach in jeder 2. R 1× 4 M und 2× 3 M abketten, bis alle M verbraucht sind. Die zweite Seite gegengleich beenden.

Linker Ärmel:

47 M mit Nadeln 7mm anschlagen. Im Rippenmuster stricken, dabei in der 1. R, = Rück-R, M wie beim Rückenteil einteilen. Nach 10 cm mit Nadeln Nr. 8,0mm im Zopf-Patentrippenmuster weiterarbeiten.: Knötchenrand-M, lt. Strickschrift beginnen, 4× den Rapport wiederholen, lt. Strickschrift enden, Knötchenrand-M. In der 1. R wurde je Rapport 1 M zugenommen, = insgesamt 4 zugenommene M = 51 M. Die 1. und 2. R 1× arb., dann die 3.–10. R stets wiederholen. Für die Ärmelschräge in der 15. (9.–9.) R 1× 2 M beidseitig zunehmen, dann abweichend in jeder 12. und 14. R 4× 2 M (in jeder 12. R 5 x 2 M – in jeder 10. R 6× 2 M)

Beidseitig zunehmen, dabei betonte Zunahmen arbeiten. = 71 (75–79) M. Die zugenommenen M nach und nach in das Patentrippenmuster einfügen = 1. und 2. M bzw. letzte und vorletzte M der Strickschrift. In 42 cm Gesamthöhe für die Raglanschräge 1× 2 M beidseitig. abnehmen., dann in jeder 4. R 13× 2 M (in jeder 4. R 13× 2 M und in der folg. 2. R 1× 2 M – in jeder 4. R 14× 2 M und in der folgenden 2. R 1× 2 M) abnehmen, dabei betonte Abnahmen arbeiten. Für die weitere Raglanschräge am rechten Rand in jeder 2. R noch 2× 2 M abn., dabei ebenfalls betonte Abnahmen arbeiten. und gleichzeitig für die Rundung am linken Rand 1× 4 M abk., dann in jeder 2. R 1× 4 M und 1× 3 M abk.

Rechter Ärmel:

Wie den linken Ärmel, jedoch gegengleich arbeiten.

Halsbündchen:

Teile spannen, anfeuchten und trocknen lassen. Die Raglannähte schließen. Für den weiten Rollkragen aus dem Halsausschnitt, einschließlich der stillgelegten M, insgesamt 84 M auffassen. Mit Rundstricknadel Nr. 7mm in Rd im Rippenmuster stricken, dabei darauf achten, dass die Rippen aus den Teilen im Kragen weitergeführt werden. Nach 8 cm mit Rundstricknadel Nr. 8 im Halbpatent in Rd weiterstricken. Nach insgesamt 24 cm Kragenhöhe alle M locker abketten, wie sie erscheinen. Kragen zur Hälfte nach außen umschlagen.

Konfektionieren:

Seiten- und Ärmelnähte in einem Arbeitsgang im Matratzenstich schließen.

Zu guter Letzt:

Alle Fäden vernähen. Den Pullover glatt hinlegen, leicht anfeuchten und unter feuchten Tüchern trocknen lassen.

Strickschrift

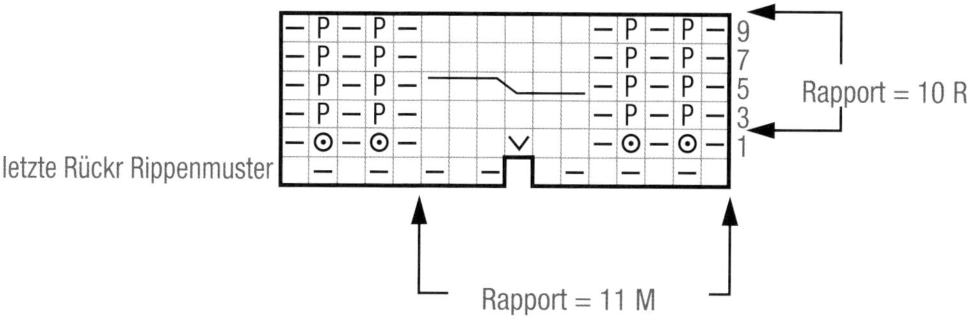

= 1 M re

= 1 M li

= aus dem Querfaden 1 M re verschränkt zun.

= Hinr: 1 M re, Rückr: 1 linke M mit 1 U wie zum Linksstr. abh.

= Patentm: Hinr: die abgeh. M der Vorr und den U re zusstr. Rückr: 1 linke M mit 1 U wie zum Linksstr. abh.

= 3 M auf 1 Zopfnadel vor die Arbeit legen, 3 M li str., dann die M der Zopfnadel re str.

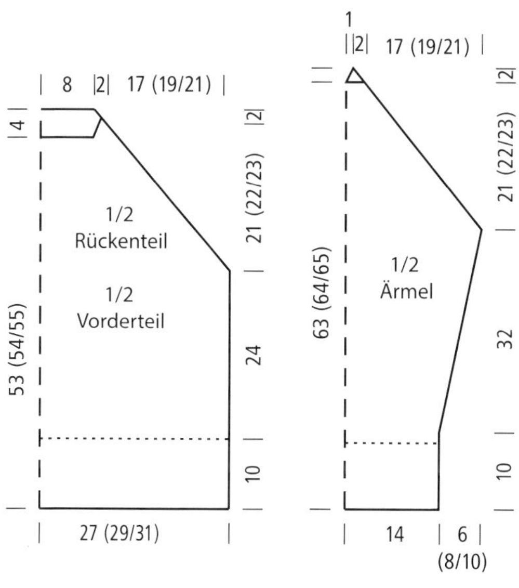

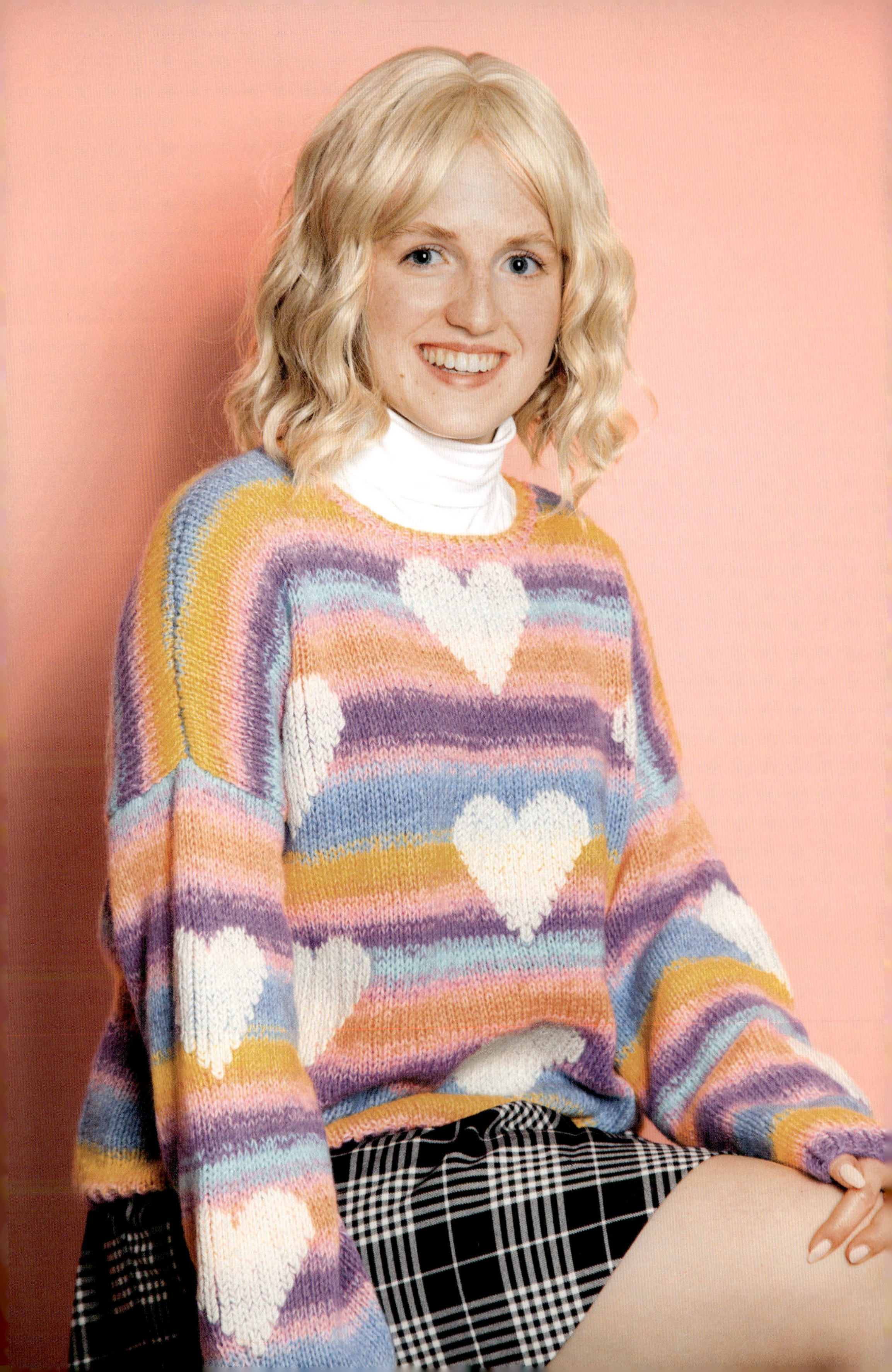

FROHSINN

Mehr farbenfrohe Fröhlichkeit ist fast unmöglich: Kunterbunte Regenbogenstreifen treffen auf aufgestickte Herzchen, dazu ein lässiger Schnitt, der gemütlicher nicht sein kann. Ein Statement-Piece für alle Fans von Enids heiter-positivem Spirit.

Schwierigkeitsgrad:

einfach, aber aufwendig

GRÖSSE:

34–36, 38 und 40–42. Die Angaben für Größe 34–36 stehen vor der Klammer, für 8 in der Klammer an erster Stelle und für 40–42 an letzter Stelle: 34–36 (38 / 40–42). Ist nur eine Angabe gemacht, gilt diese für alle Größen.

MATERIAL:

- Ecopuno (72% Baumwolle, 7% Schurwolle Merino) von Lana Grossa mit einer Lauflänge von ca 215m / 50g: 50 (50–100) g helles Jeansblau (Fb 75), 100 g Himmelblau (Fb 69), 50 (50–100) g Gelb (Fb 88), 50 (50–100) g Apricot (Fb 79), 50 (50–100) g Nelke (Fb 21), 50 g Fliederlila (Fb 83), 50 g Lavendel (Fb 84) und 50 (100–100) g Helltürkis (Fb 77) und 50 g Écru (Fb 46) Stricknadel 5mm, Rundnadel 4,5mm in 40cm Länge, 1 Wollsticknadel zum Aufsticken der Herzen

ACHTUNG: Der ganze Pullover wird doppelfädig gestrickt!

MASCHENPROBE:

Mit Nadeln der Stärke 5mm doppelfädig glatt rechts gestrickt ergeben 17 M und 24 R = 10 cm × 10 cm

Bündchenmuster 1-1-Rippe:

In Reihen: Maschenzahl teilbar durch 2 M + Rand-M. In Hin-R 1 Rand-M, dann 1 M links und 1 M rechts verschränkt im Wechsel stricken und die R mit 1 M links und 1 Rand-M beenden. In Rück-R die linken M links verschränkt und die rechten M rechts stricken.
In Runden: Maschenzahl teilbar durch 2 M. In allen Rd 1 M rechts verschränkt und 1 M links im Wechsel stricken.

Glatt rechts:

In Reihen: In Hin-R rechte M und in Rück-R linke M stricken.
In Runden: In allen Rd rechte M stricken.

Rand-Maschen:

Knötchenrand: Die 1. M jeder R in Hin- und Rück-R rechts sticken. Alle Ränder mit Knötchenrand arbeiten!

Betonte Zunahmen:

In Hin-R am Reihen-Anfang = Rechter Rand:
1 Knötchenrand-M, 1 M rechts verschränkt aus dem Querfaden herausstricken, dann witer glatt rechts stricken
In Hin-R am Reihen-Ende = Linker Rand: Bis 2 M vor R-Ende stricken, 1 M rechts verschränkt aus dem Querfaden herausstricken, 1 M rechts, 1 Knötchenrand-M.

Farbfolge für Vorder- und Rückenteil und Ärmel:

Die Farbfolge wird über 54 Reihen gearbeitet und fortlaufend wiederholt. Immer mit 2 Fäden stricken. Beim Farbwechsel den Faden, der nicht mehr gebraucht wird, abschneiden. Zum Schluss immer 2 nebeneinander liegende Fäden miteinander verknoten und zusammen vernähen.

2 R mit je einem Faden Lavendel und Fliederlila,
2 R mit je einem Faden Fliederlila und Nelke,
2 R mit je einem Faden Nelke und Apricot,
2 R mit je einem Faden Apricot und Gelb,
4 R mit 2 Fäden Gelb,
2 R mit je einem Faden Gelb und Himmelblau,
2 R mit je einem Faden Himmelblau und Helles Jeansblau,
4 R mit 2 Fäden Helles Jeansblau,
2 R mit je einem Faden Helles Jeansblau und Himmelblau,
2 R mit je einem Faden Himmelblau und Nelke,
2 R mit je einem Faden Nelke und Fliederlila,
2 R mit je einem Faden Fliederlila und Lavendel,
4 R mit 2 Fäden Lavendel,
2 R mit je einem Faden Lavendel und Fliederlila,
2 R mit je einem Faden Fliederlila und Nelke,
2 R mit je einem Faden Nelke und Apricot,
4 R mit 2 Fäden Apricot,
2 R mit je einem Faden Apricot und Nelke,
2 R mit je einem Faden Nelke und Fliederlila,
2 R mit je einem Faden Fliederlila und Helltürkis,
2 R mit 2 Fäden Helltürkis,
2 R mit je einem Faden Helltürkis und Lavendel,
2 R mit 2 Fäden Lavendel,
= 54 R. Ab * wdh.

Aufgesticktes Herz

Über 15 M in der Breite und 22 R in der Höhe mit doppeltem Faden in Écru nach Zählmuster aufsticken. Es sind alle M und alle Reihen gezeichnet. 1 Kästchen bedeutet 1 Maschenstich über 1 M.

SO WIRD'S GEMACHT:

Rückenteil:

95 (101–107) M mit Nadeln 5mm doppelfädig mit 2 Fäden Lavendel anschlagen. Im Rippenmuster in Reihen stricken und nach 1 Rück-R in Écru sofort mit in der Streifenfolge beginnen.
Nach 5 R Rippenmuster weiter glatt rechts stricken und die erste und letzte M jeder R als mit Knötchenrand-M arbeiten. Die Streifenfolge fortsetzen. In 32 cm Gesamthöhe beidseitig den Beginn der Armausschnitte markieren. In 17 (18–19) cm Armausschnitthöhe für die Schulterschräge beidseitig 1× 7 M abketten und danach in jeder 2. R noch 2× 7 M und 2× 6 M (3× 7 M und 1× 8 M – 4× 8 M) abketten. Es sind danach noch 43 M auf der Nadel. Gleichzeitig zu den Abnahmen für die Schulterschrägung in 51 (52–53) cm Gesamthöhe für den Halsausschnitt die mittleren 23 M stilllegen und beide Seiten getrennt über 10 M beenden. An der zum Ausschnitt zeigenden Seite in jeder 2. R noch 1× 2 M und 1× 1 M abnehmen. Dann sind alle M verbraucht. Die 2. Seite gegengleich arbeiten.

Vorderteil:

Wie das Rückenteil beginnen und bis zu einer Gesamthöhe von 46 (47–48) cm identisch stricken. Dann für den vorderen Ausschnitt in der Rück-R die mittleren 13 M stilllegen und beide Vorderteilhälften über 41 (44/47) M getrennt beenden. Mit der linken Hälfte beginnen und die M der rechten Hälfte zunächst stilllegen. An der zum Ausschnitt zeigenden Seite in jeder 2. R noch 1× 3 M, 1× 2 M und 3× 1 M abketten. In 17 (18–19) cm Armausschnitthöhe die Schulterschräge wie beim Rückenteil stricken. Die Arbeit in 56 (57(/58) cm beenden.

Ärmel:

Mit Nadel 5mm und 2 Fäden Lavendel 48 M anschlagen. Eine Rück-R im Rippenmuster stricken. Ab folgender Hin-R mit der Farbfolge beginnen. In der 5. R des Rippenmusters mittig 1 M zunehmen, indem 1 M aus dem Querfaden gestrickt wird = 49 M. Weiter zwischen den Rand-M glatt rechts arbeiten und die Streifenfolge fortsetzen. Für die Ärmelschrägung in der 15. (13. - 13.) R 1× 1 M beidseitig betont zunehmen wie oben beschrieben. Danach noch in jeder 14. R 5× 1 M (in jeder 12. R noch 6× 1 M / abwechselnd in jeder 10. und 12. R 7× 1 M) zunehmen = 61 (63–65) M. In 44 cm Gesamthöhe alle M abketten. 2. Ärmel ebenso arbeiten.

Herzen aufsticken:

Alle Teile spannen, anfeuchten und trocknen lassen. Auf das Vorderteil und Rückenteil 5 Herzen in Écru (Fb. 46) doppelfädig nach Zählmuster im Maschenstich wie folgt aufsticken: Mittel-M markieren. In der 7. (9. - 11.) R 1. Herz aufsticken. Die folgenden 2 Herzen im Abstand von je 16 R genau über dem 1. Herz aufsticken. Die beiden Herzen daneben in der 26. (28. - 30) R und im Abstand von je 12 (13–14) M zum mittleren Herz beginnen. Das nächste Herz im Abstand von 16 R genau über dem 1. Herz aufsticken. Auf den Ärmeln je 2 Herzen mittig aufsticken. Das untere Herz beginnt in der 21. glatt rechts gestrickten R und das zweite Herz 16 R über der letzten R des ersten Herzchens.

Halsbündchen:

Die Schulternähte schließen. Aus dem Halsausschnitt mit je einem Faden Flieder und Nelke mit der Rundnadel 4,5mm 78 M auffassen, dabei an einer Schulternaht beginnen. M zur Rd schließen und im Bündchenmuster stricken: 1 Rd mit je einem Faden Flieder und Nelke, 2 Rd mit je einem Faden Nelke und Apricot und 1 Rd mit je einem Faden Apricot und Gelb. Danach alle M abketten, dabei die M stricken, wie sie erscheinen.

Konfektionieren:

Für die Ärmel von der Schulternaht in Richtung Saum an Vorder- und Rückenteil 17 (18–19) cm abmessen und markieren. Zwischen den Markierungen die Ärmel annähen, dann die Ärmel- und Seitennähte in einem Arbeitsgang im Matratzenstich schließen.

Zu guter Letzt:

Alle Fäden vernähen. Den Pullover glatt hinlegen, leicht anfeuchten und unter feuchten Tüchern trocknen lassen.

Zählmuster

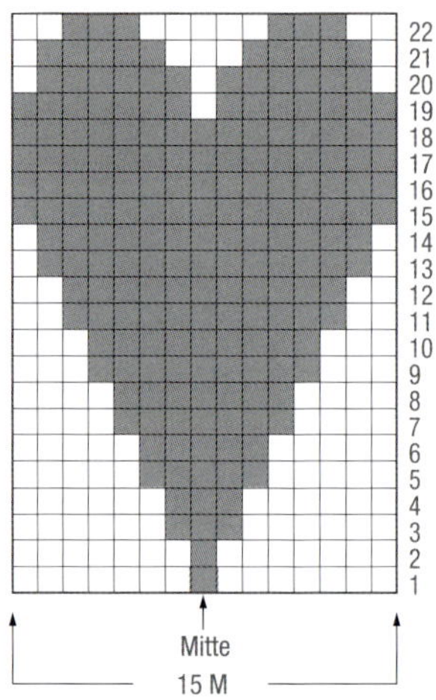

☐ = glatt re in Streifenfolge

■ = 1 Maschenstich doppelfädig in Ecru

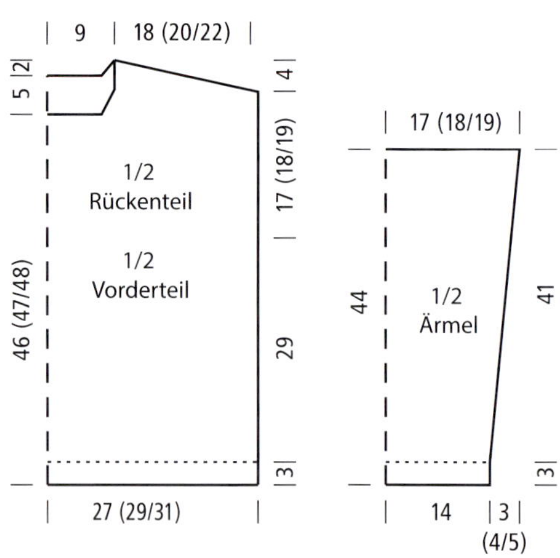

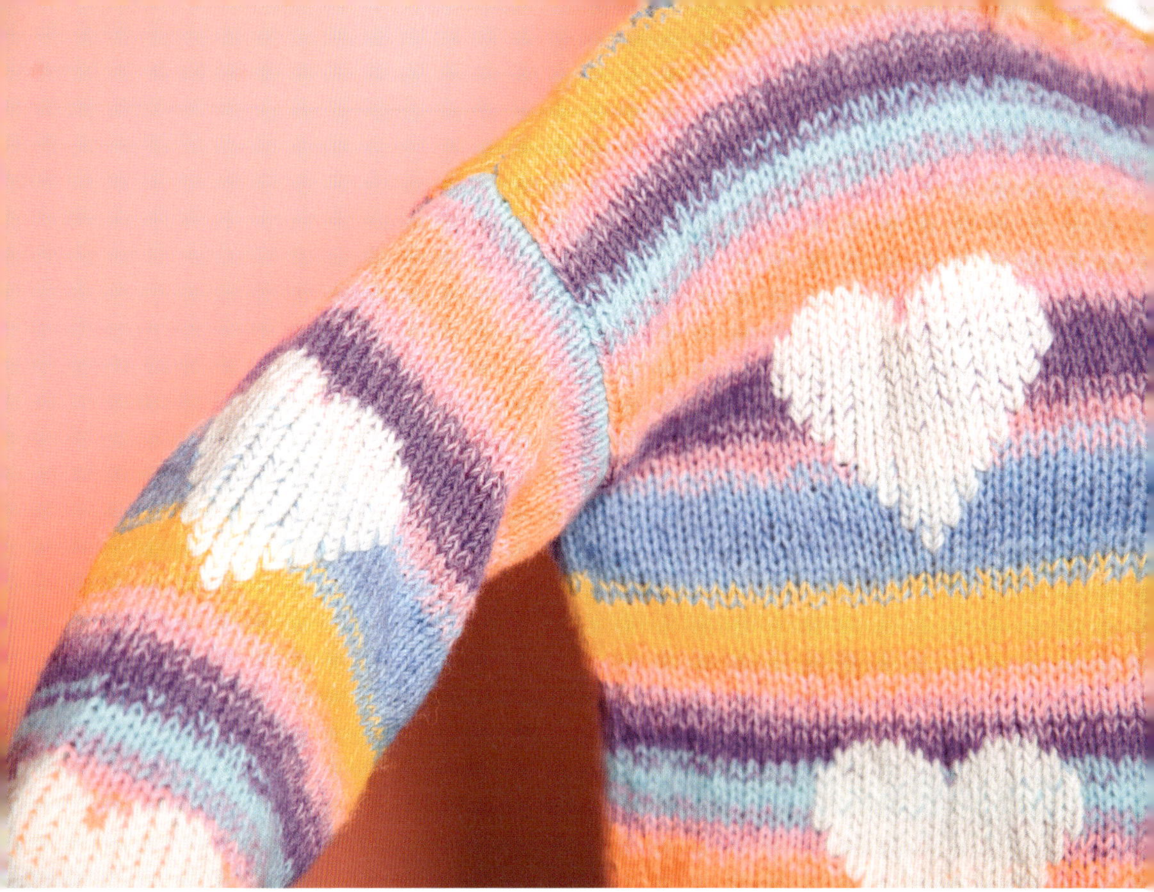
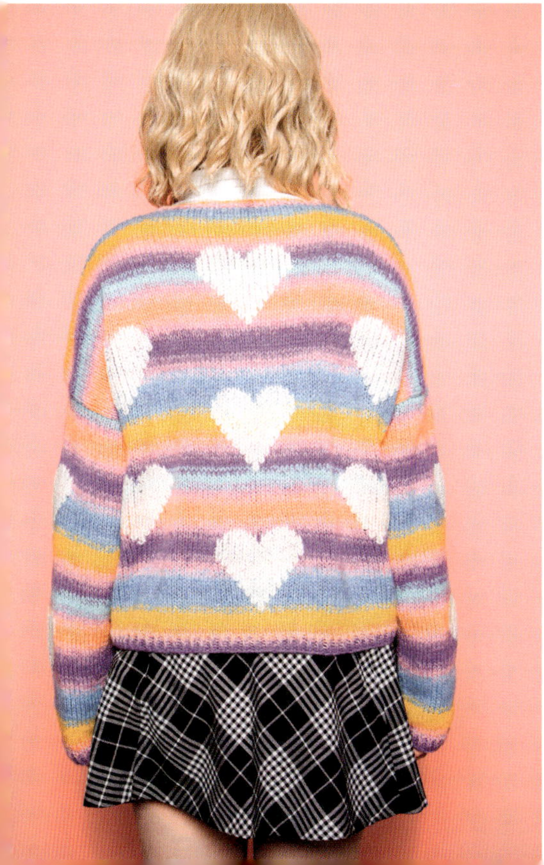
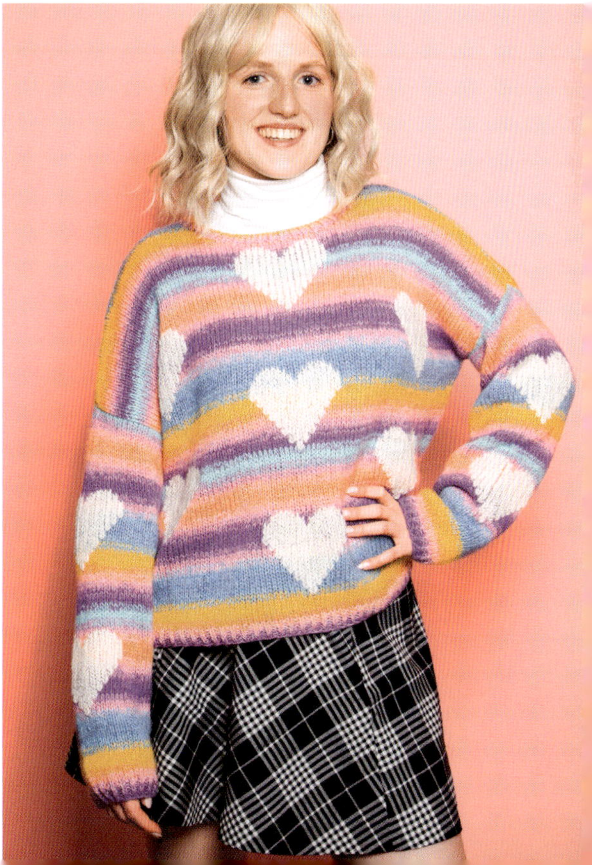

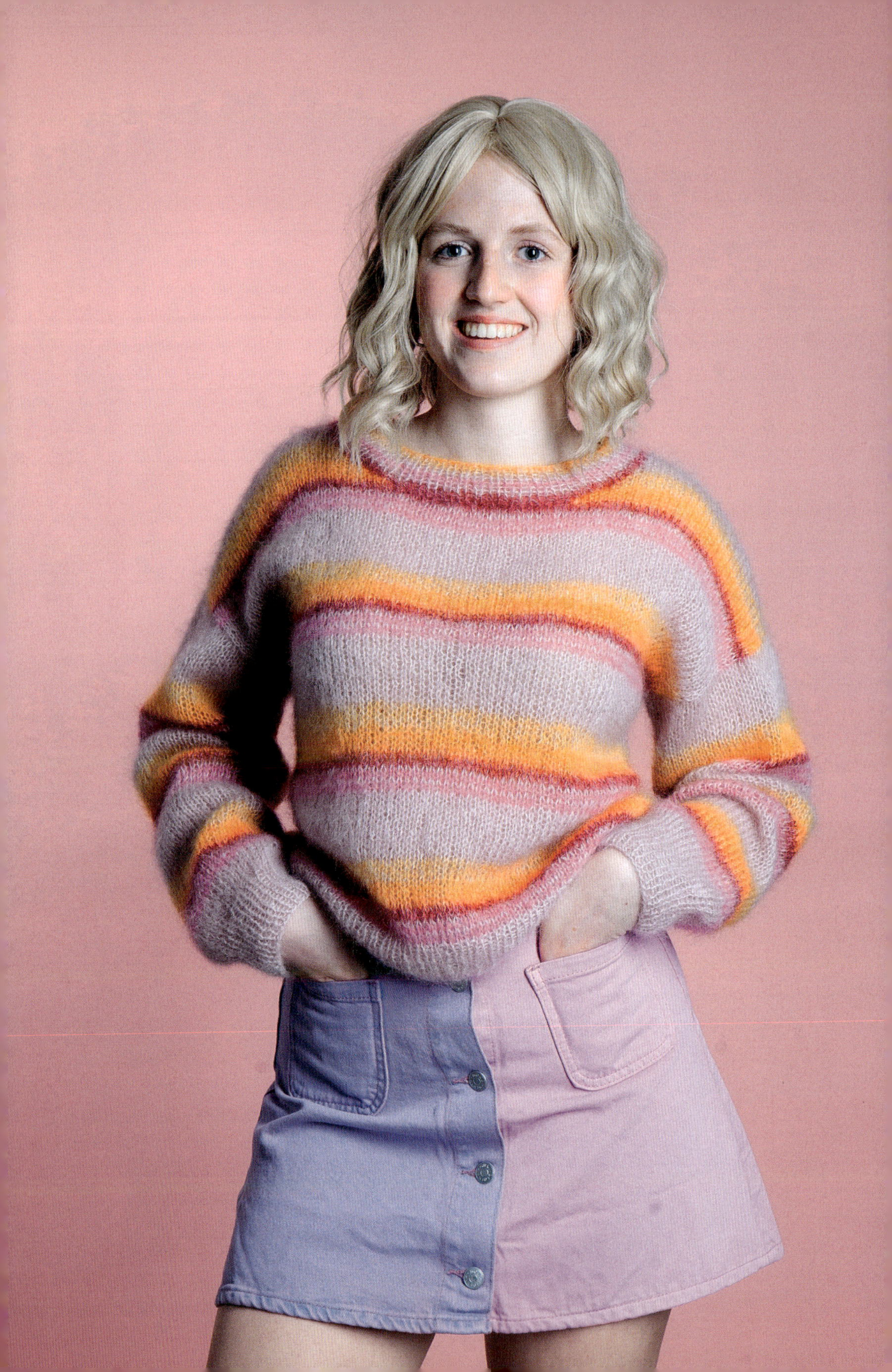

EMMA

Ein für Enid typischer Kuschelpulli mit fröhlichen Streifen, die an einen Regenbogen erinnern und perfekt zu ihrer Haarfarbe matchen. Enid trägt den Pulli zu praktischen Sweatpants, zum Rock, einfach zu allem, was gemütlich ist.

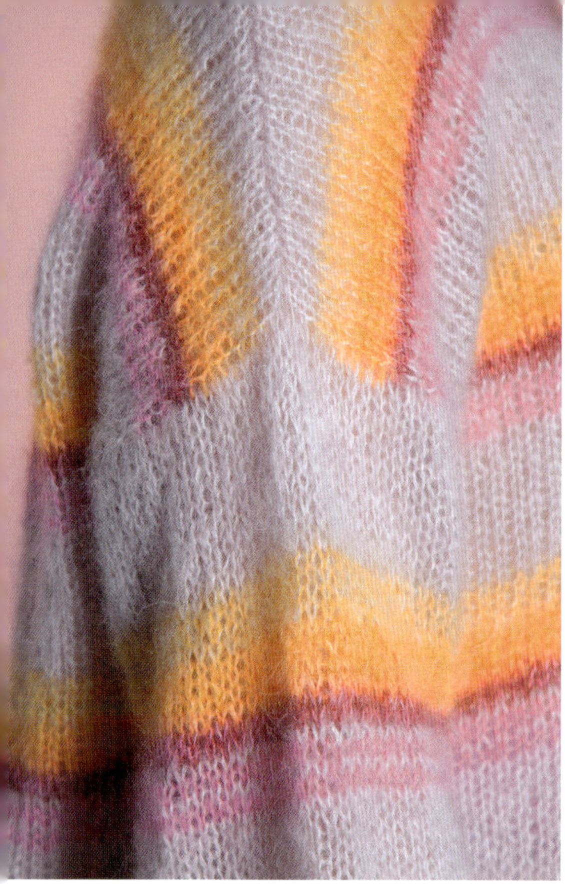

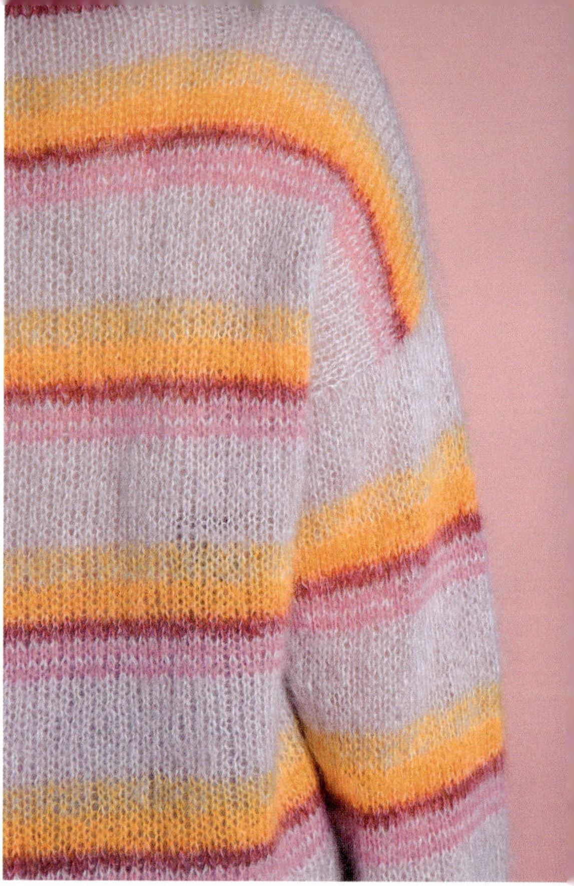

Schwierigkeitsgrad:
einfach

GRÖSSE:

32–34, 36–38, 40–42, 44–46. Die Angaben für Größe 32–34 stehen vor der Klammer, für 36–38 in der Klammer an erster Stelle, für 40–42 an zweiter und für 44–46 an letzter Stelle: 32–34 (36–38/40–42/44–46).

MATERIAL:

- Silkhair (70% Mohair, 30% Seide) von Lana Grossa mit einer Lauflänge von ca. 210m / 25g: 125 (125/150/150)g in Pastellfieder (Fb 150), 50 (50/50/50)g in Kürbis (Fb 190), 25 (25/50/50) in Dottergelb (Fb 170), 25 (25/50/50)g in Fuchsia (Fb 172) und 25 (25/25/25)g in Bordeaux (Fb 113) von Lana Grossa mit einer Lauflänge von ca 210m / 25g;
- Stricknadeln 5mm und 6mm, Rundnadel 5mm in 40cm Länge

MASCHENPROBE:

Mit Nadeln der Stärke 6mm doppelfädig glatt rechts gestrickt ergeben 16 M und 21,5 R =10 cm × 10 cm

Bündchenmuster 1-1-Rippe:

In Reihen: Maschenzahl teilbar durch 2 M + 1 M. In Hin-R 1 M rechts und 1 M links im Wechsel stricken und die R mit 1 M rechts beenden. In Rück-R die M stricken, wie sie erscheinen.

In Runden: Maschenzahl teilbar durch 2 M. In allen Rd 1 M rechts und 1 M links im Wechsel stricken.

Glatt rechts:

In Reihen: In Hin-R rechte M und in Rück-R linke M stricken.

In Runden: In allen Rd rechte M stricken.

Rand-Maschen:

Knötchenrand: Die 1. M jeder R wie zum Rechtsstricken abheben. Die letzte M jeder R rechts stricken. Alle Ränder mit Knötchenrand arbeiten! Farbfolge für Vorder- und Rückenteil.

Tipp: Auf Rundstricknadel arbeiten, damit man die Arbeit an das Nadel-Ende schieben kann, wo der benötigte Faden hängt, wenn ungerade Reihenzahlen in einer Farbe gestrickt werden müssen. Die Farbfolge wird für Rücken- und Vorderteil in der Höhe 4× 12cm und 26 R gearbeitet. Immer mit 2 Fäden stricken.

1 R = 0,5 cm mit 2 Fäden Fuchsia (Fb 172) 1 R = 0,5 cm mit 2 Fäden Pastellflieder (Fb 150) 1 R = 0,5 cm mit 2 Fäden Fuchsia (Fb 172) 1 R = 0,5 cm mit 2 Fäden Pastellflieder (Fb 150) 2 R = 1 cm mit je einem Faden Fuchsia (Fb 172) und 1 Faden Bordeaux (Fb 113) 1 R = 0,5 cm mit 2 Fäden Kürbis (Fb 190) 3 R = 1,5 cm mit je einem Faden Kürbis

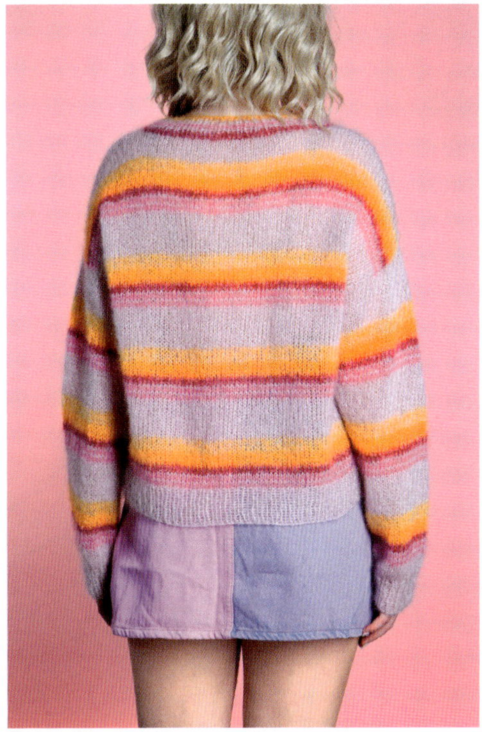

(Fb 190) und 1 Faden Dottergelb (Fb 170) 4 R = 2 cm mit je einem Faden Dottergelb (Fb 170) und Pastellflieder (Fb 150) 12 R = 5 cm mit 2 Fäden Pastellflieder (Fb 150).

Farbfolge für das Halsbündchen:

1 Rd je 1 Faden Fuchsia (Fb 172) und Bordeaux (Fb 113) 2 Rd mit 2 Fäden Pastellflieder (Fb 150) 2 Rd mit 2 Fäden Pastellflieder (Fb 150) 1 Rd mit 2 Fäden Fuchsia (Fb 172) 2 Rd it je 1 Faden Dottergelb (Fb 170) und Pastellflieder (Fb 150).

SO WIRD'S GEMACHT:

Rückenteil:

Mit Nadeln 5mm und 2 Fäden Pastellflieder 82 (86/90/94) M anschlagen und 13 R = 6 cm im Bündchenmuster stricken. Danach wechseln zu Nadeln 6 mm und weiter zwischen den Rand-M glatt rechts stricken. Mit der Farbfolge beginnen. Nach 30 cm einen Maschenmarkierer für den Ärmel setzen. In 49 (50/51/52) cm Gesamthöhe für die Schulterschrägungen beidseitig in jeder 2. R 7× 4 M (4× 5 M / 3× 4 M / 1× 4 M) abketten. Gleichzeitig nach 53 (54/55/56) cm Gesamthöhe für den Halsausschnitt die mittleren 30 M abketten und beide Seiten getrennt über je 26 (28/30/32) M beenden. Für die Rundung am inneren, zum Ausschnitt zeigenden Rand in der 2. R noch 1× 2 M abketten. Nach 53 (54/55/56) cm Gesamthöhe die verbleibenden 24 (26/28/30) Schulter-M abketten. Die 2. Seite gegengleich beenden.

Vorderteil:

Wie das Rückenteil beginnen und bis zu einer Gesamthöhe von 43 (44/45/46) cm identisch stricken. Dann für den vorderen Ausschnitt in der Rück-R die mittleren 20 M abketten und beide Vorderteilhälften über 31 (33/35/37) M getrennt beenden. Mit der linken Hälfte beginnen und die M der rechten Hälfte zunächst stilllegen. An der zum Ausschnitt zeigenden Seite in jeder 2. R noch 2× 2 und 3× M abketten. Nach 42 (43/44/45) cm Gesamthöhe die restlichen je 24 (26/28/30) Schulter-M abketten.

Ärmel:

Der Ärmel wird von oben nach unten gestrickt. Zunächst die Schulternähte im Maschenstich schließen. Zwischen den Markierungen mit Nadel 6mm in 64 (68/72/76) M in Pastellflieder auffassen (= 1. Hin-R) und weiter zwischen den Rand-M glatt rechts lt. Farbfolge in umgekehrter Richtung stricken, also mit 11 R Pastellflieder beginnen. 3× die umgekehrte Farbfolge arbeiten und den Ärmel dann mit 2 Fäden Pastellflieder beenden. 10× in jeder 4. Hin-R beidseitig neben den Rand-M 2 M rechts zusammenstricken = 44 (48/52/56) M. In 41 (42/43/44) cm Ärmellänge wechseln zu Nadeln 5mm. In Pastellflieder weiter im Bündchenmuster stricken, dabei in der 1. R gleichmäßig verteilt 6 (8/10(12) M abnehmen = 38 (40/42/44) M. Nach 6 cm Bündchenhöhe alle M abketten.

Konfektionieren:

Die Ärmel- und Seitennähte in einem Arbeitsgang im Matratzenstich schließen.

Halsbündchen:

Aus dem Halsausschnitt in Fuchsia/Bordeaux mit der Rundnadel 102 M auffassen, dabei an einer Schulternaht beginnen. M zur Rd schließen und 8 Rd im Bündchenmuster lt. Farbfolge für das Halsbündchen stricken. Danach alle M mit je 1 Faden Dottergelb und Kürbis abketten.

Zu guter Letzt:

Alle Fäden vernähen. Den Pullover glatt hinlegen, leicht anfeuchten und unter feuchten Tüchern trocknen lassen.

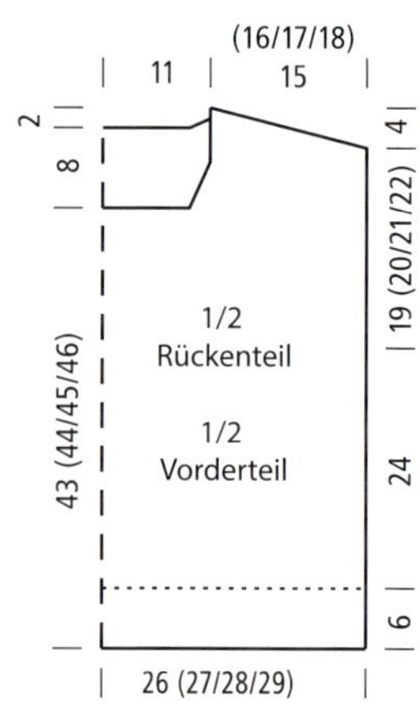

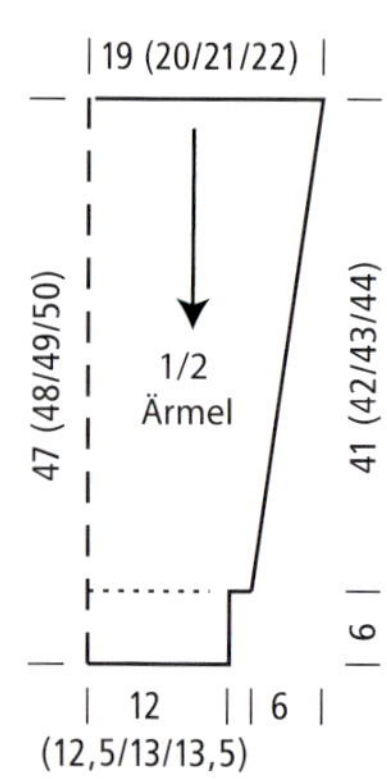

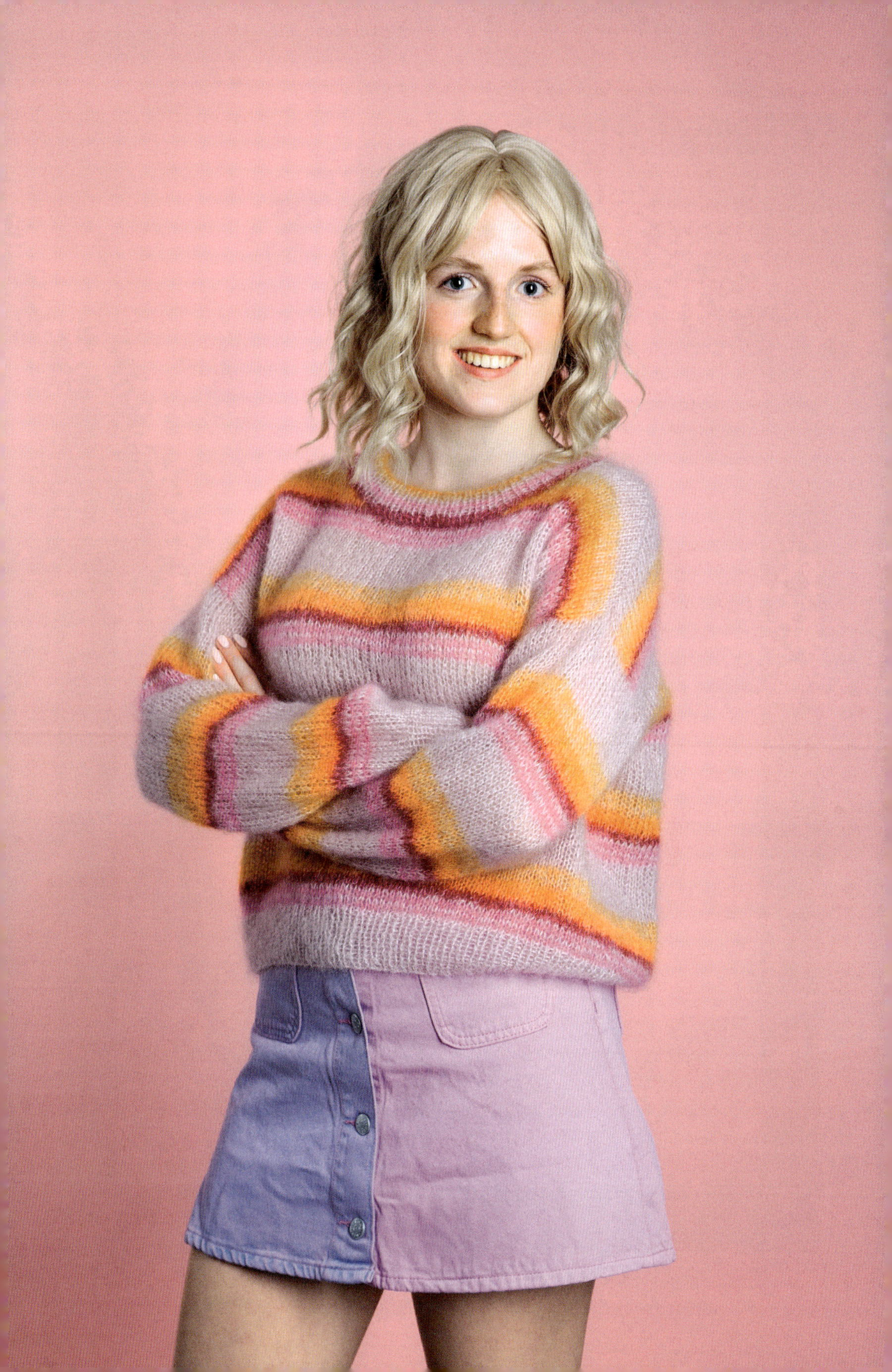

FREUNDSCHAFTSMODELLE

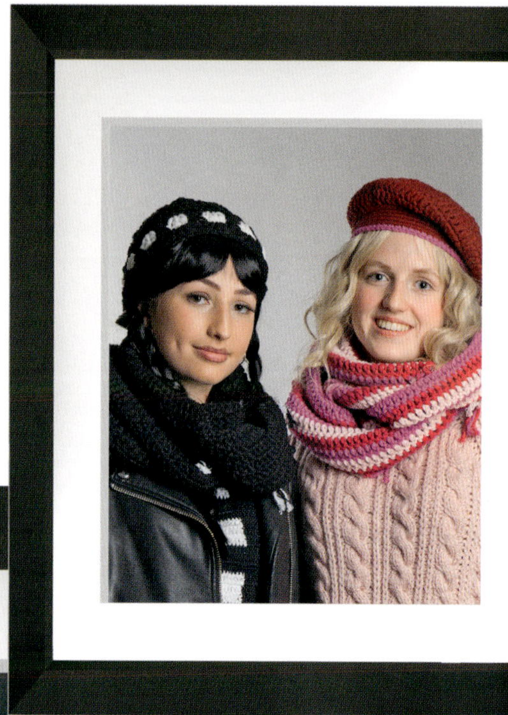

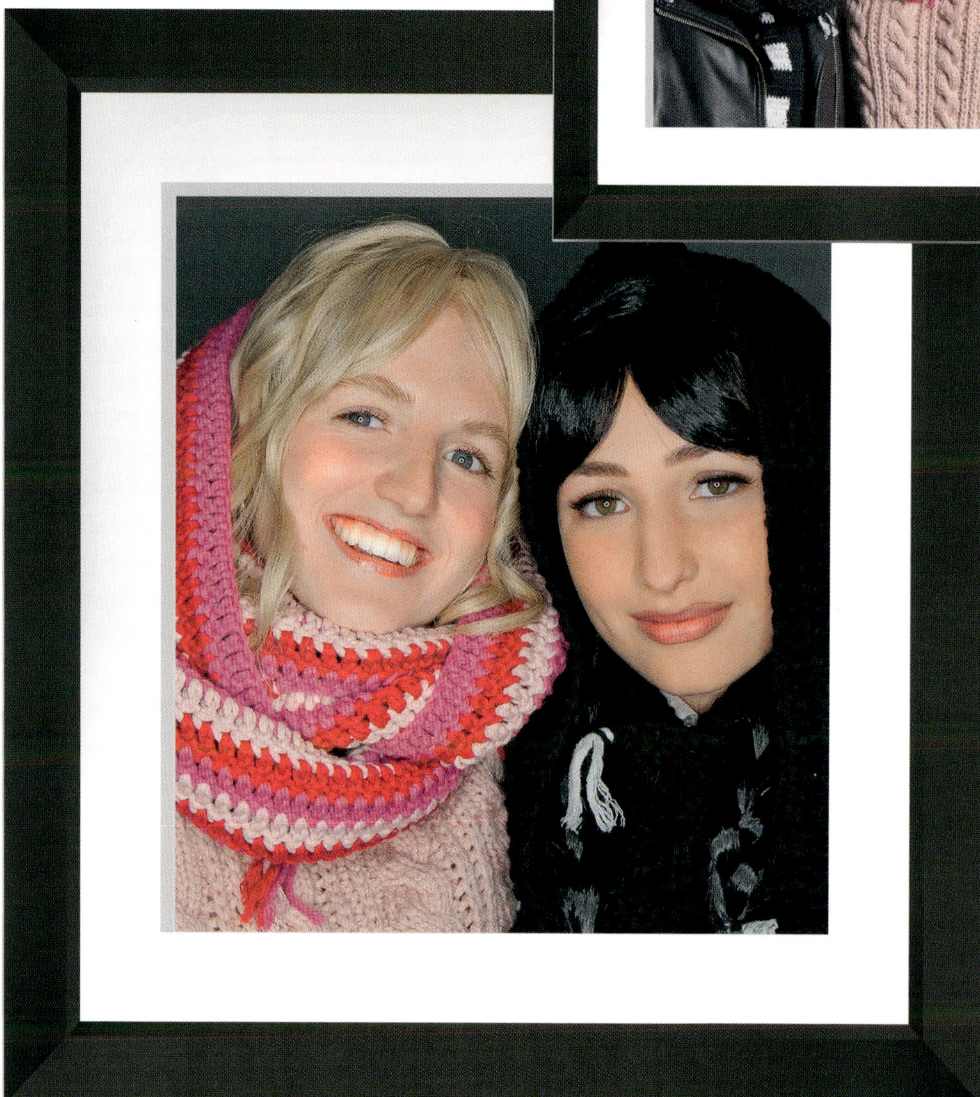

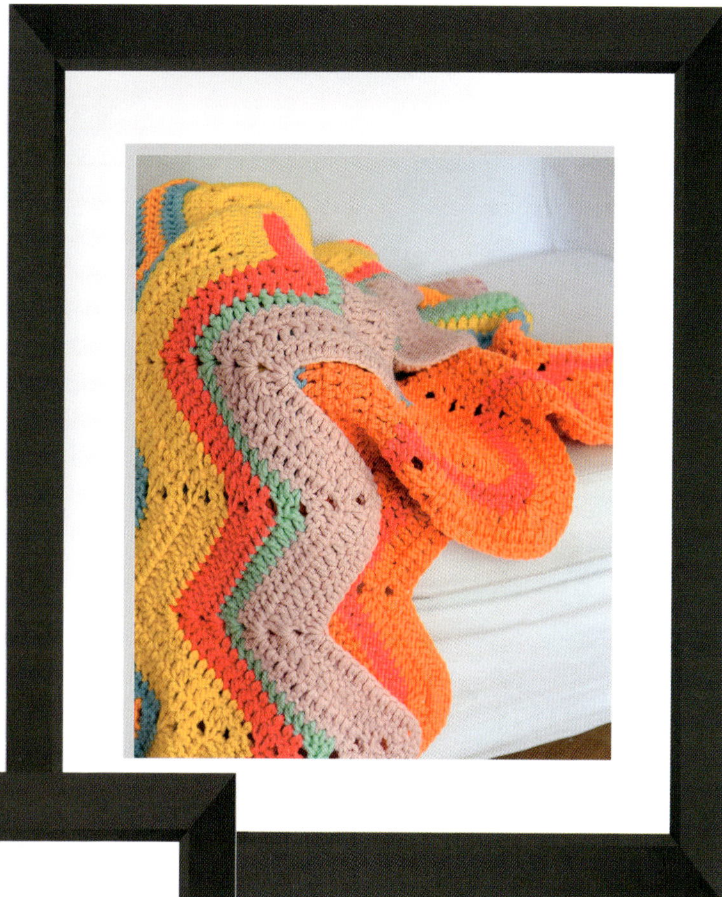

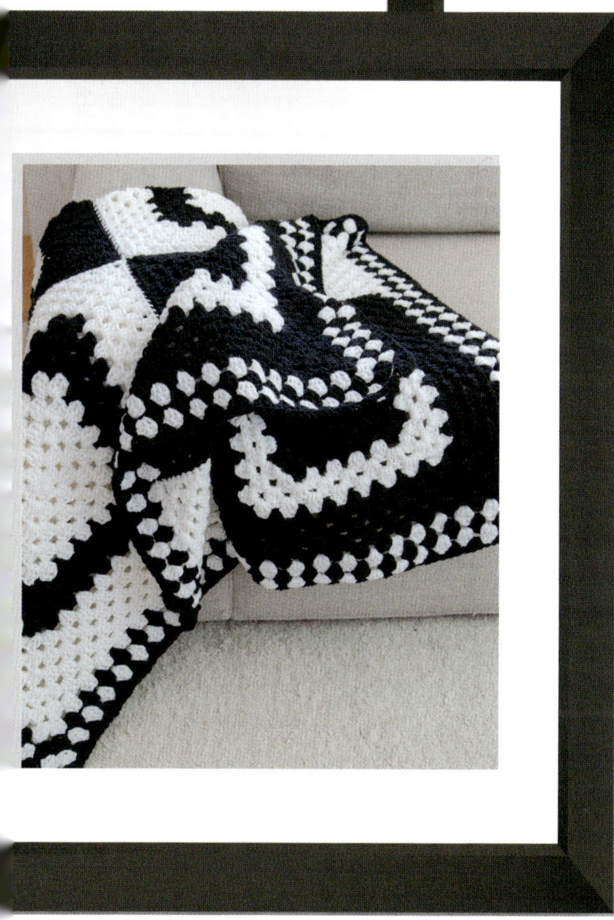

Wahre Freundschaft

Enid: »Wirst du mich vergessen?«

Wednesday: »Jedes Mal, wenn mir beim Anblick eines Regenbogens übel wird oder ich einen Popsong höre, der meine Ohren bluten lässt, werde ich an dich denken.«

Enid: »Danke! Das bedeutet mir viel.«

Aus: Wednesday, Staffel 1, Folge 8: »Ein Mord voller Leiden«

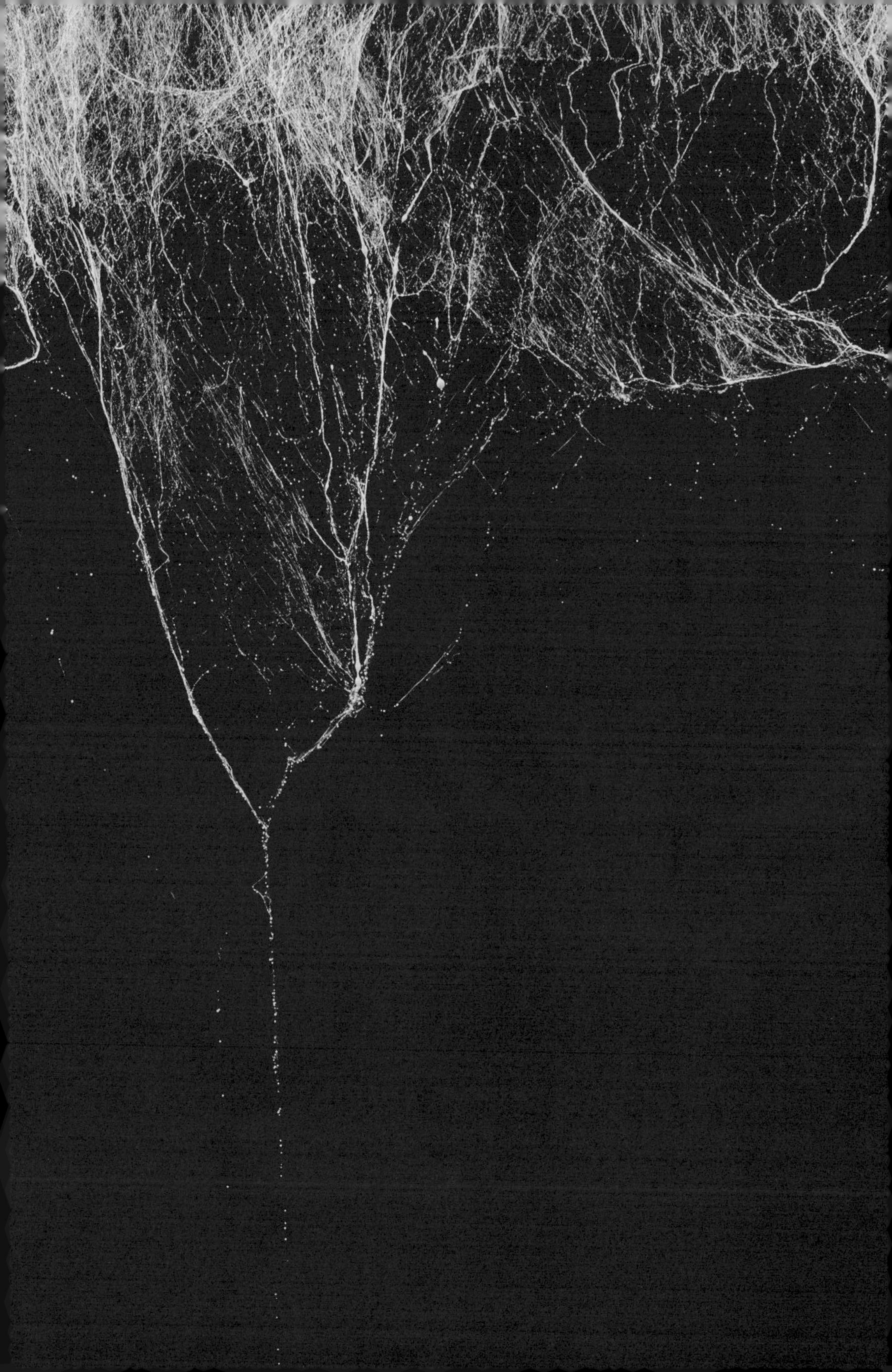

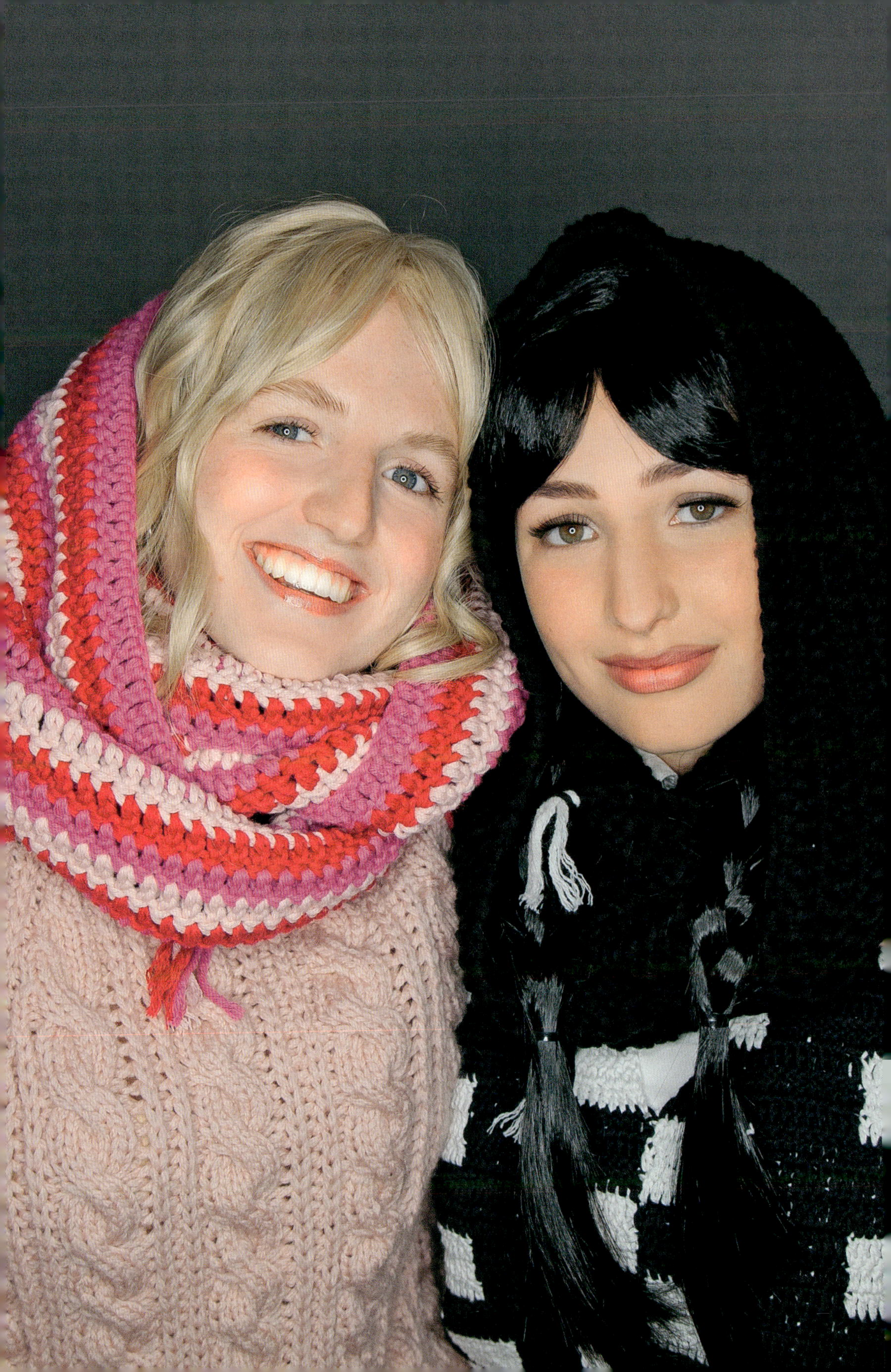

LOOPS »BFF«

Best Friends Forever: Wahre Freundschaft kann viele Facetten haben, Hauptsache sie kommt von Herzen.

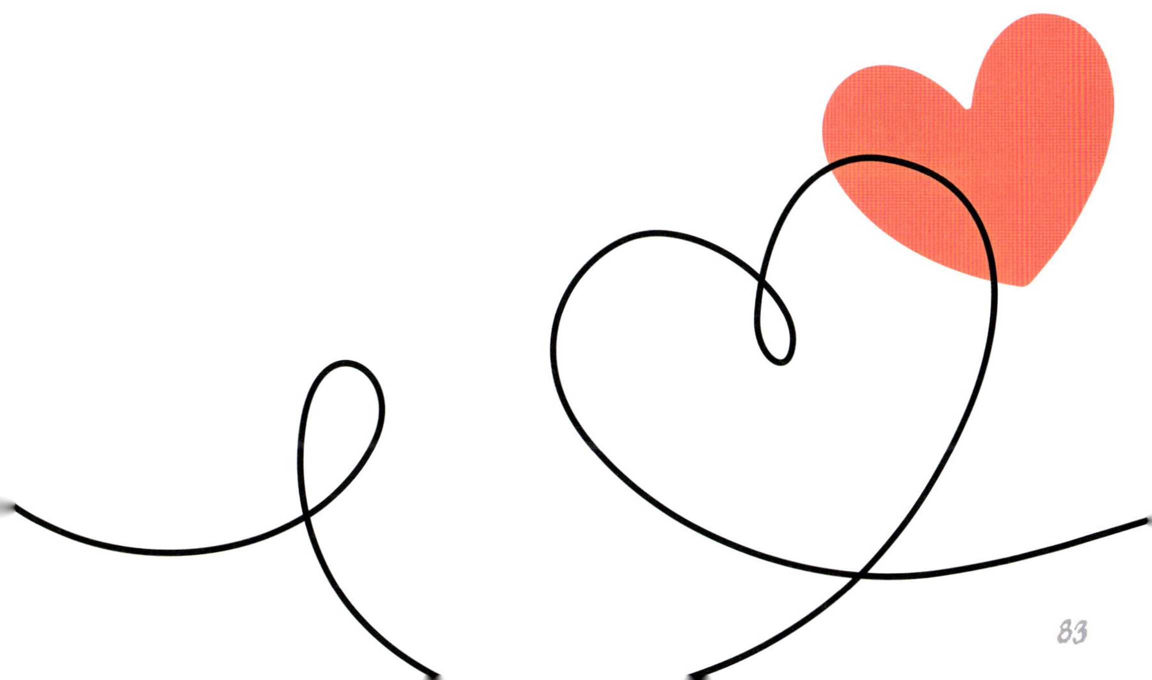

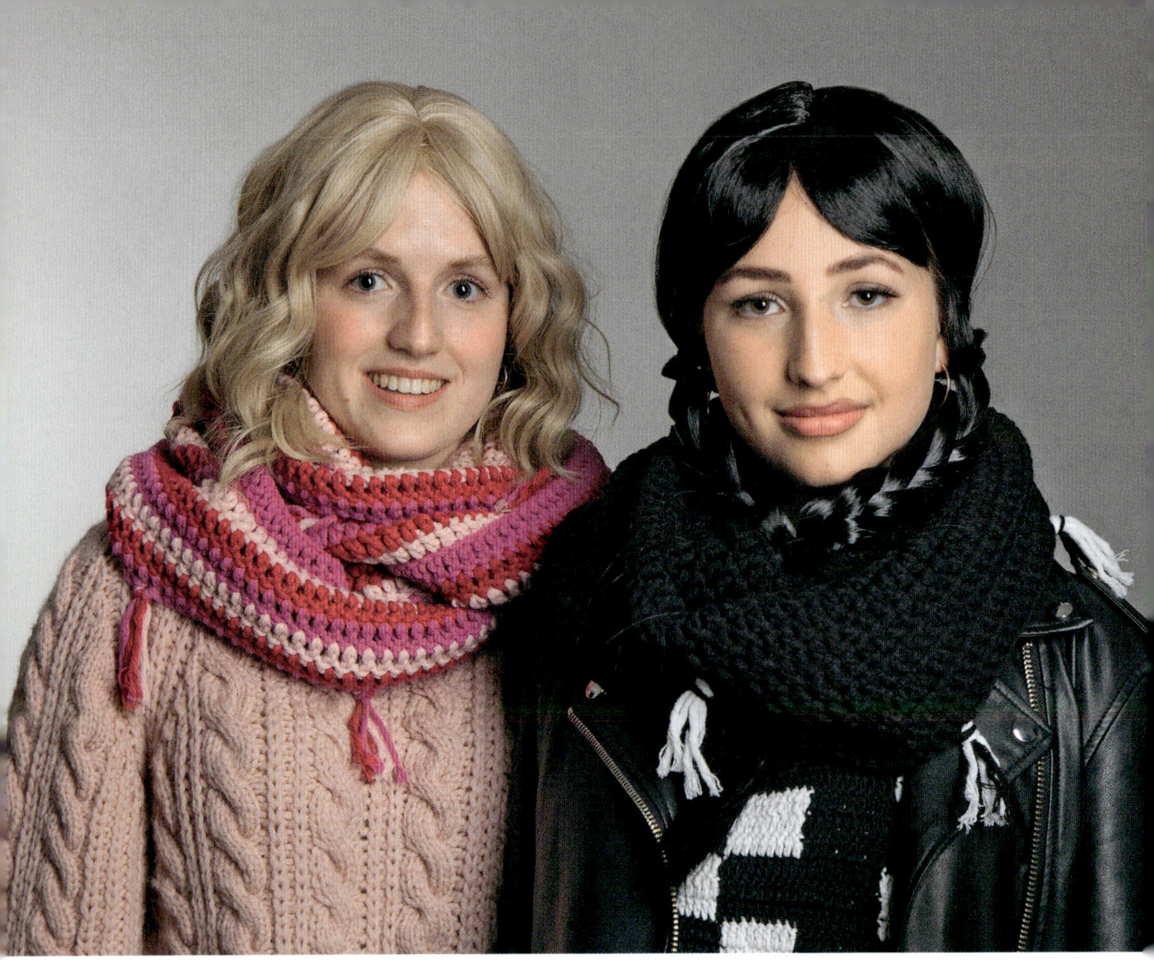

Schwierigkeitsgrad:
einfach

GRÖSSE:

Einheitsgröße: 24 cm hoch mit einem Umfang von 145 cm

MATERIAL:

- myboshi No.1 (70 % Polyacryl und 30 % Schurwolle Merino) von MyBoshi mit einer Lauflänge von 55 / 50 g.
- **Für Wednesdays schwarzen Loop:** 350 g in Schwarz und 50 g in Weiß
- **Für Enids bunten Loop:** 150 g in Orchidee, 150 g in Magenta und 100 g in Rosé
- Häkelnadel 6,0 mm

MASCHENPROBE:

Mit Nadel 6,0 mm in Stäbchen gehäkelt ergeben 10 M und 6 Rd 10 cm × 10 cm

WEDNESDAYS LOOP SO WIRD'S GEMACHT:

Der Loop wird in Stäbchen in Runden gehäkelt. Jede Runde wird mit 3 Steige-Lm begonnen, die das 1. Stäbchen jeder Runde ersetzen, und mit 1 Kett-M in die oberste der 3 Steige-Lm geschlossen.

145 Lm in Schwarz häkeln und mit 1 Kett-M in die erste der Lm zur Rd schließen. Darauf achten, dass die Lm-Kette nicht verdreht ist. Die erste wie auch alle folgenden Rd mit 3 Steige-Lm beginnen und in jede der folgenden 144 Lm 1 Stäbchen häkeln, die Rd dann schließen. Die 1. Rd ist geschafft. 13 weitere Stäbchen-Rd häkeln. Nach der 14. Rd den Faden abschneiden und durch die letzte M ziehen.

Für die Fransen für 10 Fransen pro Franse 2 ca 20 cm lange Fäden in Weiß und 1 in Schwarz abschneiden. 3 Fäden zusammenfassen und die Fransen ca. in jede 14. Masche einknüpfen. Fransen auf ca. 8 cm begradigen.

ENIDS LOOP SO WIRD'S GEMACHT:

Der Loop wird wie Wednesdys Loop, aber statt in uni schwarz in bunten Streifen gehäkelt. Bei einem Farbwechsel wird die Kett-M zum Schließen der Runde bereits in der neue Farbe gehäkelt.

145 Lm in Orchidee häkeln und mit 1 Kett-M in die erste der Lm zur Rd schließen. Darauf achten, dass die Lm-Kette nicht verdreht ist. Die erste wie auch alle folgenden Rd mit 3 Steige-Lm beginnen und in jede der folgenden 144 Lm 1 Stäbchen häkeln, die Rd mit 1 Kett-M in Magenta schließen. Danach 1 Rd Magenta, 1 Rosé, 1 Rd Orchidee, 1 Rd Magenta, 1 Rd Rosé, 2× ***1 Rd Magenta, 1 Rd Orchidee, 1 Rd Rosé*** wiederholen und den Loop mit 1 Rd Magenta, 1 Rd Orchidee beenden.

Für die Fransen für10 Fransen pro Franse je 1 Faden in allen drei Farben 20 cm lang abschneiden. 3 Fäden zusammenfassen und die Fransen ca. in jede 14. Masche einknüpfen. Fransen auf ca. 8 cm begradigen.

Zu guter Letzt:
Alle Fäden vernähen.

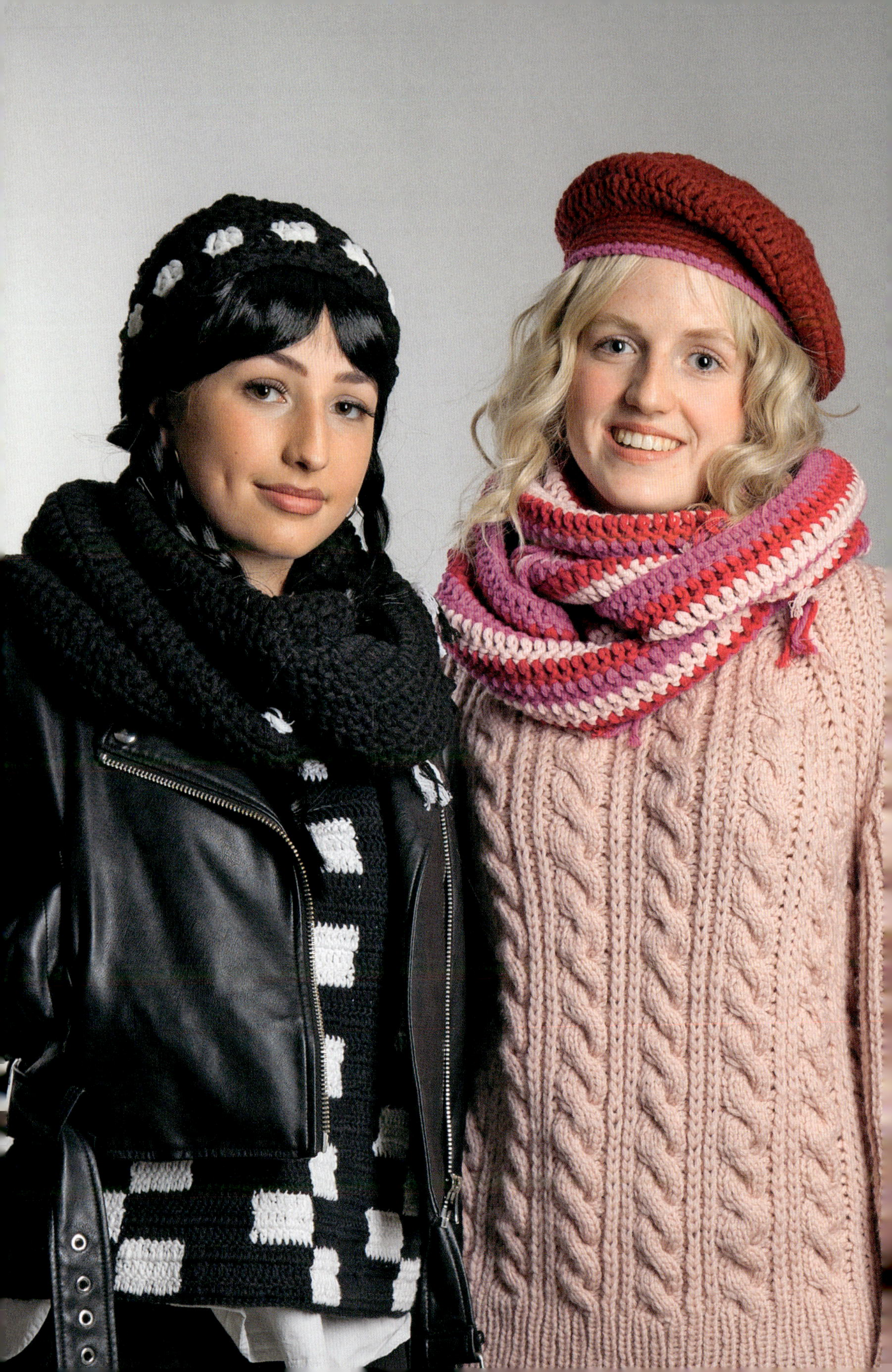

MÜTZEN »ZU ZWEIT«

Eine wahre Freundin ist eine, die alles stehen und liegen lässt, wenn du sie brauchst.

Schwierigkeitsgrad:
einfach

GRÖSSE:

Für einen Kopfumfang von ca. 50–54 cm

MATERIAL:

- myboshi No.1 (70% Polyacryl und 30% Schurwolle Merino) von MyBoshi mit einer Lauflänge von 55m / 50g.
- **Für Wednesdays Mütze:** 50g in Schwarz und 50g in Weiß
- **Für Enids Baskenmütze:** 100g in Bordeaux und Rest in Orchidee
- Häkelnadel 6,0mm und 5,0mm

MASCHENPROBE:

Mit Nadel 6,0mm in Stäbchen gehäkelt ergeben 10 M und 6 Rd 10cm × 10cm

WEDNESDAYS HIPPIE-MÜTZE SO WIRD'S GEMACHT:

In einen flexiblen Fadenring mit Schwarz 3 Lm und 11 Stäbchen häkeln und die Rd mit 1 Kett-M in die oberste Steige-Lm schließen. Diese und alle weiteren, soweit nicht anders angegeben, Rd mit 3 Steige-Lm, die jeweils das 1. Stäbchen ersetzen, beginnen und mit einer Kett-M schließen.

1. Rd: In die 1. M 3 Stb (=3 Steige-Lm und 2 Stb) häkeln. 5× ***1 M mit 1 Lm übergehen und in die folgende M 2 Stb häkeln***. Rd mit 1 Halb-Stb in die oberste Steige-Lm beenden.
2. Rd: Um das Halbstäbchen 3 Stb häkeln, 1 Lm, 1 Stb in das mittlere Stb der folgenden Stb-Gruppe.1 Lm, 5× ***3 Stb um den Lm-Bogen, 1 Lm, 1 Stb in das mittlere Stb der folgenden Stb-Gruppe, 1 Lm***, Rd mit 1 Halb-Stb in die oberste Steige-Lm beenden.
3. Rd: Um das Halbstäbchen 3 Stb (=3 Steige-Lm und 2 Stb) häkeln und 11× ***1 Lm und um jeden weiteren Lm-Bogen 3 Stb häkeln***. Rd mit 1 Halb-Stb in die oberste Steige-Lm beenden = 12 Stb-Gruppen à 3 Stb.
4. Rd: Um das Halbstäbchen 3 Stb (=3 Steige-Lm und 2 Stb) häkeln. Um den folgenden Lm-Bogen 3 Stb, 1 Lm, 3 Stb häkeln. 11× *** 1 Lm und um den folgenden Lm-Bogen 3 Stb häkeln***. Rd mit 1 Halb-Stb in die oberste Steige-Lm beenden = 13 Stb-Gruppen à 3 Stb.
5.-7. Rd: 13 Stb-Gruppen à 3 Stb, jeweils getrennt durch 1 Lm
8. Rd: In Weiß wie die 5. Rd häkeln.
9.-10. Rd: Weiter in Schwarz häkeln wie die 5. Rd.

Nach der 10. Rd den Faden abschneiden und durch die letzte M ziehen und alle Fäden vernähen.

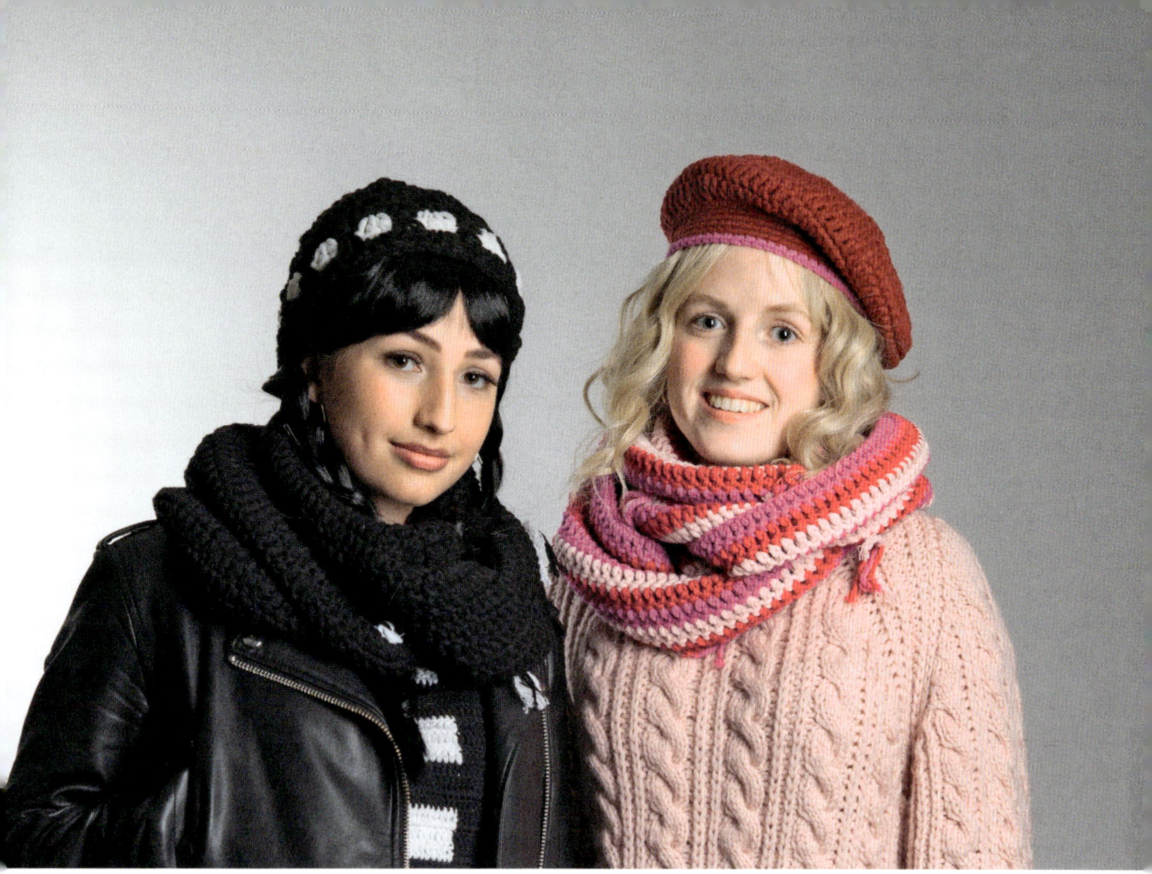

ENIDS BASKENMÜTZE SO WIRD'S GEMACHT:

In einen flexiblen Fadenring mit Bordeaux 3 Lm und 11 Stäbchen häkeln und die Rd mit 1 Kett-M in die oberste Steige-Lm schließen. Diese und alle weiteren Rd mit 3 Steige-Lm, die jeweils das 1. Stäbchen ersetzen, beginnen und mit einer Kett-M schließen. Alle Rd in Stb arbeiten.

1. Rd: In die 1. M 2 Stb (=3 Steige-Lm und 1 Stb) häkeln. In alle weiteren Stb jeweils 2 Stb häkeln und die Rd mit 1 Kett-M schließen = 12 M.

2. Rd: Jede 2. M verdoppeln, indem in die M 2 Stb gehäkelt werden = 24 M.

3. Rd: Jede 3. M verdoppeln, indem in die M 2 Stb gehäkelt werden = 36 M.

4. Rd: Jede 4. M verdoppeln, indem in die M 2 Stb gehäkelt werden = 48 M.

5. Rd: Jede 5. M verdoppeln, indem in die M 2 Stb gehäkelt werden = 60 M.

6.-9. Rd: Ohne Zunahme in jeder Rd 60 Stb häkeln.

10. Rd: Wechseln zu Häkelnadel 5,0mm. Weiter in fM häkeln und die 1. Rd nur noch mit 1 Steige-Lm beginnen. In jede M 1 fM häkeln. Rd nicht schließen, sondern in Spiral-Rd weiterhäkeln.

11.-15. Rd: fM häkeln, dabei jedoch immer nur in das hintere Maschenglied stechen, sodass sich eine oben aufliegende Linie ergibt. Die letzte Rd mit einer Kett-M schließen und diese bereits in Orchidee arbeiten.

16. Rd: In Orchidee 1 Rd feste M häkeln und mit 1 Kett-M schließen.

Nach der 16. Rd die Arbeit beenden.

Zu guter Letzt:

Alle Fäden vernähen.

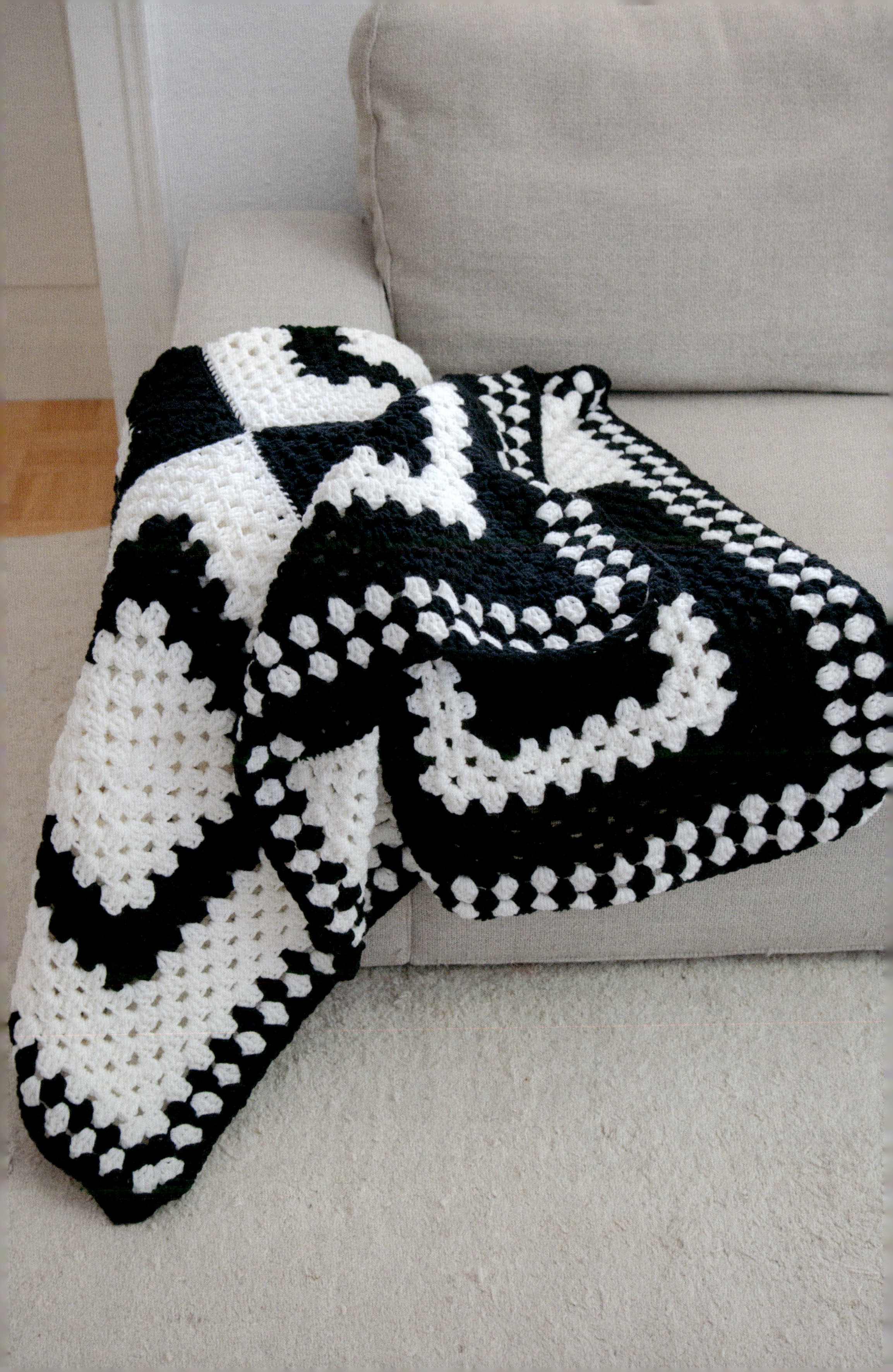

KUSCHELDECKE »RIGHT SIDE OF THE ROOM«

Traditionell in klassischem Schwarz-Weiß-Granny gehäkelt, wärmt die Kuscheldecke die rechte Seite des Gemeinschaftszimmers und bildet die einzige Deko, die erlaubt ist. Sie ist so groß, dass auch eiskaltes Händchen noch darunter Platz hat.

Schwierigkeitsgrad:
einfach

GRÖSSE:

105 cm × 155 cm

MATERIAL:

- myboshi No.1 (70 % Polyacryl und 30 % Schurwolle Merino) von MyBoshi mit einer Lauflänge von 55 / 50 g: 700 g in Schwarz und 650 g in Weiß
- Häkelnadel 7,0 mm

MASCHENPROBE:

Mit Nadel 7,0 mm nach Häkelschrift gearbeitet ist ein Granny ca 48 cm × 48 cm groß.

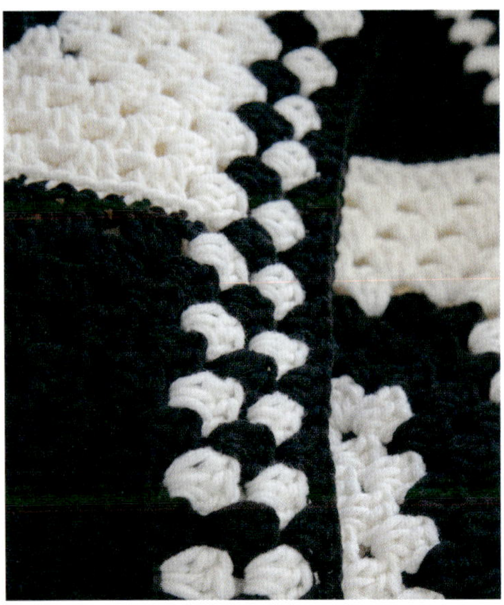

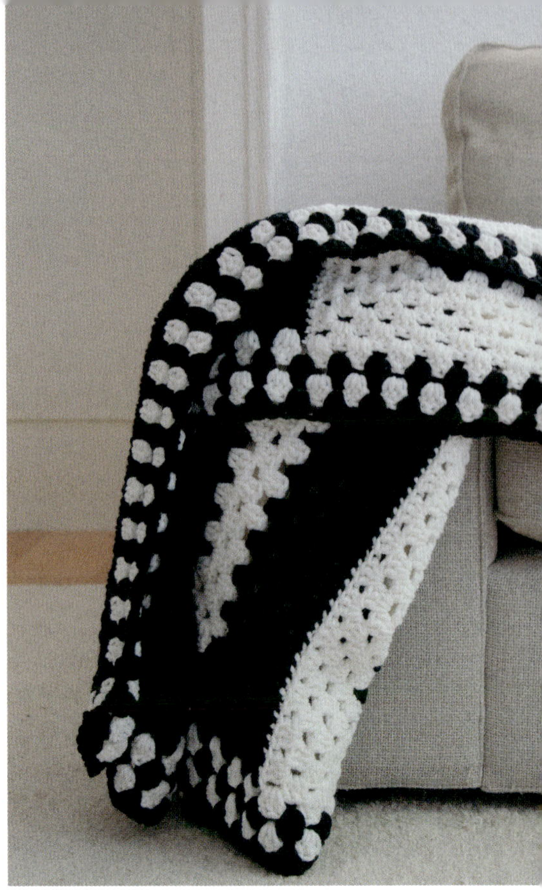

WEDNESDAYS KUSCHELDECKE SO WIRD'S GEMACHT:

Für die überwiegend schwarzen Quadrate 5 Rd Weiß, 3 Rd Schwarz und 5 Rd Weiß häkeln. Für die überwiegend weißen Quadrate 5 Rd Schwarz, 3 Rd Weiß und 5 Rd Schwarz häkeln.

1.Rd: In einen flexiblen Fadenring beginnend mit 3 Steige-Lm 2 Stäbchen und 3× ***2 Lm und 3 Stb*** häkeln. Die Rd beenden mit einem Halb-Stb in die oberste der 3 Steige-Lm.

Weiter nach Häkelschrift arbeiten und pro Quadrat insgesamt 13 Rd häkeln.

Die Häkelschrift ist bis zur 5. Rd gezeichnet. Das Schema für alle 13 Rd beibehalten und die M-Zahl stetig erweitern.

Nach der 13. Rd den Faden abschneiden und durch die letzte M ziehen und alle Fäden vernähen.

3 überwiegend schwarze und 3 überwiegend weiße Quadrate häkeln.

Konfektionieren:
Die Quadrate in 3 Reihen à 2 Quadrate schachbrettartig, also farblich gegenläufig, anordnen und mit Weiß im Überwendlichstich verbinden.

Zu guter Letzt:
An einer beliebigen Ecke mit Weiß den Faden anschlingen und die Decke mit 1 Rd Granny-Maschen umhäkeln. Dabei wie in der Häkelschrift vorgehen und an den Ecken ebenfalls 3 Stb, 3 Lm und 3 Stb arbeiten. An den Überwendlichnähten der aneinanderstoßenden Quadrate jeweils 1 Stb-Gruppe in eine Quadrat-Ecke häkeln.
1 RD weiß, 1 Rd Schwarz, 1 Rd weiß und noch 1 Rd Schwarz häkeln. Alle Fäden abschneiden und vernähen.

Häkelschrift

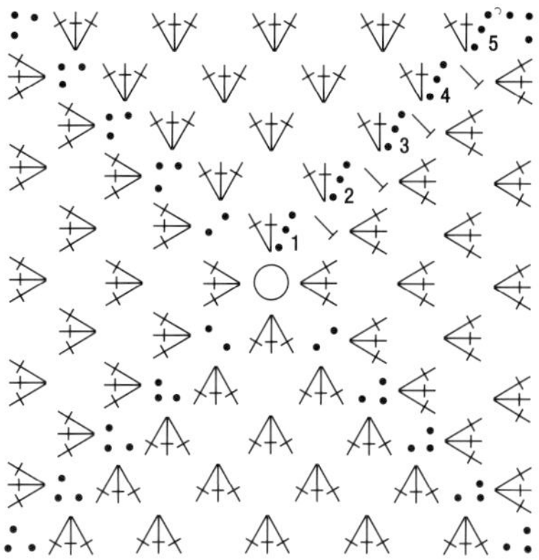

- • = 1 Lm (Luftmasche)
- ◦ = 1 Kett-M (Kettmasche)
- T = 1 Halb-Stb (Halbstäbchen)
- † = 1 Stb (Stäbchen)

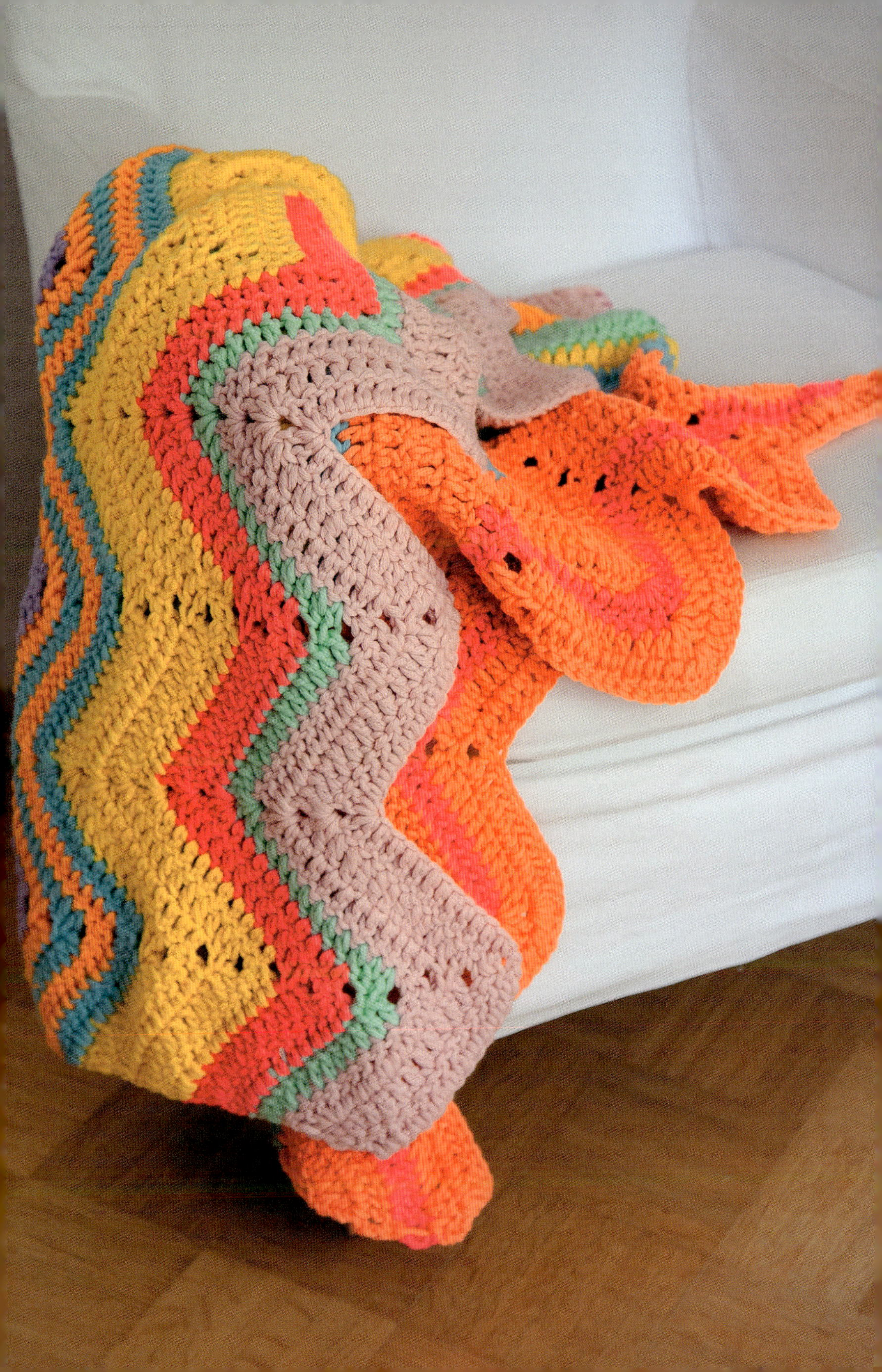

KUSCHELDECKE »LEFT SIDE OF THE ROOM«

Kunterbunt und fröhlich fügt sich die Decke in ein liebenswert-chaotisches Mädchenzimmer, in dem Pompon-Girlanden, flauschige Deko-Flamingos und Plüschkissen den Look dominieren.

Schwierigkeitsgrad:
einfach

GRÖSSE:

100 cm × 125 cm

MATERIAL:

- myboshi No.1 (70 % Polyacryl und 30 % Schurwolle Merino) von MyBoshi mit einer Lauflänge von 55 m / 50 g.
- 250 g Rosé, je 150 g Minze, Löwenzahn und Rouge, je 100 g Neonpink, Himmelblau und Aprikose, je 50 g Flieder und Orchidee.
- Häkelnadel 7,0 mm

MASCHENPROBE:

Mit Nadel 7,0 mm in Stäbchen gehäkelt, ergeben 9 M und 5 R = 10 cm × 10 cm.

FARBFOLGE:

3 R Rosé, 1 R Minze, 2 R Neonpink, 4 R Löwenzahn, 1 R Himmelblau, 1 R Aprikose, 1 R Himmelblau, 1 R Aprikose, 2 R Flieder, 1 R Minze, 1 R Orchidee, 1 R Löwenzahn, 1 R Orchidee, 4 R Rosé, 1 R Himmelblau, 2 R Rosé, 1 R Neonpink, 2 R Aprikose, 4 R Minze, 1 R Löwenzahn, 1 R Himmelblau, 4 R Rouge, 1 R Neonpink, 2 R Rouge

ENIDS KUSCHELDECKE SO WIRD'S GEMACHT:

Die Decke nach der Häkelschrift »Chevron« häkeln. Damit nicht so viele Fäden vernäht werden müssen, den nicht mehr benötigten Faden hinter der Decke mitlaufen lassen und einhäkeln. Dann den Faden knapp abschneiden. An Stellen, an denen 2 Farben im Wechsel über jeweils nur 1 R gehäkelt wird, nacheinander in der 1. Farbe 1 Hin-R und danach in der zweiten Farbe 1 Hin-R häkeln. Arbeit wenden und nacheinander erst die Rück-R mit der ersten Farbe, danach eine Rück-R in der zweiten Farbe arbeiten. Die Decke kann beliebig erweitert werden: In der Breite um eine Mustersatz mit 26 Maschen = 19 cm und in der Höhe reihenweise.

132 Lm + 3 Wende-Lm in Rosé anschlagen. Das 1. Stb in die 4. Lm ab Nadel häkeln. 1× die M vor dem Pfeil häkeln, 3× die M zwischen den Pfeilen häkeln und die R beenden mit den M nach dem Pfeil = 1. R der Häkelschrift.

Weiter nach Häkelschrift arbeiten und die 2. und 3. R fortlaufend wiederholen und die Farbfolge einhalten.

Nach der letzten R den Faden abschneiden und durch die letzte M ziehen.

Zu guter Letzt:
Alle noch nicht eingehäkelten Fäden vernähen und knappkantig abschneiden.

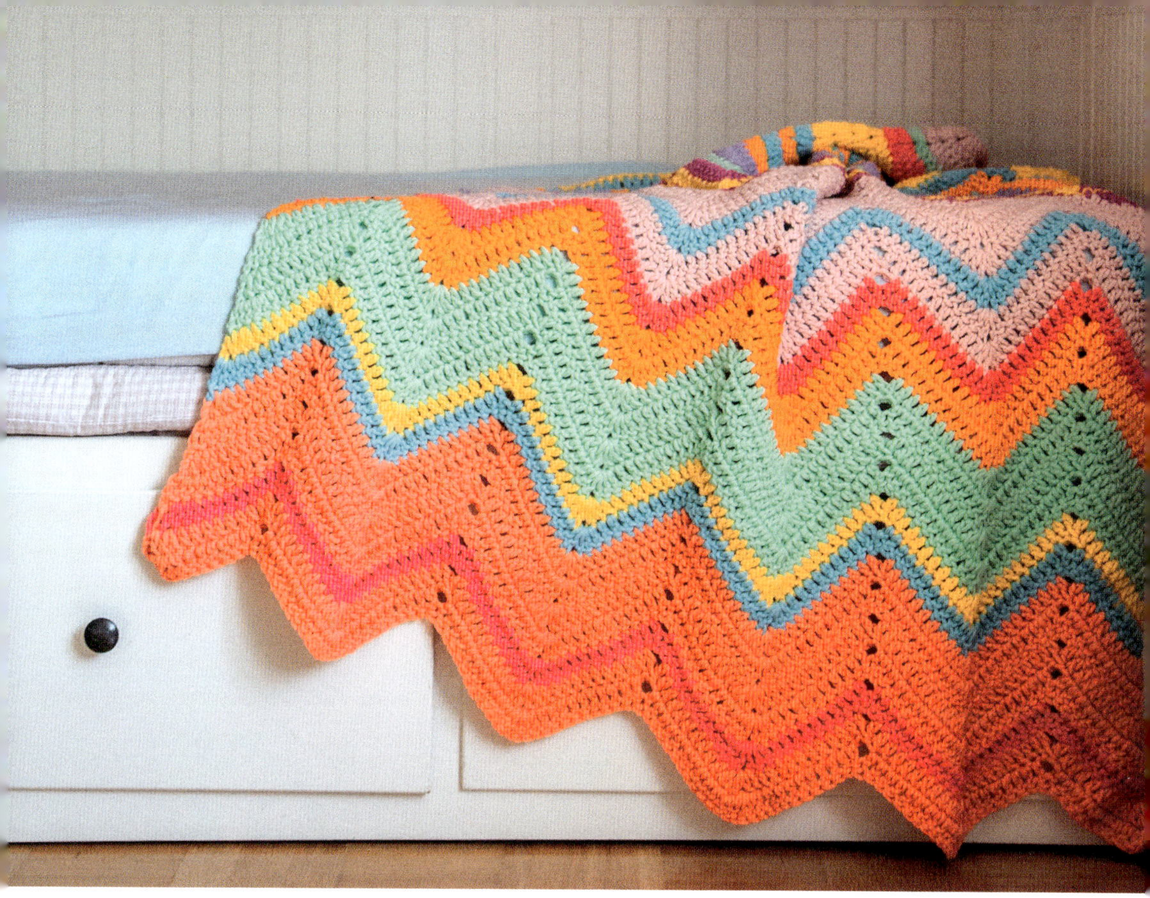

Häkelschrift

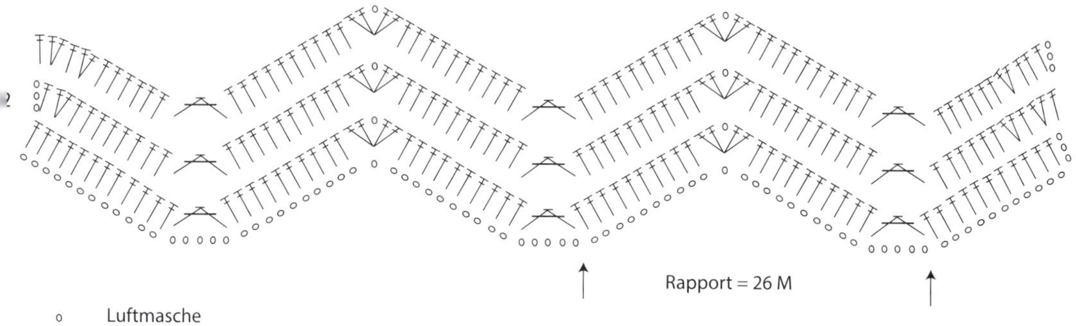

- Luftmasche
- Stäbchen
- 2 Stäbchen zusammen abmaschen
- 2 Stäbchen in 1 Masche
- 4 Stäbchen und 1 Luftmasche in 1 Masche

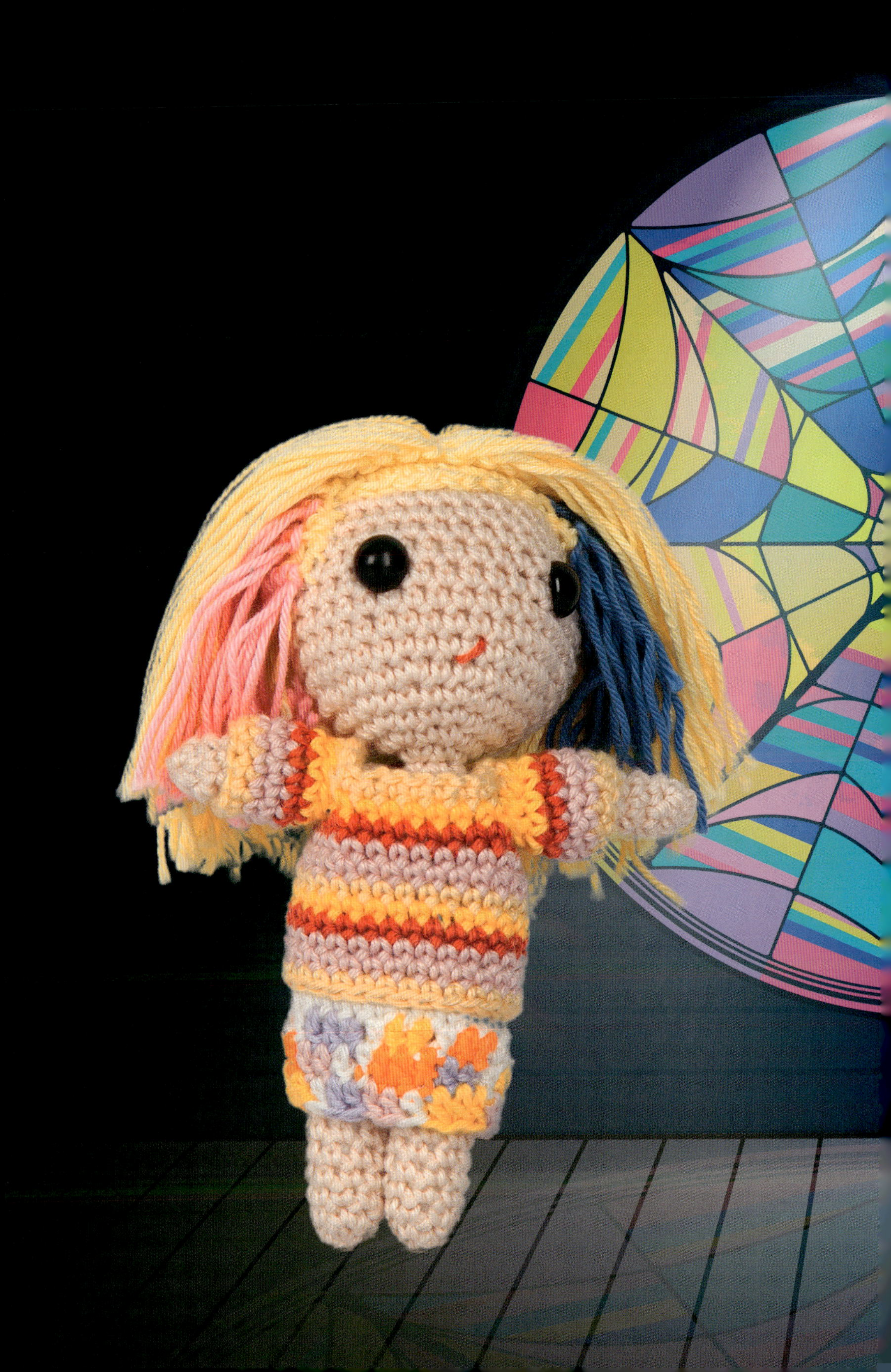

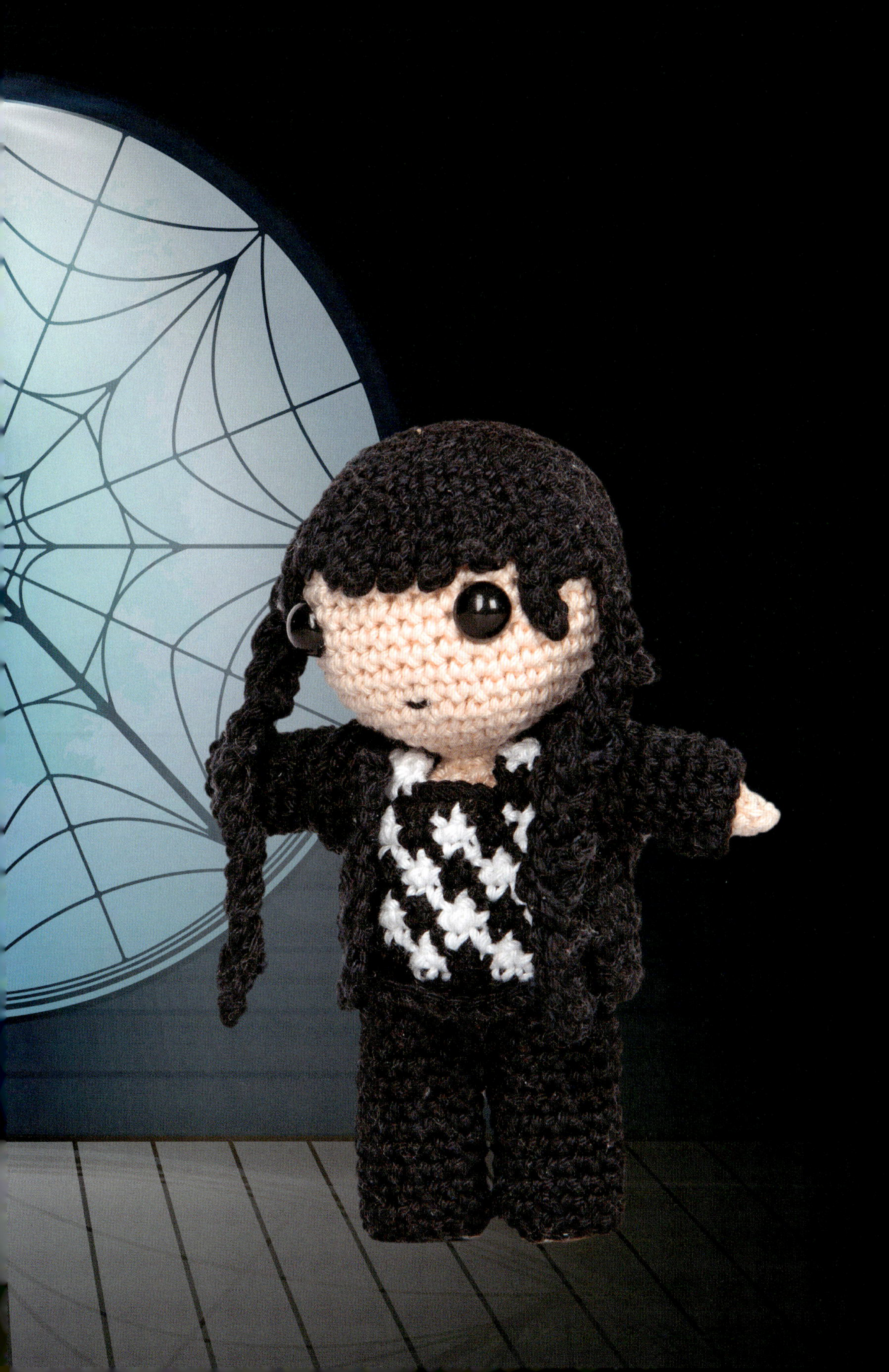

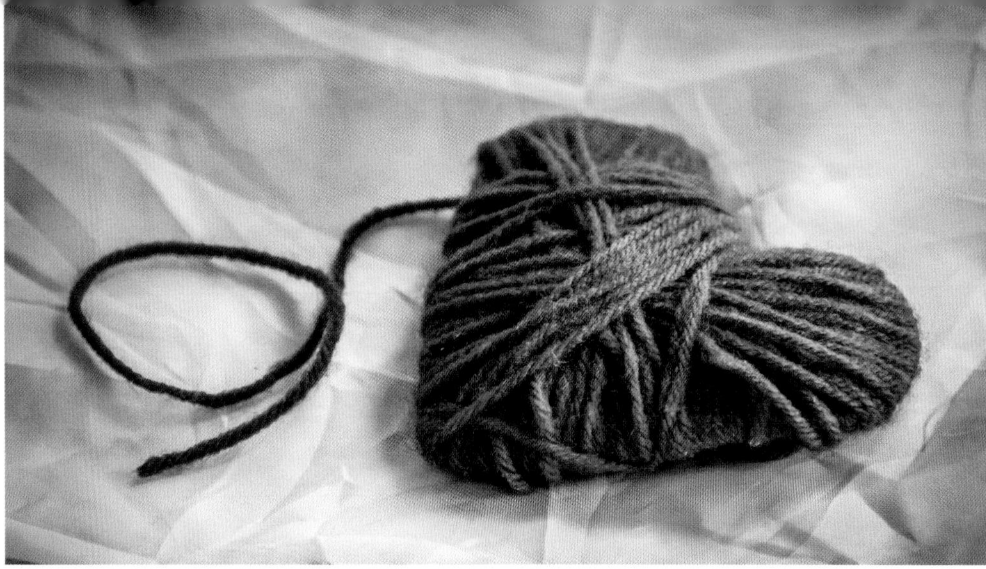

MATERIALIEN, TIPPS UND TRICKS

Garn

Für alle nachfolgenden Amigurumis wurde das Garn »Schachenmayr Catania« mit einer Lauflänge von 125 m / 50 g verwendet. Grundsätzlich ist es aber möglich, jede andere Wolle oder Baumwolle zu verwenden. Bei Verwendung von abweichendem Garn ist allerdings zu beachten, dass die Figuren sich entsprechend der Lauflänge, also der Garnstärke, in der Größe verändern. Bei einer kürzeren Lauflänge wird das Modell entsprechend größer, bei einer längeren Lauflänge kleiner. Möchtest du, dass deine Wednesday oder Enid möglichst ähnlich zu unseren Modellen aussieht, nimm eine mercerisierte Baumwolle, die sich schön fest verhäkeln lässt, sodass nach dem Ausstopfen des Körpers keine Füllwatte mehr nach außen dringen kann.

Häkelnadel

Verwende immer die zum Garn passende Häkelnadel. Hier wurde die Nadelstärke 2,5 mm verwendet.

Utensilien zur Weiterverarbeitung: Nadel, Schere, Watte

Zum Annähen und Aufsticken empfehle ich eine eher dünne Nähnadel, um möglichst genau und detailliert arbeiten zu können. Es ist keine spezielle Garnschere nötig, auch eine einfache Bastelschere erfüllt ihren Zweck. Einfach zu verwenden ist eine waschbare Füllwatte aus dem Bastelfachhandel. Aber auch jegliches anderes Material wie Woll- oder Stoffreste kann verwendet werden.

Was die Arbeit leichter macht: Maschenmarkierer, Reihenzähler und Nadeln

Ein Maschenmarkierer kann, aber muss nicht verwendet werden. Bei mehreren gleichen Reihen oder Runden erleichtert er aber die Zählarbeit. Auch ein Faden, um den Reihenübergang zu markieren und ein Zettel zum Notieren reichen vollkommen aus. Stecknadeln sind besonders hilfreich, um Einzelteile vor dem Annähen an der gewünschten Stelle festzupinnen.

ABKÜRZUNGSVERZEICHNIS

M	Masche(n)
R	Reihe(n)
Rd	Runde(n)
Lm	Luftmasche(n)
Km	Kettmasche(n)
fM	feste Masche(n)
hStB	Halbstäbchen
Stb	Stäbchen
DStb	Doppelstäbchen
3Stb	Dreifachstäbchen

BS Bobbel-Stitch

Wie ein normales Stb beginnen, allerdings nur einmal den Faden durch zwei auf der Nadel liegende Maschen ziehen, es liegen 2 M auf der Nadel. Diesen Schritt so oft wie angegeben in der gleichen Masche wiederholen und zum Schluss den Faden durch alle auf der Nadel liegenden Maschen ziehen, sodass eine Wölbung entsteht.

Wdh Wiederholungen

2× ***2 Lm, 1 fM, 3 Lm*** wiederholen

Die Angabe zwischen den Sternchen so oft wiederholen, wie vor den Sternchen angegeben.

Spiral-Runden

Wenn nicht anders angegeben, werden alle Runden in Spiral-Runden gearbeitet. Das bedeutet, dass die Runden fortlaufend gearbeitet werden und nicht wie gewohnt mit Steige-Luftmaschen begonnen und mit Kett-Maschen in die oberste Steige-Luftmasche geschlossen werden.

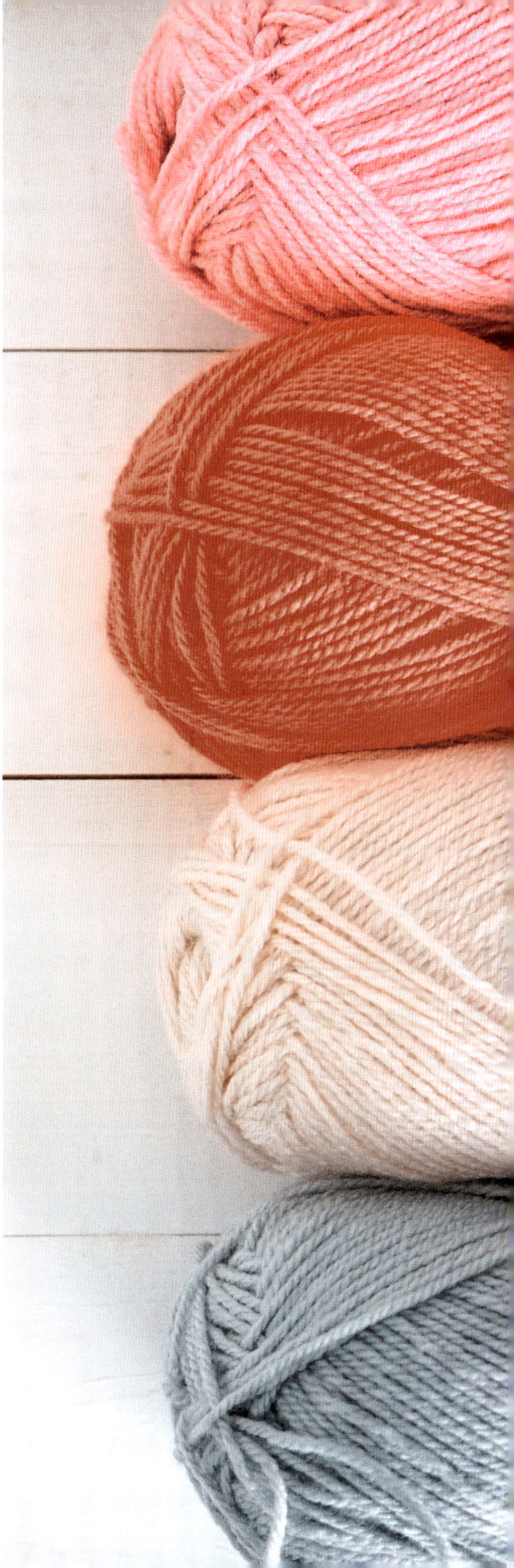

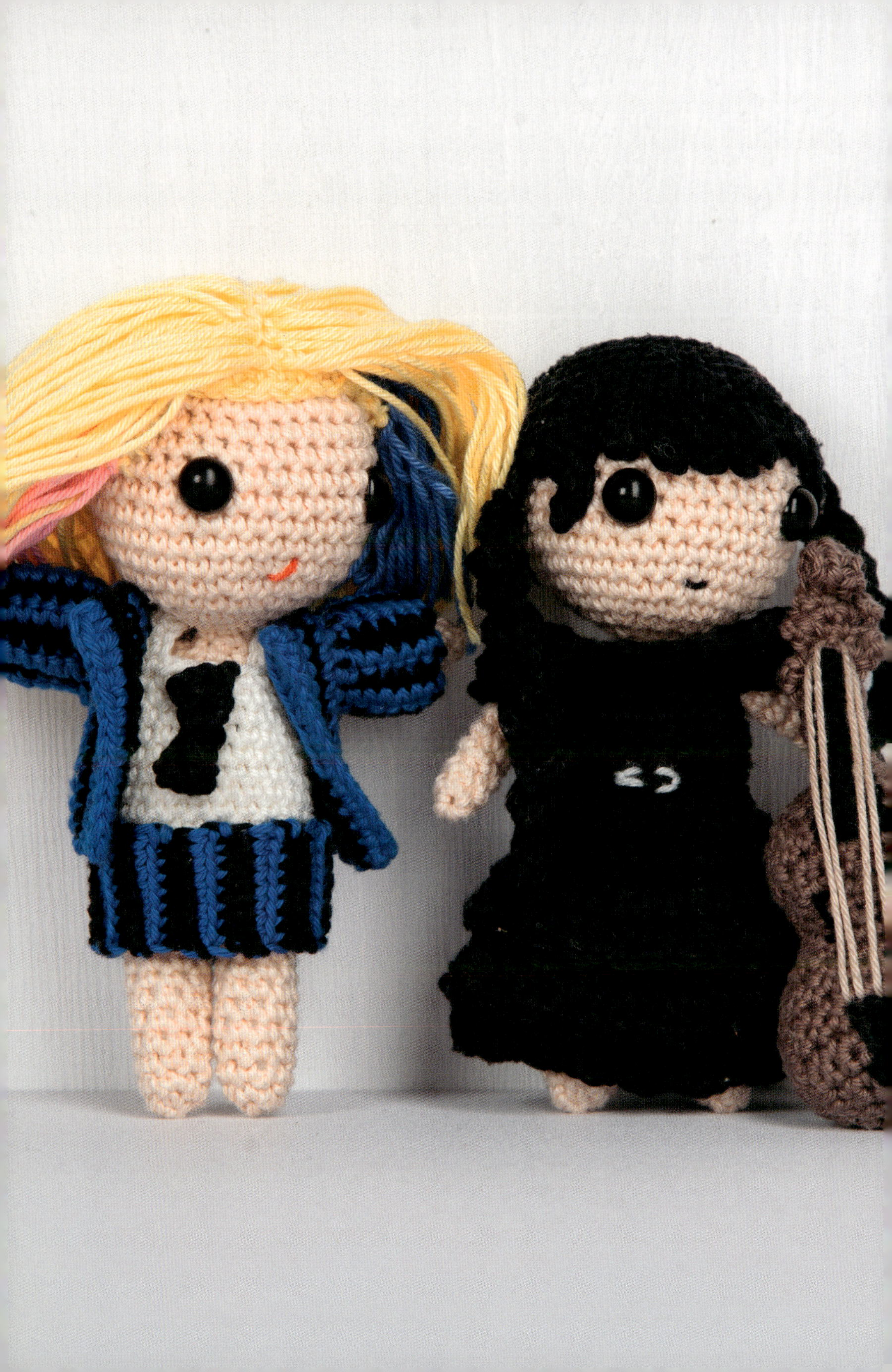

GRUNDANLEITUNG FÜR DEN KÖRPER

Der Körper wird in einem Stück gehäkelt. Die unten beschriebene Reihenfolge sollte eingehalten werden. Zuerst werden die Arme und die Beine gehäkelt, dann der Rumpf. An den Rumpf werden dann Beine und Arme angehäkelt. Dann folgt der Kopf und zuletzt die Ausarbeitung. Die Angabe für das benutzte Garn und die entsprechende Farbe stehen jeweils beim entsprechenden Amigurumi.

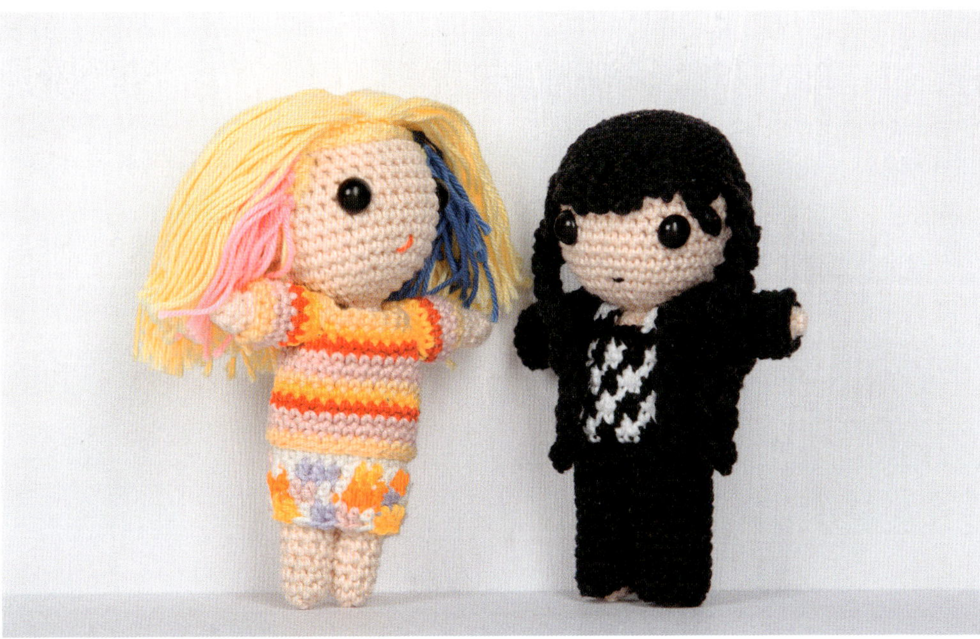

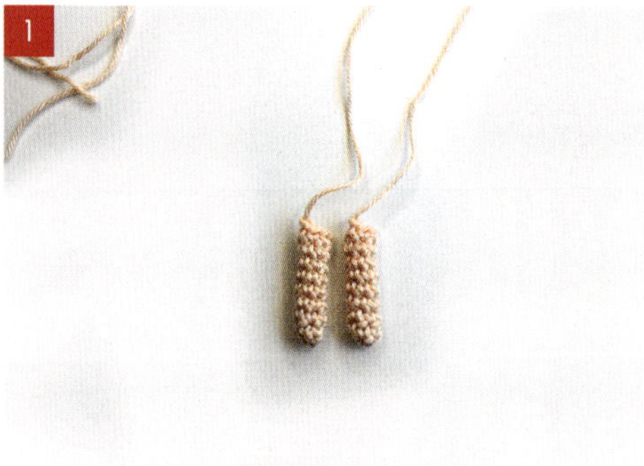

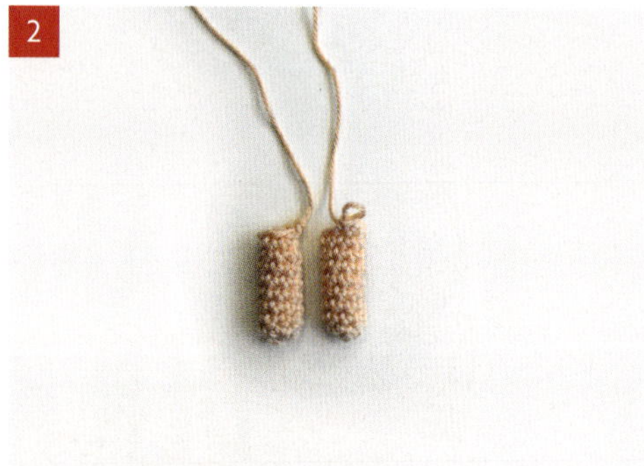

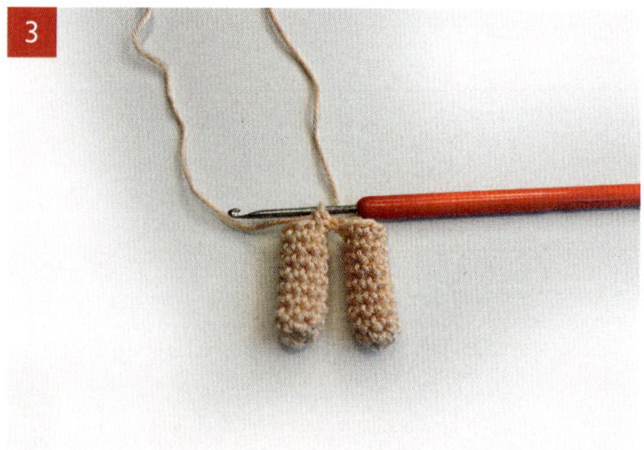

Arme Bild 1

Zwei identische Arme häkeln.

1. 6 fM in einen flexiblen Fadenring häkeln und mit 1 Kett-M zur Runde schließen = 6 M.
2. Weiter in Spiral-Rd häkeln und die Rd nicht mehr schließen. In der 1.–8. Rd jeweils 6 M häkeln.
3. Den Faden abschneiden und durch die letzte M ziehen. Lang abschneiden und den Faden später zum Annähen verwenden.
4. Die Arme leicht ausstopfen.

Beine Bild 2

1. 4 fM in einen flexiblen Fadenring häkeln und mit 1 Kett-M zur Runde schließen = 4 M.
2. Weiter in Spiral-Rd häkeln und die Rd nicht mehr schließen. Jede M verdoppeln = 8 M.
3. In der 2.–9. Rd jeweils 8 M häkeln. Den Faden abschneiden und durch die letzte M ziehen und später zum Annähen verwenden.
4. Das zweite Bein ebenso häkeln, aber zum Schluss den Faden nicht abschneiden, sondern damit weiterhäkeln.
5. In der 10. Rd mit 1 Lm beginnen, dann an einer beliebigen M der 9. Rd des ersten Beins ansetzen und 8 fM weiterhäkeln, 2 fM an den Lm zwischen den Beinen, 8 fM am zweiten Bein häkeln und 2 fM an der anderen Seite der Lm-Kette zwischen den Beinen = 20 fM. Der Rd-Übergang liegt in der hinteren Mitte, also in der Mitte des Rückens. Bild 3
6. In der 11. Rd über alle M fM in der Rd häkeln = 20 fM.
7. Die Beine ausstopfen und weiter über 20 M den Rumpf arbeiten.

Rumpf

1. In der 12.–17. Rd für den Rumpf weiter 20 fM in Spiral-Rd häkeln.
2. In der 18. Rd jede 4. und 5. M zusammenhäkeln = 16 M und noch 1 weitere Rd fM häkeln.
3. Nun werden die Arme integriert: 7 fM, über die M des 1. Arms, beginnend an einer M der 8. Rd eines Arms 6 fM weiterhäkeln, dann den Übergang zum Körper herstellen und an der nächsten Masche am Körper 8 fM weiterhäkeln. Weiter in der Rd den zweiten Arm integrieren indem, beginnend an einer M der 8. Rd des zweiten Arms 6 fM gehäkelt werden, dann in die folgende Masche am Körper 1 fM häkeln = 28 M. Bild 4

4

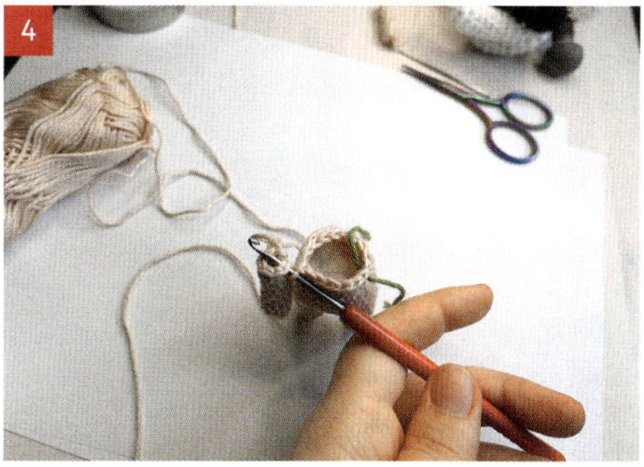

5

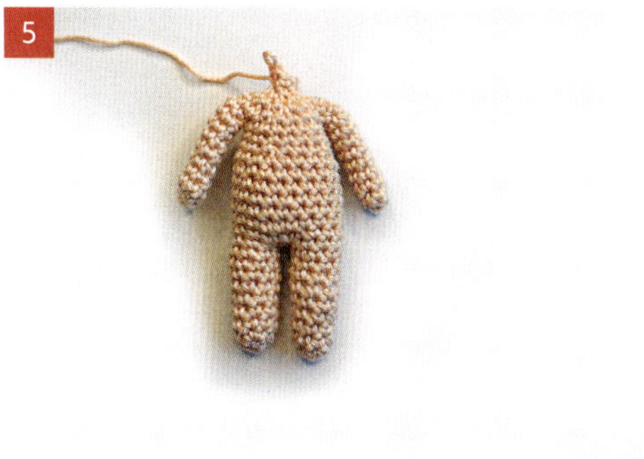

6

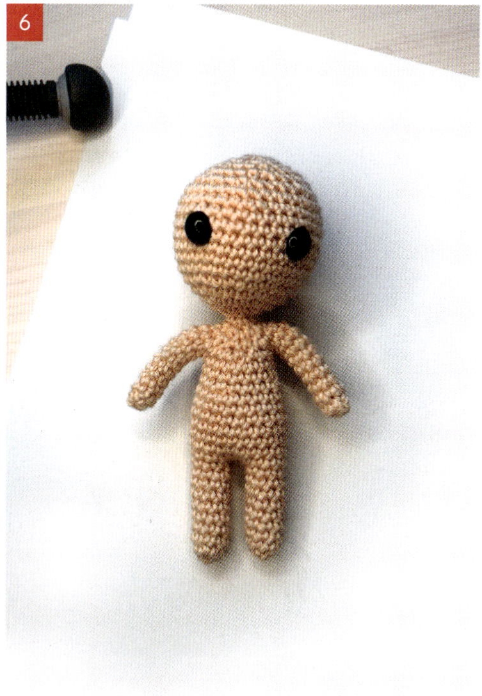

4. Den Körper ausstopfen und den Hals wie folgt beginnen:
5. Jede 3. und 4. M zusammen häkeln = 21 M
6. Jede 2. und 3. M zusammen häkeln = 14 M
7. In der 23. Rd immer 2 M zusammen häkeln, sodass noch 7 M verbleiben.
8. Den Körper fertig ausstopfen. ***Bild 5***
9. Den Hals schließen, indem noch 1× 2 M zusammengehäkelt werden und weitere 5 fM folgen = 6 M.

Kopf

Nun wird der Kopf gefertigt. Weiter in fM häkeln.

1. In der 25. Rd jede M verd = 12 M, in der 26. Rd jede 2. M verdoppeln, in der 27. Rd jede 3. M verdoppeln und in der 28. Rd jede 4. M verdoppeln = 30 M.
2. In der folgenden Rd 6× ***1 fM, 1 M verdoppeln, 3 fM*** = 36 M.
3. In der 30.–37. Rd ohne Zunahmen 8 Rd über 36 M häkeln, dabei zwischen der 33. und 34. Rd die beiden schwarzen Sicherheitsaugen mit ø10 mm im Abstand von 8 M befestigen. Dabei darauf achten, wie stark der Knopf gedreht sein soll.
4. In der 38. Rd jede 5. und 6. M und in der 39. Rd jede 4. und 5. Rd zusammen häkeln = 24 M.
5. Den Kopf ausstopfen.
6. In der 40. Rd jede 3. und 4. M und in der 41. Rd jede 2. und 3. M zusammen häkeln = 12 M.
7. In der letzten Rd = 42. Rd immer 2 M zusammen häkeln. Es verbleiben 6 M.
8. Den Kopf fertig ausstopfen. Den Faden abschneiden, durch die letzte M ziehen und vernähen. Falls ein kleines Loch am Oberkopf bleibt, dieses mit dem Restfaden zunähen. ***Bild 6***

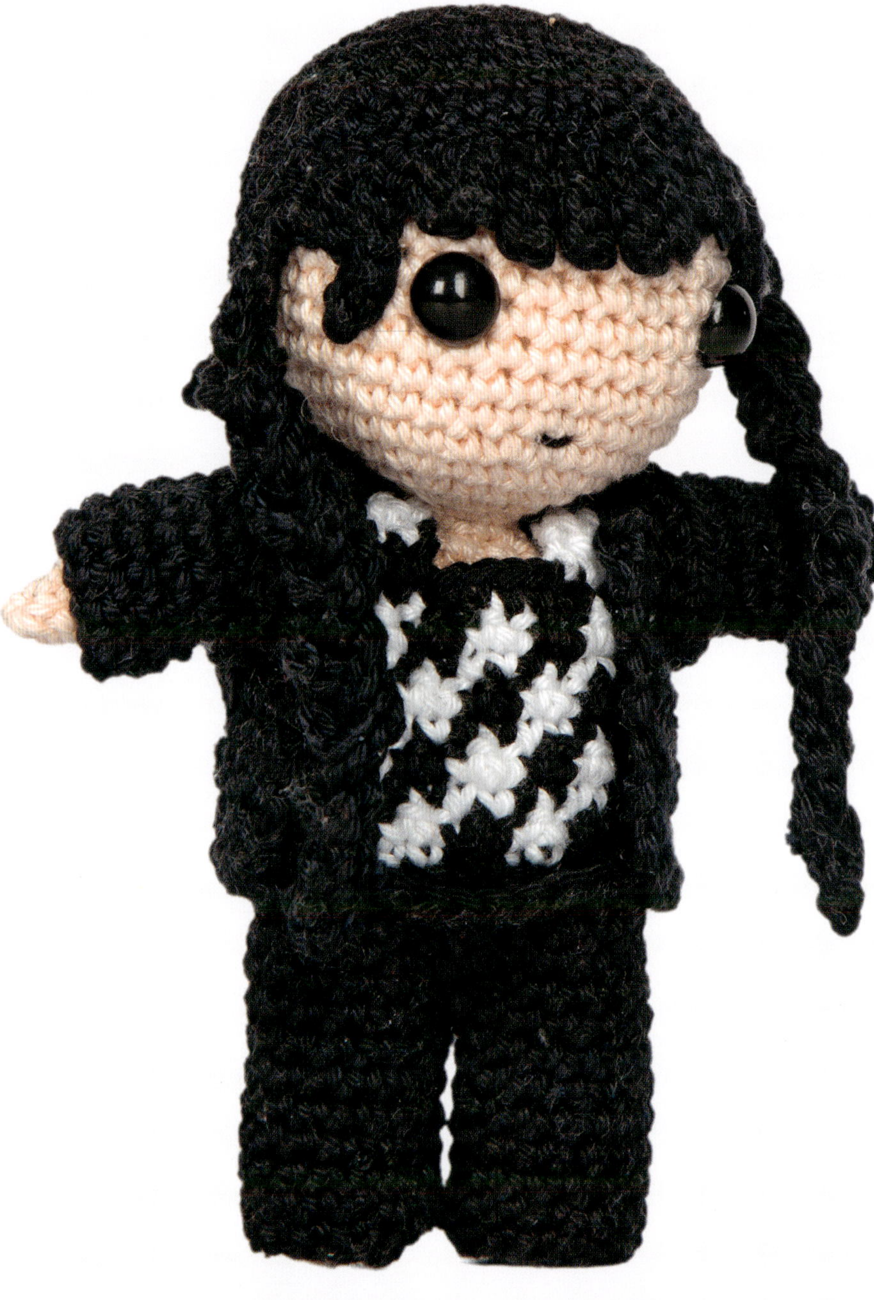

AMIGURUMI IM WEDNESDAY-LOOK

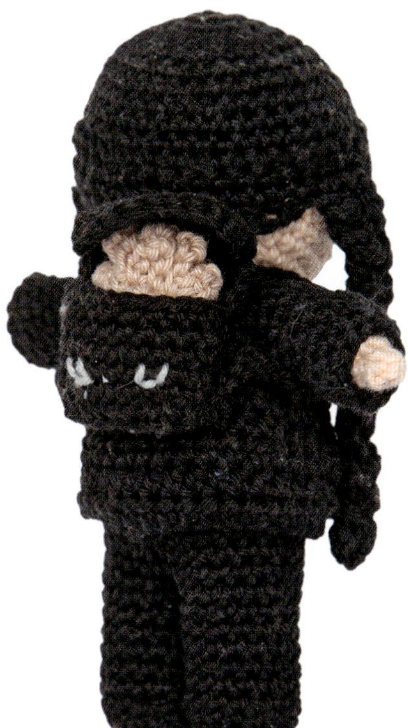

MATERIAL:

- Baumwolle Catania von Schachenmayer in Schwarz (Fb. 110), Weiß (Fb. 106), Silber (Fb. 172), Soft Apricot (Fb. 263), Schlamm (Fb. 406), Teddy (Fb. 161);
- 2 schwarze Sicherheitsaugen mit ø10 mm

SO WIRD'S GEMACHT:

Körper

Den Körper entsprechend der Grundanleitung auf Seite 103–105 häkeln.

Haare

Mit Schwarz in einen flexiblen Fadenring 6 fM häkeln.

1. Rd: Jede M verdoppeln, in dem in 1 M 2 M gehäkelt werden = 12 M

2. Rd: Jede 2. M verdoppeln = 18 M

3. Rd: Jede 3. M verdoppeln = 24 M

4. Rd: Jede 4. M verdoppeln = 30 M

5. Rd: 6× ***1 fM, 1 M verdoppeln, 3 fM*** = 36 M

6.–9. Rd: Über 4 Rd 36 fM häkeln. Danach die Arbeit ohne WL wenden und die Haare in Reihen fertig häkeln:

1. R:

2 Lm, 1 Kett-M in die 2. Lm von der Nadel aus, 1 Km in die nächste M am Häkelstück, 3 Lm, 1 Km in die 2. Lm von der Nadel aus, 1 Km, 1 Km in die nächste M am Häkelstück, 7 Lm,

1 Km in die 2. Lm von der Nadel aus, 5 Km entlang der Lm-Kette, 1 fM in die nächste M am Häkelstück.

2× ***3 Lm, 1 Km in die 2. Lm von der Nd aus, 1 Km, 1 Km in die nächste M am Häkelstück***,

4× ***4 Lm, 1 Km in die 2. Lm von der Nd aus, 2 Km, 1 Km in die nächste M am Häkelstück***,

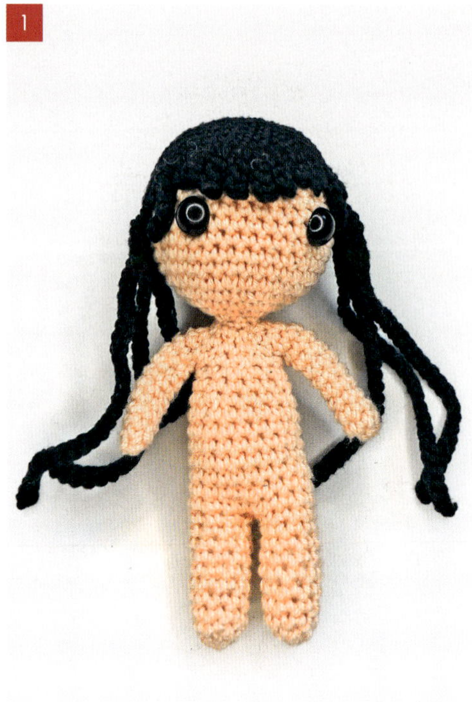

3 Lm, 1 Km in die 2. Lm von der Nadel aus, 1 Km, 1 Km in die nächste M am Häkelstück,

3 Lm, 1 Km in die 2. Lm von der M aus, 1 Km, 1 fM in die nächste M am Häkelstück,

6 Lm, 1 Km in die 2. Lm von der Nd aus, 4 Km entlang der Lm-Kette, 1 Km in die nächste M am Häkelstück,

3 Lm, 1 Km in die 2.Lm von der Nadel aus, 1 Km, 1 Km in die nächste M am Häkelstück, 2 Lm, 1 Km in die 2. Lm von der Nadel aus, 1 Km in die nächste M am Häkelstück, 22 fM, ohne Wende-Lm wenden

2. R: 3× ***31 Lm, 1 Km in die 2. Lm von der Nadel aus, 29 Km, 1 Km in die nächste M am Häkelstück***, 19 fM, ohne Wende-Lm wenden

3. R: 3× ***31 Lm, 1 Km in die 2. Lm von der Nd aus, 29 Km, 1 Km in die nächste M am Häkelstück***, 16 fM, 1 Wende-Lm. Arbeit danach wenden

4. R: 2× ***2 M zusammenhäkeln***, 2 fM, 4 hStb, 2 fM, 2× ***2 M zusammenhäkeln*** = 12 M

Den Faden abschneiden und durch die letzte M ziehen. Faden noch nicht vernähen.

2

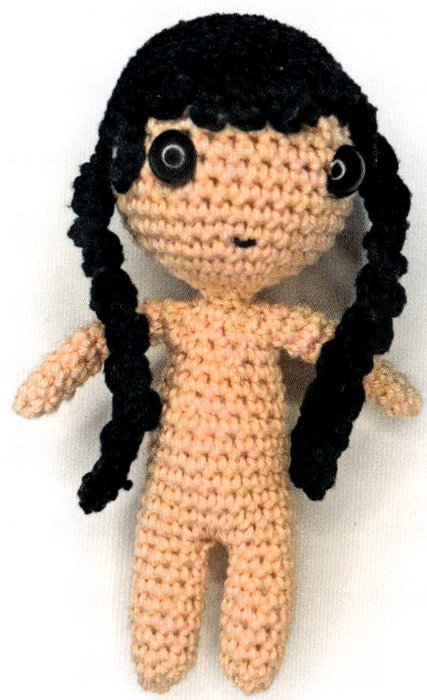

3

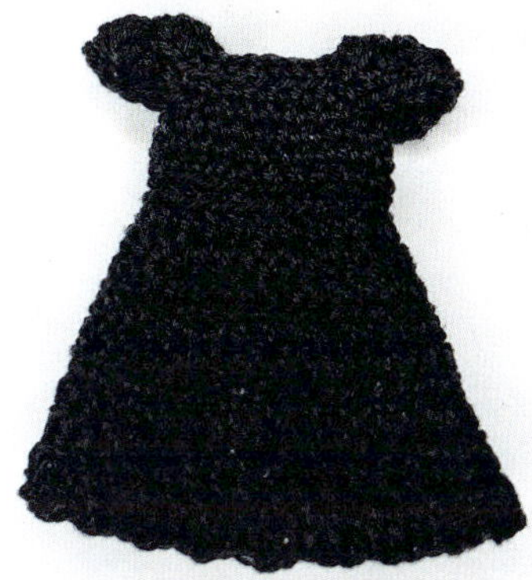

Mit dem Fadenende die Haare am Kopf festnähen. Dabei darauf achten, dass der Pony vorne liegt. *Bild 1*

Die jeweils 3 nebeneinander liegenden Strähnen verflechten und am Ende mit einem kurzen, schwarzen Faden alle 3 Strähnen zusammennähen, sodass der Zopf nicht mehr aufgeht. Ebenfalls in Schwarz einen kleinen Mund aufsticken. *Bild 2*

DAS IKONISCHE BALLKLEID *Bild 3*

Mit Schwarz 24 Lm anschlagen.

1. Rd: Mit 1 fM in die erste Lm die Lm-Kette zum Ring schließen, dann weiter entlang der Lm-Kette häkeln: 3 fM, 1 hStb, 2× ***2 Stb in 1 M***, 1 hStb, 8 fM, 1 hStb, 2× ***2 Stb in 1 M***, 1 hStb, 4 fM = 28 M

2. Rd: Bei den folgenden Maschen immer nur in das hintere Maschenglied stechen, sodass sich eine oben aufliegende Linie bildet:
2× ***4 fM, 1 hStb, 2 Stb in 1 M***, 2× ***3 DStb in 1 M***, 2× ***2 Stb in 1 M, 1 hStb, 4 fM*** = = 40 M

3. Rd: 2× ***4 fM, 4 Lm, die nächsten 12 M überspringen, 4 fM*** = 16 M + 8 Lm

4. Rd: 2× ***4 fM, 4 fM in die Lm der Vor-Runde, 4 fM*** = 24 M

5.–6. Rd: 24 fM

7. Rd: 24 fM, dabei nur in das hintere Maschenglied stechen

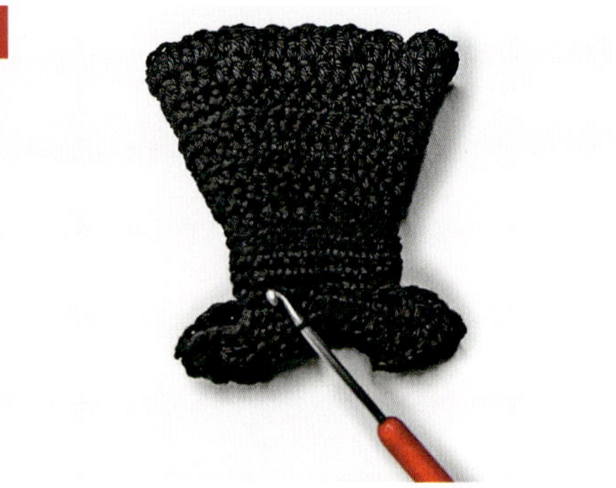

1

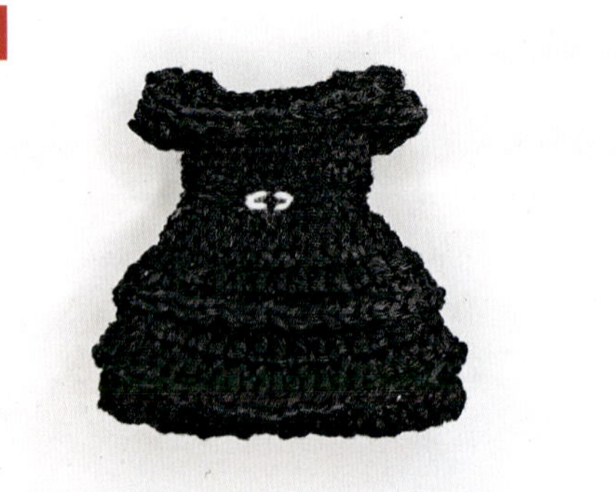

2

8. Rd: 24 hStb, dabei nur in das hintere Maschenglied stechen
9. Rd: 6× ***3 hStb, 2 hStb in 1 M*** = 30 M
10. Rd: 30 hStb
11. Rd: 6× ***4 Stb, 2 Stb in 1 M***, dabei nur in das hintere Maschenglied stechen = 36 M
12. Rd: 36 hStb
13. Rd: 36 fM, dabei nur in das hintere Maschenglied stechen
14. Rd: 36 hStb
15. Rd: 36 Stb
16. Rd: 18× ***1 hStb, 2 Stb in 1 M*** = 54 M, 1 Km in die 1. M der Rd
Den Faden abschneiden, durchziehen und vernähen.

Rüschen *Bild 1*

Es werden insgesamt 3 Rüschen in jeweils eine Runde des Kleids gehäkelt, dabei immer in das vordere Maschenglied eingestochen. Die Rüschen werden in Schwarz gehäkelt.

Für die 1. Rüsche in der 1. Rd und im 1. vorderen Maschenglied den Faden anschlingen und 1 Lm häkeln. In das vMg der Runde häkeln:
1. Rd: 14× ***1 hStb, 2 Stb in 1 M***, dabei immer in das vordere Maschenglied häkeln. Die Rd schließen mit 1 Km in die erste M der Rd.
Den Faden abschneiden und durchziehen.

Für die 2. Rüsche den Faden im 1. vorderen Maschenglied der 10. Rd am Kleid in Schwarz wieder anschlingen und 1 Lm häkeln. In die 6. und 7. Rd wird keine Rüsche gehäkelt, da hier später der Gürtel angebracht wird. Alle Rd jeweils nur in die vorderen Maschenglieder häkeln.
1. Rd: 30 Stb, 1 Km in die erste M der Rd, 1 Lm
2. Rd: 15× ***1 hStb, 2 Stb in 1 M***, 1 Km in die 1.M der Rd
Den Faden abschneiden und durchziehen.

Für die 3. Rüsche den Faden im 1. vorderen Maschenglied der 12. Rd am Kleid in Schwarz wieder anschlingen und 1 Lm häkeln. In die 6. und 7. Rd wird keine Rüsche gehäkelt, da hier später der Gürtel angebracht wird. Alle Rd jeweils nur in die vorderen Maschenglieder.
1. Rd: 36 Stb, 1 Km in die erste M der Rd, 1 Lm
2. Rd: 18× ***1 hStb, 2 Stb in 1 M***, 1 Km in die erste M der Rd
Den Faden abschneiden und durchziehen.
Alle Fäden vernähen.
In Silber die Gürtelschnalle auf Höhe der 7. Rd zwischen den vorderen Maschengliedern wie im Bild aufsticken. *Bild 2*

WEDNESDAYS CELLO-OUTFIT

Top

Vorder- und Rückenteil sind identisch. Das Top wird in einem Stück gehäkelt.

In Schwarz 15 Lm anschlagen.

1. R: 1 fM in die 2. Lm von der Nd aus, 2 fM, in Weiß 2 fM, in Schwarz 2× ***2 fM***, in Weiß 2 fM, in Schwarz 1 fM, 1 Wende-Lm

2. R: 1 fM, 3× ***in Weiß 2 fM, in Schwarz 2 fM***, 1 fM, 1 Wende-Lm

3. R: 3 fM, 2× ***in Weiß 2 fM, in Schwarz 2 fM***, in Weiß 2 fM, in Schwarz 1 fM, 1 Wende-LM

4. R: 1 fM, 3× ***in Weiß 2 fM, in Schwarz 2 fM***, 1 fM, 1 Wende-LM

5.–8. R: Die 3.–4. Reihe 2× wiederholen.

9. R: In Schwarz 11 fM

10. R: In Schwarz 2 fM und 1 Wende-Lm

11. R: In Weiß 2 fM und 1 Wende-Lm

12. R: In Weiß 2 fM und 1 Wende-Lm

13. R: In Schwarz 2 fM und 1 Wende-Lm

14. R: In Schwarz 2 fM und 1 Wende-Lm

15. R: In Schwarz 2 fM und 1 Wende-Lm

16. R: In Schwarz 2 fM

Den Faden lang abschneiden und durchziehen.

Das Rückenteil identisch häkeln. **Bild 3**

Die beiden Teile rechts auf rechts aufeinanderlegen **Bild 4** und die Seitennähte und Schulternähte im Überwendlichstich schließen. **Bild 5**

3

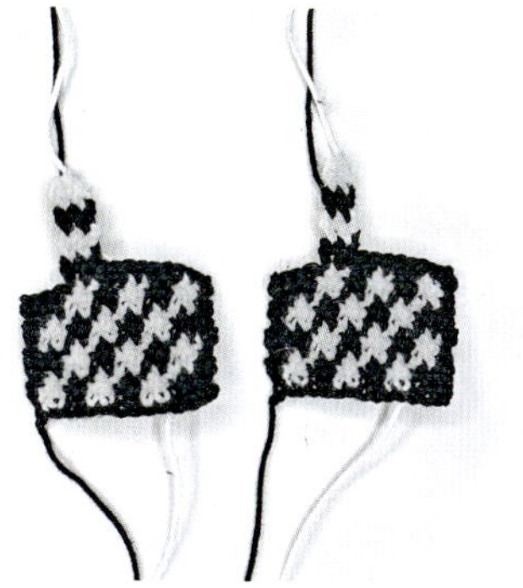

4

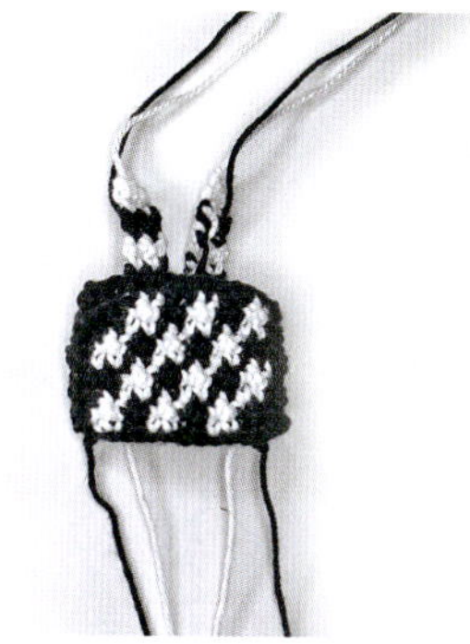

5

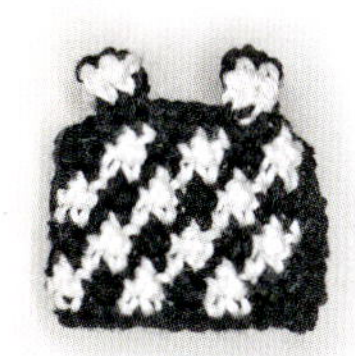

1

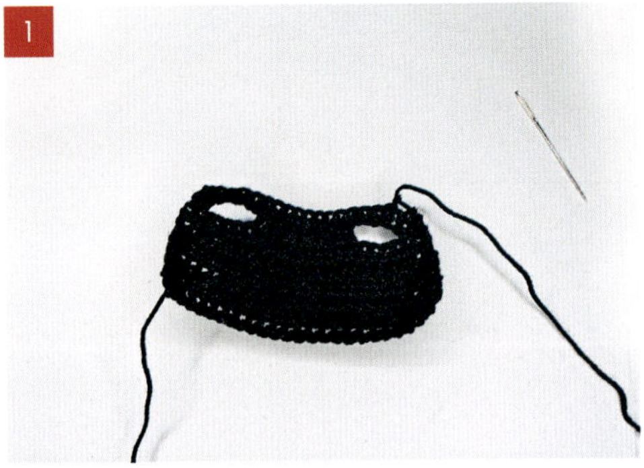

2

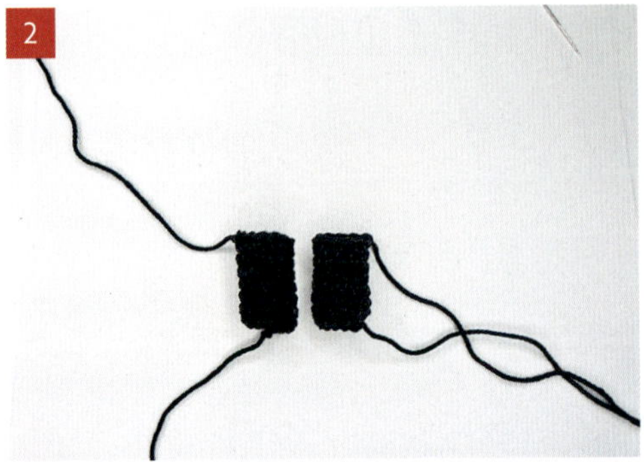

3

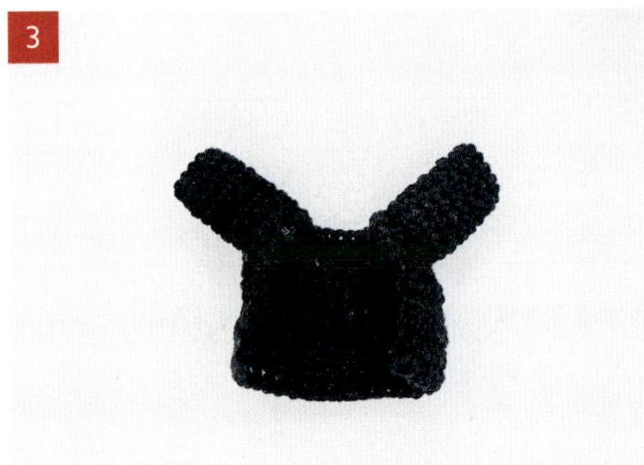

Jacke Bild 1

Vorder- und Rückenteil:

In Schwarz 25 Lm anschlagen.

1. R: 1 hStb in die 2. Lm ab Nadel, 23 hStb = 24 M, 1 Wende-Lm

2.–6. R: 24 hStb, 1 Wende-Lm

7. R: 2 hStb, 6 Lm, die nächsten 4 M überspringen, 2 Stb, 4× ***2 Stb zusammenhäkeln***, 2 Stb, 6 Lm, die nächsten 4 M überspringen, 2 hStb = 12 M + 12 Lm, 1 1 Wende-Lm

8. R: 2 hStb, in den 6 Lm der Vor-R 3× ***2 M zusammenhäkeln***, 8 hStb, in den 6 Lm der Vor-R 3× ***2 M zusammenhäkeln***, 2 hStb = 18 M

Den Faden abschneiden und alle Fäden abschneiden.

Ärmel:

Zwei identische Ärmel häkeln. Bild 2

In Schwarz 12 Lm anschlagen

1. Rd: Mit 1 fM in die erste Lm die Lm-Kette zum Ring schließen, 11 fM = 12 M

2.–6. Rd: 12 fM

Den Faden nicht abschneiden, aber durch die letzte M ziehen.

Die Ärmel in die Armlöcher der Jacke nähen. Bild 3

4

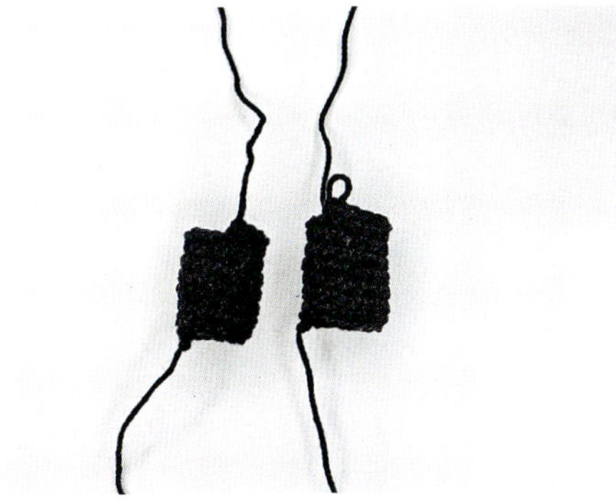

5

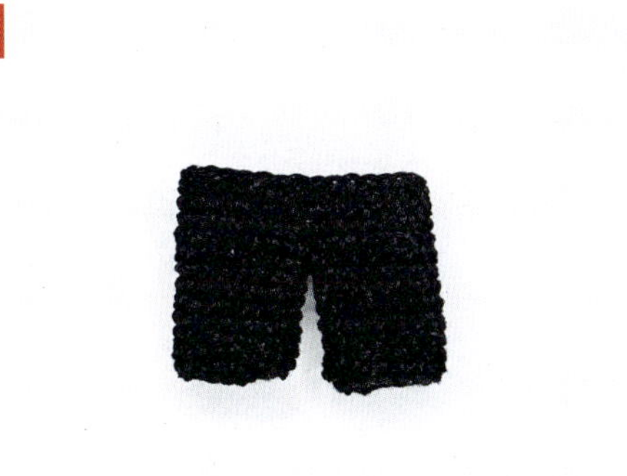

6

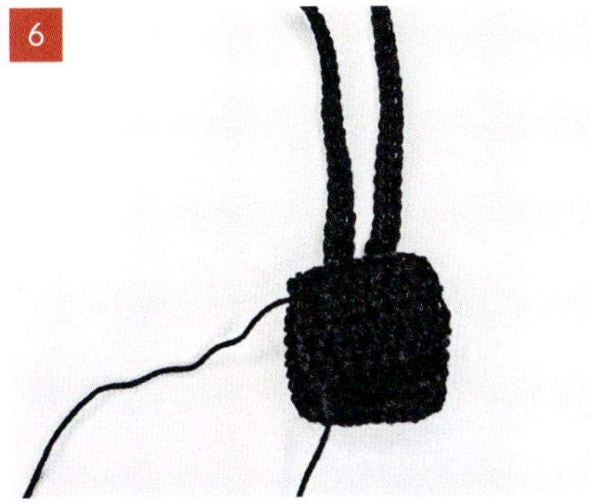

7

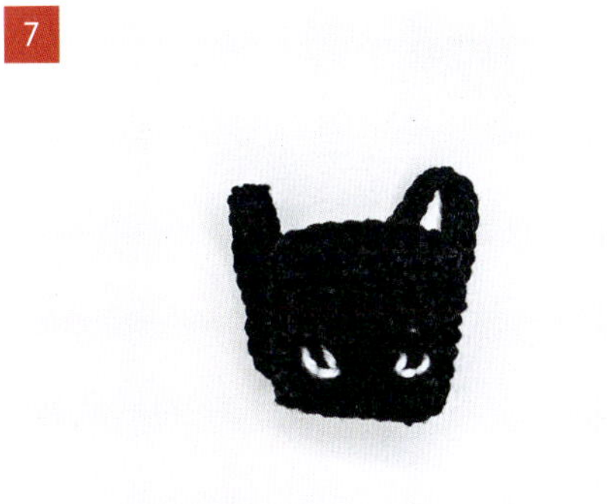

Hose

Zwei identische Hosenbeine häkeln. *Bild 4*

In Schwarz 15 Lm anschlagen.

1. Rd: Mit 1 fM in die erste Lm die Lm-Kette zum Ring schließen, 14 fM = 15 M

2.–6. Rd: 15 fM

Das 1. Hosenbein nun beenden, den Faden abschneiden und durchziehen. Das 2. Hosenbein wie folgt weiterhäkeln:

7. Rd: Beginnend an einer beliebigen fM der 6. Rd des 1. Hosenbeins: 15 fM, weiter an der nächstliegenden M des 2. Hosenbeins häkeln: 15 fM = 30 M *Bild 5*

8.–11. Rd: 30 fM

Den Faden abschneiden und durchziehen. Alle Fäden vernähen.

Rucksack

In Schwarz 9 Lm anschl.

1. Rd: 2 fM in die 2. Lm ab Nadel, 6 fM, 1 M verdoppeln, an der unteren Seite der Lm-Kette weiterhäkeln: 1 M verdoppeln, 6 fM, 1 M verdoppeln = 20 M

2. Rd: 20 fM, dabei jeweils nur in das hintere Maschenglied stechen.

3.–7. Rd: In 5 Rd je 20 fM häkeln. Nach der letzten Rd 1 Wende-Lm häkeln und die Tasche in R beenden.

1. R: 3 fM, 23 Lm, 1 fM in die 2. Lm ab Nadel, 21 fM entlang der Lm-Kette, 2 fM in die nächsten M an der Tasche, 23 Lm, 1 fM in die 2. Lm ab Nadel, 21 fM entlang der Lm-Kette, 3 fM in die nächsten M der Tasche, 1 Wende-Lm.

2. R: 3 fM, den Träger überspringen, dabei liegt dieser vor der Nadel, 2 fM, den Träger überspringen, dabei liegt dieser vor der Nadel, 3 fM = 8 M, 1 Wende-Lm.

3. R: 8 fM, 1 Wende-Lm
4. R: 8 hStb, dabei immer nur in das hintere Maschenglied stechen, 1 Wende-Lm
5. & 6. R: 8 hStb, 1 Wende-Lm
7. R: 8 fM *Bild 6*

Den Faden abschneiden, durchziehen und vernähen. Die Träger jeweils in der unteren Ecke der Tasche festnähen. Mit Silber zwei Verschlüsse aufsticken. *Bild 7*

Wednesdays Rucksack verbirgt noch ein kleines Geheimnis. Sie hat »Eiskaltes Händchen« immer dabei.

1

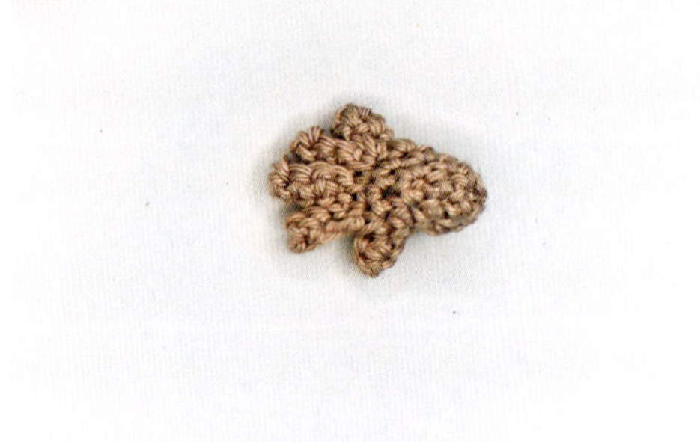

EISKALTES HÄNDCHEN

In Schlamm 4 Lm anschlagen.
1. Rd: 1 fM in die 2. Lm ab Nadel, 2 fM. Fortlaufend an der unteren Seite der Lm-Kette: 3 fM = 6 M
2. Rd: Jede 3. M verdoppeln = 8 M
3. Rd: 8 fM
4. Rd: 3 Lm, 1 fM in die 2. Lm ab Nadel, 1 fM, 8 fM
5. Rd: 2 fM entlang der Lm der Vor-Rd, 1 Wende-Lm, wenden und durch je 2 gegenüberliegende M häkeln: 2 fM, weiter entlang der Runde häkeln: 8 fM
Die Hand leicht ausstopfen. Anschließend flach aufeinanderlegen, sodass sich je 2 M gegenüber liegen.
6. Rd: 4 Lm, 1 fM in die 2. Lm ab Nadel, 2 fM, 1 fM durch die nächsten 2 gegenüberliegenden M, 5 Lm, 1 fM in die 2. Lm ab Nadel, 3 fM, 1 fM durch die nächsten 2 gegenüberliegenden M, 4 Lm, 1 fM in die 2. Lm ab Nadel, 2 fM, 1 fM durch die nächsten 2 gegenüberliegenden M, 3 Lm, 1 fM in die 2. Lm ab Nadel, 1 fM, 1 fM durch die letzten 2 gegenüberliegenden M
Den Faden abschneiden und alle Fäden vernähen. *Bild 1*

2

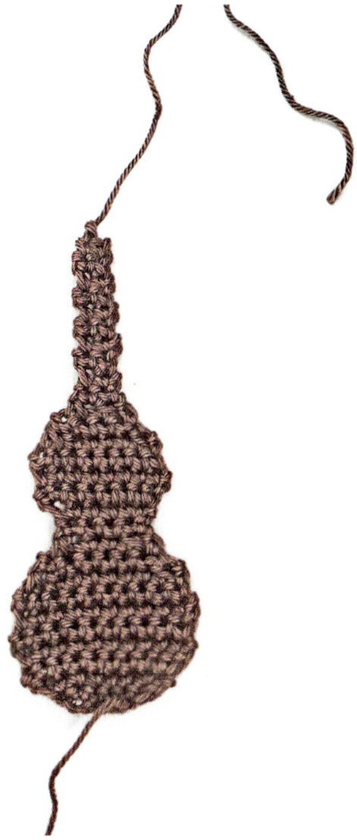

3

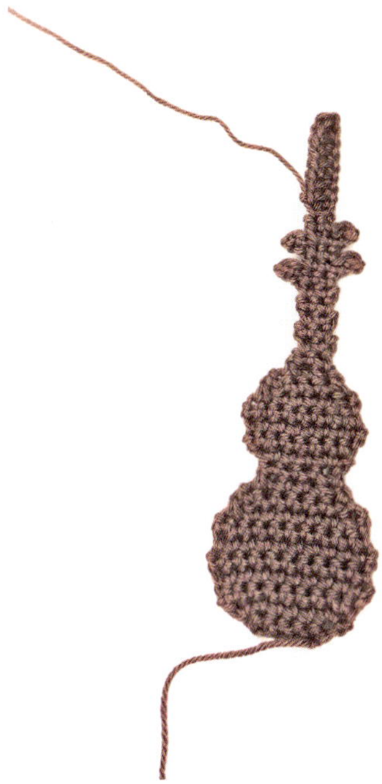

CELLO

Korpus:

Den Korpus zwei × identisch häkeln.

In Teddy 5 Lm anschlagen.

1. R: 1 fM in die 2. Lm von der Nadel aus, 3 fM = 4 M, 1 Wende-Lm

2. R: 1 M verdoppeln, 2 fM, 1 M verdoppeln = 6 M, 1 Wende-Lm

3. R: 1 M verdoppeln, 4 fM, 1 M verdoppeln = 8 M, 1 Wende-Lm

4. R: 1 M verdoppeln, 6 fM, 1 M verdoppeln = 10 M, 1 Wende-Lm

5.–8. R: 10 fM, 1 Wende-Lm *Bild 2*

9. R: 2 M zusammenhäkeln, 6 fM, 2 M zusammenhäkeln = 8 M, 1 Wende-Lm

10. R: 2 M zusammenhäkeln, 4 fM, 2 M zusammenhäkeln = 6 M, 1 Wende-Lm

11. R: 2 M zusammenhäkeln, 2 fM, 2 M zusammenhäkeln = 4 M, 1 Wende-Lm

12. R: 4 fM, 1 Wende-Lm

13. R: 1 M verdoppeln, 2 fM, 1 M verdoppeln = 6 M, 1 Wende-Lm

14. R: 1 M verdoppeln, 4 fM, 1 M verdoppeln = 8 M, 1 Wende-Lm

15. & 16. R: 8 fM, 1 Wende-Lm

17. R: 2 M zusammenhäkeln, 4 fM, 2 M zusammenhäkeln = 6 M, 1 Wende-Lm

18. R: 2 M zusammenhäkeln, 2 fM, 2 M zusammenhäkeln = 4 M, 1 Wende-Lm

19. R: 2× ***2 M zusammenhäkeln*** = 2 M, 1 Wende-Lm

20.–24. R: 2 fM, 1 Wende-Lm

25. R: 2 fM

Den Faden abschneiden und durchziehen. *Bild 3*

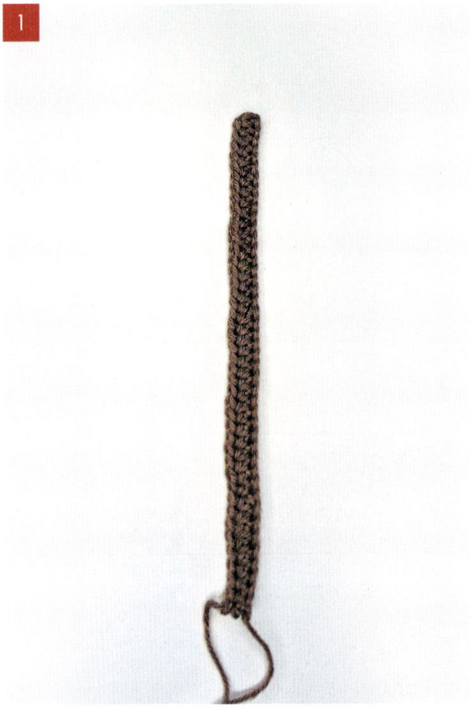

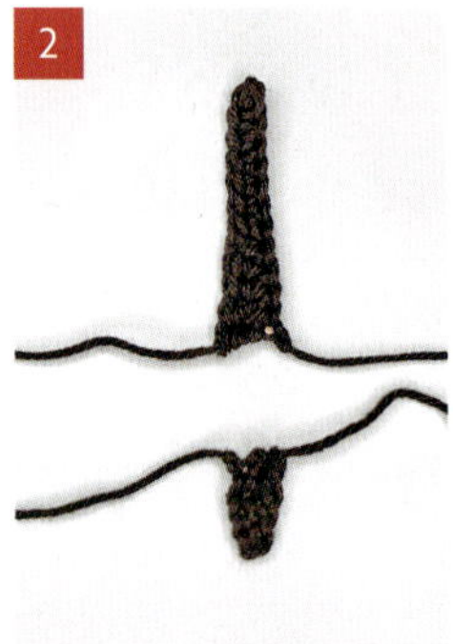

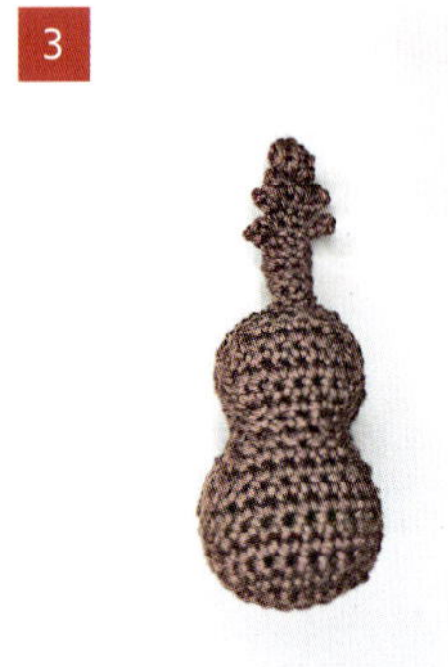

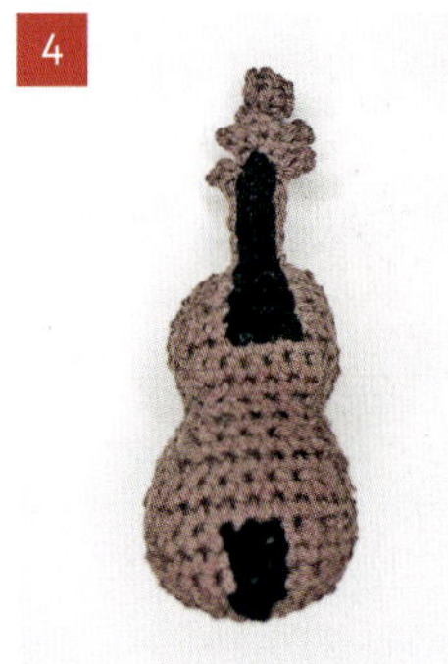

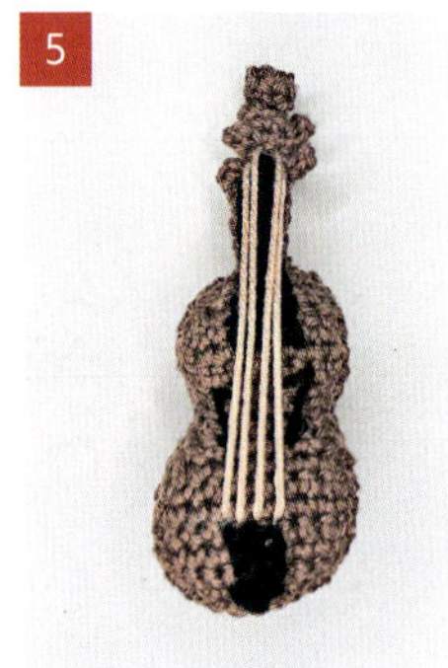

Nun den vorderen Korpus weiterhäkeln.

26.–29. R: 3 Lm, 1 fM in die 2. Lm ab Nadel, 1 Km, 2 fM am Cello (4 Reihen)
30. R: 2 fM, 9 Lm, 1 hStb in die 2. Lm von der Nd aus, 7 hStb, 1 M überspringen, 1 Km in die 2. M
Den Faden abschneiden und durchziehen.

Seitenteil: *Bild 1*
In Teddy 45 Lm anschlagen.
1. R: 1 hStb in die 2. Lm ab Nadel, 43 hStb
Den Faden lang abschneiden und durchziehen.

Saitenhalter: *Bild 2*
In Schwarz 5 Lm anschl.
1. R: 1 Km in die 2. Lm ab Nadel, 1 fM, 2 hStb
Den Faden abschneiden und durchziehen.

Griffbrett: *Bild 3*
In Schwarz 13 Lm anschlagen.
1. R: 1 fM in die 2. Lm ab Nadel, 7 fM, 2 hStb, 2 Stb
Den Faden abschneiden und durchziehen.

Fertigstellen:

- Den Hals des vorderen und hinteren Korpus aufeinanderlegen und aneinandernähen. Die Schnecke des längeren Korpus einrollen und festnähen. *Bild 4*
- Das Seitenteil zwischen dem hinteren und dem vorderen Korpus annähen, sodass sich ein geschlossener Klangkörper ergibt. Den Körper dabei ausstopfen.
- Saitenhalter und Griffbrett am Cello annähen. In Schwarz die S-förmigen Schall-löcher aufsticken und in Schlamm 4 Saiten befestigen. *Bild 5*

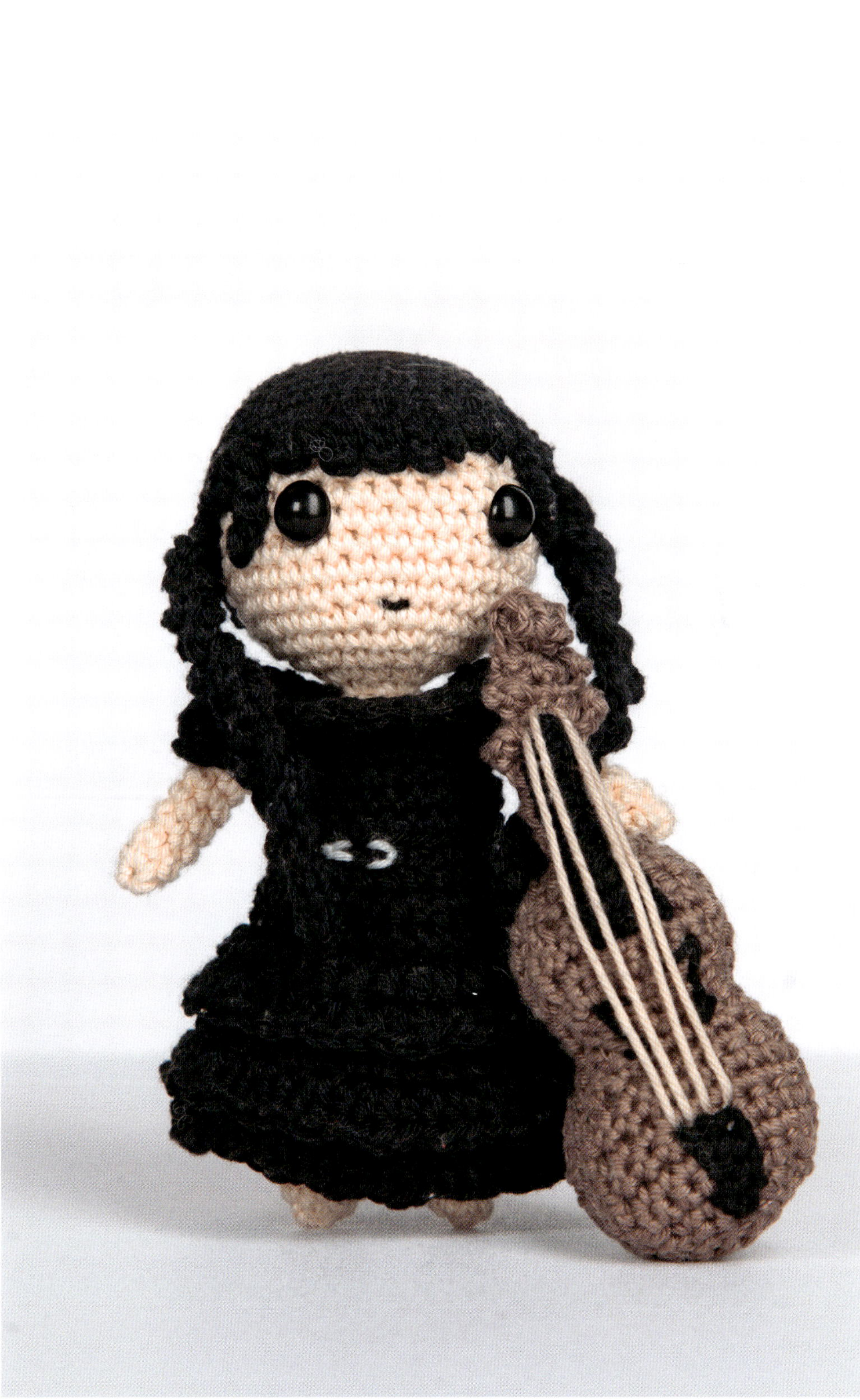

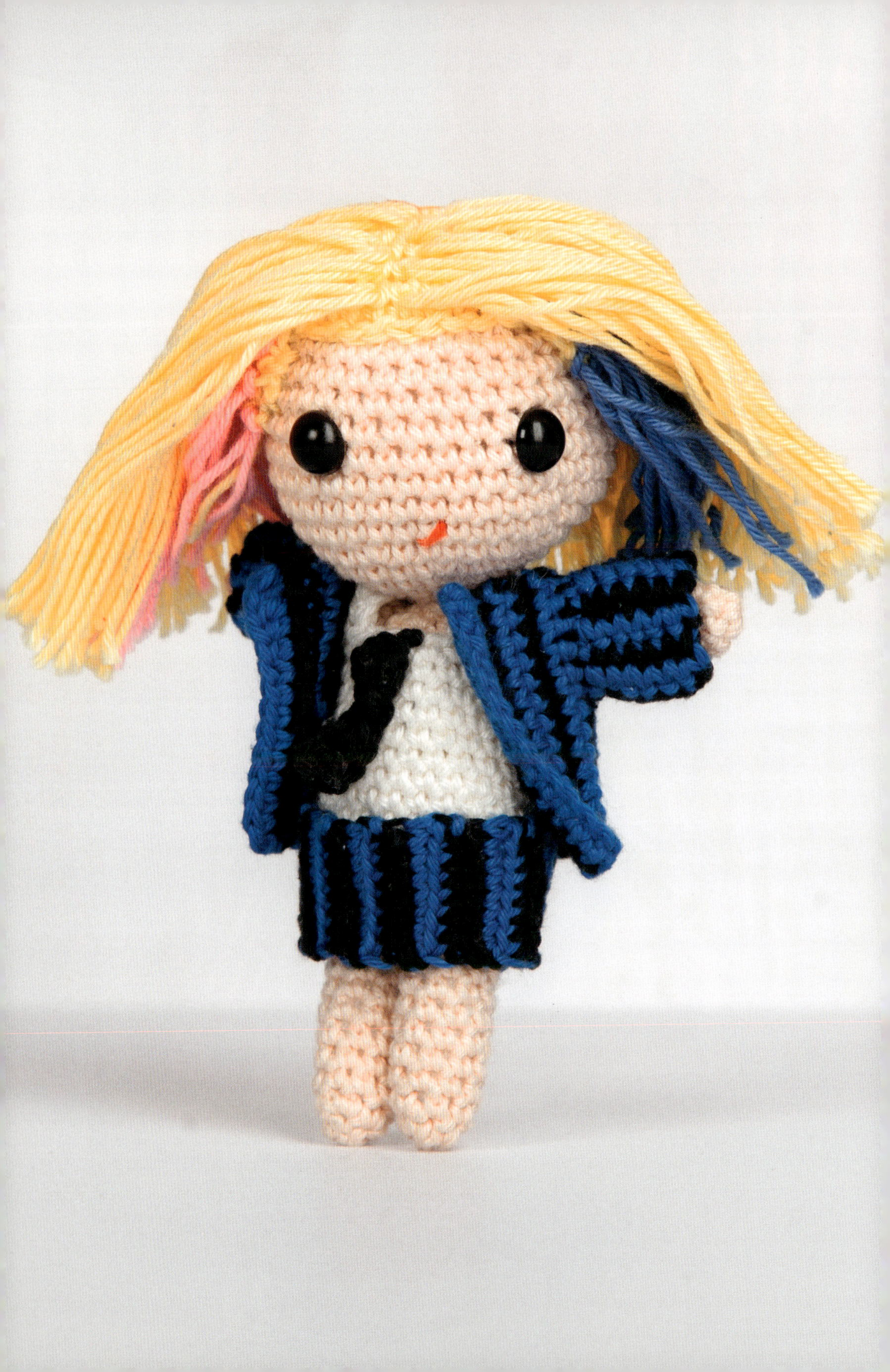

AMIGURUMI IM ENID-LOOK

MATERIAL:

- Baumwolle Catania von Schachenmayer in Schwarz (Fb. 110), Weiß (Fb. 106), Soft Apricot (Fb. 263), Vanille (Fb. 403), Regatta (Fb. 261), Orchidee (Fb. 222), Kirsche (Fb, 424), Royal (Fb. 201), Honig (Fb 26), Sonne (Fb, 208), Kirsche (Fb. 424), Vintage (Fb. 426), Natur (Fb. 105), Lavendel (Fb. 422), Orange (Fb. 281)
- 2 schwarze Sicherheitsaugen mit ø10 mm

SO WIRD'S GEMACHT:

Den Körper entsprechend der Grundanleitung auf Seite 103–105 in Soft Apricot häkeln.

Haare:

In Vanille in einen flexiblen Fadenring 6 fM häkeln. In der folgenden 1.–6. Rd alle M in das hintere Maschenglied häkeln.

1. Rd: Jede M verdoppeln = 12 M
2. Rd: Jede 2. M verdoppeln = 18 M
3. Rd: Jede 3. M verdoppeln = 24 M
4. Rd: Jede 4. M verdoppeln = 30 M
5. Rd: 6× ***1 fM, 1 M verdoppeln, 3 fM*** = 36 M
6. Rd: 36 fM, 1 Wende-Lm.

Weiter in Reihen häkeln.
1. R: 26 HStb , dabei jeweils in das vordere Maschenglied stechen , 1 Wende-Lm
2. R: 26 HStb, dabei jeweils in das hintere Maschenglied stechen

Den Faden abschneiden und durchziehen. In Sonne einzelne Fäden in jedes vordere Maschenglied der gehäkelten Haare anknüpfen. Auf der linken Seite einige Strähnen in Regatta und auf der rechten Seite in Orchidee einknüpfen.

1

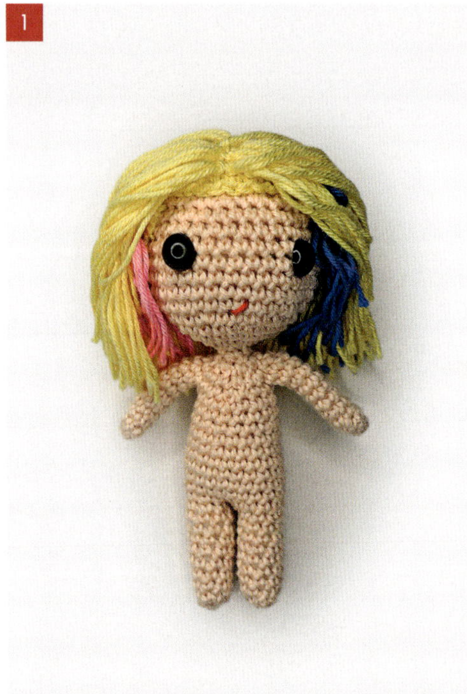

Die Haare am Kopf festnähen.
In Kirsche einen kleinen Mund wie auf dem Foto einsticken. *Bild 1*

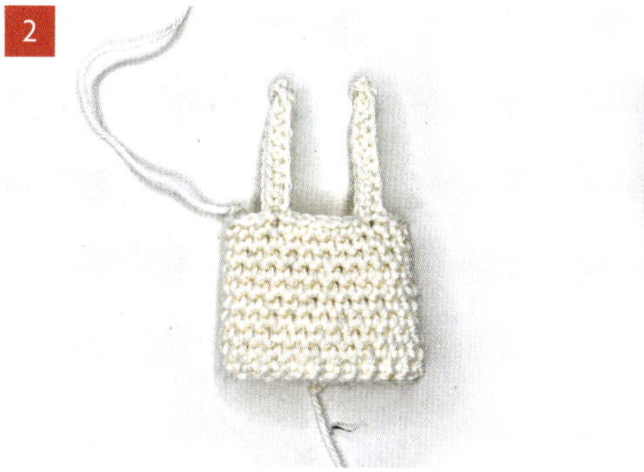

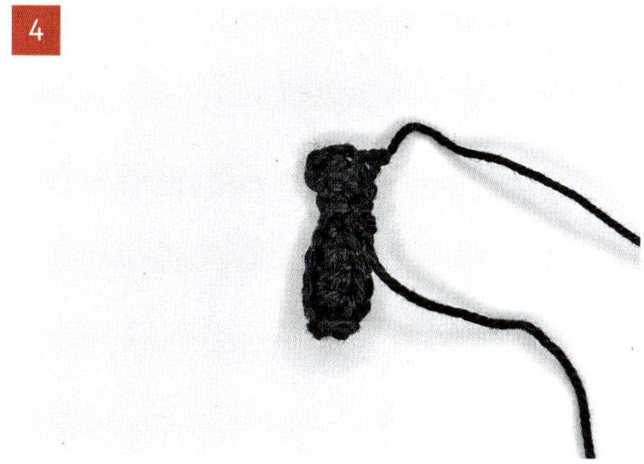

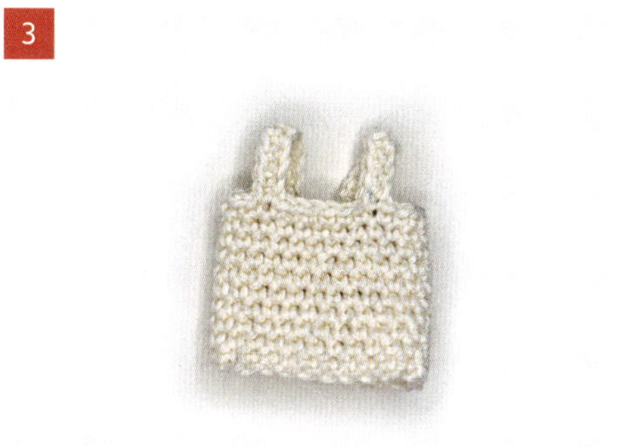

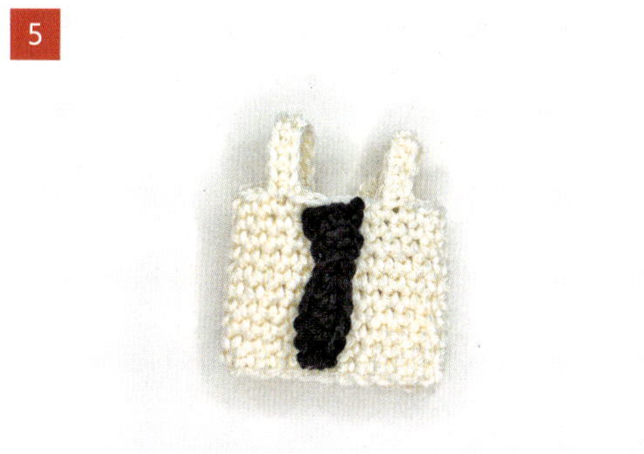

ENIDS SCHULUNIFORM

Bluse:

Vorder- und Rückenteil sind identisch.

1. Rd: In Natur 24 Lm anschlagen und mit 1 fM in die 1. M die M zum Ring schließen, = 24 M

2.–9. Rd: 24 fM

10. Rd: 12 fM, 11 Lm, 1 fM in die 2. Lm von der Nd aus, 9 fM entlang der Lm-Kette, 6 fM, 11 Lm, 1 fM in die 2. Lm von der Nd aus, 6 fM. **Bild 2**

Ein zweites Teil ebenso häkeln. Den Faden abschneiden und durchziehen. Die Schulternähte schließen. **Bild 3**

Krawatte:

In Schwarz 4 Lm anschlagen.

1. R: 1 fM in die 2. Lm von der Nd aus, 2 fM in die folgenden Lm = 3 M, 1 Wende-Lm

2. R: 3 M zusammenhäkeln = 1 M, ohne Wende-Lm wenden

3. R: 7 Lm, 1 fM in die 2. Lm von der Nd aus, weiterhäkeln entlang der Lm-Kette: 3 Stb, 1 hStb, 1 fM, 1 Km in die M der Vor-Reihe **Bild 4**

Den Faden abschneiden und durchziehen.

Die Krawatte oben am Hemd festnähen. **Bild 5**

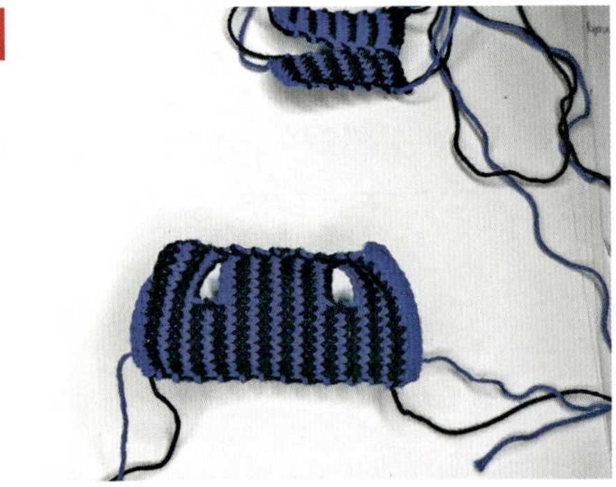
1

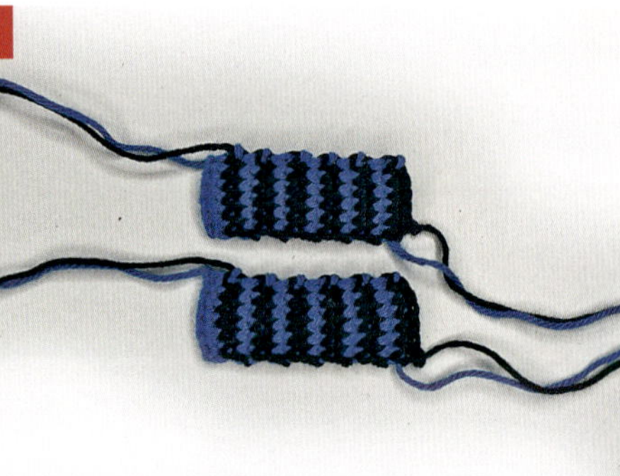
2

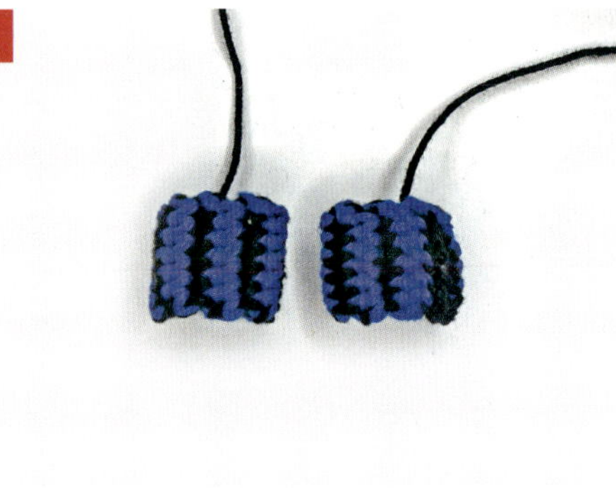
3

Sakko

In Royal 15 Lm anschlagen.

1. R: 1 Stb in die 2. Lm von der Nd aus, 2 Stb, 2 hStb, 9 fM = 14 M. In Schwarz 1 Wende-Lm

2. R: 6 fM, 8 fM, die nur in das vordere Maschenglied gestochen werden, in Royal 1 Wende-Lm

3. R: In Royal 14 fM, in Schwarz 1 Wende-Lm

4. R: In Schwarz 14 fM, in Royal 1 Wende-Lm

5. R: In Royal 14 fM, in Schwarz 1 Wende-Lm

6. R: In Schwarz 8 fM, in Royal 1 Wende-Lm

7. R: In Royal 8 fM, in Schwarz 1 Wende-Lm

8. R: In Schwarz 8 fM, 5 Lm, 1 fM, in 1. M der 5. R. So entsteht das Armloch, in das später der Ärmel genäht wird. In Royal 1 Wende-Lm

9. R: In Royal 1 fM, 5 fM entlang der Lm-Kette der Vor-Reihe, 8 fM = 14 M. In Schwarz 11 Wende-Lm

10. R: In Schwarz 4 fM, in Royal 1 Wende-Lm

11. R: In Royal 14 fM, in Schwarz 1 Wende-Lm

12.–17. R: Die 10. & 11. Reihe 3× wiederholen

18. R: In Schwarz 8 fM, in Royal 1 Wende-Lm

19. R: In Royal 8 fM, in Schwarz 1 Wende-Lm

20. R: In Schwarz 8 fM, 5 Lm, 1 fM, in die 1. M der 17. R, in Royal 1 Wende-Lm

So entsteht das Armloch, in das später der Ärmel genäht wird. ***Bild 1***

21. R: In Royal 1 fM, 5 fM entlang der Lm-Kette der Vor-R, 8 fM = 14 M, in Schwarz 1 Wende-Lm

22. R: In Schwarz 14 fM, in Royal 1 Wende-Lm

23. R: In Royal 14 fM, in Schwarz 1 Wende-Lm

24. R: In Schwarz 14 fM, in Royal 1 Wende-Lm

25. R: Die folgenden 8 M jeweils nur in das hintere Maschenglied einstechen: 3 Stb, 2 hStb, 3 fM, dann 6 fM

Den Faden abschneiden und durchziehen.

Ärmel

2 identische Ärmel häkeln. ***Bild 2***

In Royal 7 Lm anschlagen.

1. R: 1 fM in die 2. Lm ab Nadel, 5 fM = 6 M, in Schwarz 1 Wende-Lm

2. R: In Schwarz 6 fM, in Royal 1 Wende-Lm

3. R: In Royal 6 fM, in Schwarz 1 Wende-Lm

4.–11. R: Die 2.–3. Reihe 4× wiederholen.

12. R: 6 fM

4

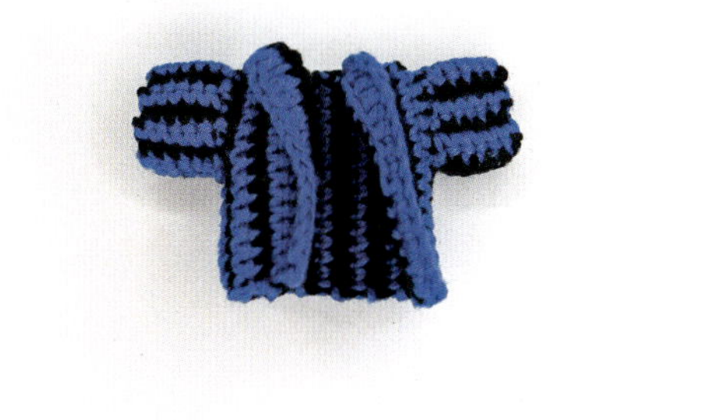

Den Faden abschneiden und durchziehen.
Die letzte Reihe des Ärmels jeweils an die Anfangs-Lm-Kette nähen, sodass eine Röhre entsteht. **Bild 3**
Die Ärmel jeweils mit einem kreisförmigen Ende an den vorgesehenen Löchern im Sakko annähen. Alle Fäden vernähen. **Bild 4**

5

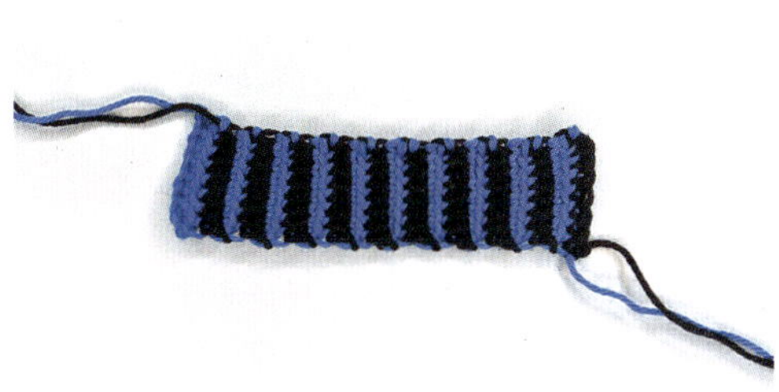

6

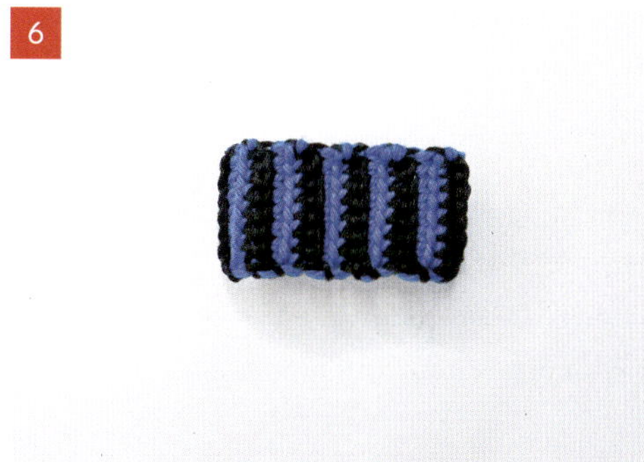

Rock

In Royal 9 Lm anschlagen.
1. R: 1 fM in die 2. Lm ab Nadel, 7 fM = 8 M, in Schwarz 1 Wende-Lm
2. R: In Schwarz 8 fM, dabei in das hintere Maschenglied einstechen, in Royal 1 Wende-Lm
3. R: In Royal 8 fM, dabei in das hintere Maschenglied einstechen, in Schwarz 1 Wende-Lm
4.–19. R: Die 2.–3. Reihe 8× wiederholen.
20. R: 8 fM, dabei in das vordere Maschenglied einstechen. **Bild 5**

Den Faden abschneiden und durchziehen.
Die vorderen Maschenglieder an der letzten Runde des Rocks an der Anfangs-Lm-Kette festnähen. Alle Fäden vernähen. **Bild 6**

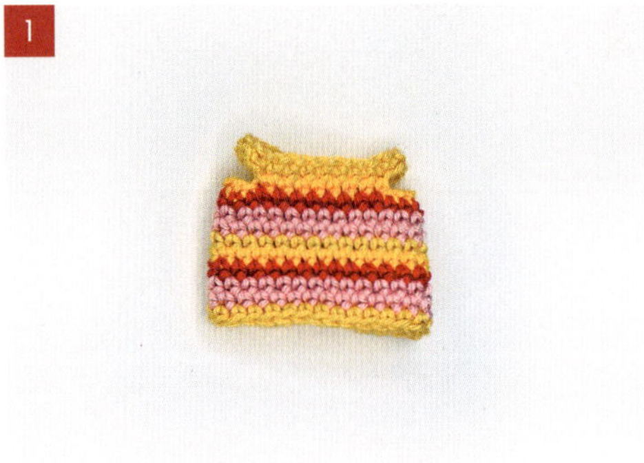

1

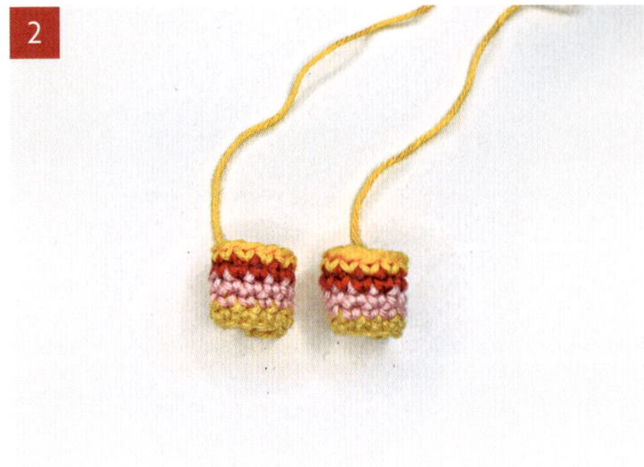

2

ENIDS LIEBSTES FREIZEIT-OUTFIT

Pullover

In Honig 24 Lm anschlagen.

1. Rd: Mit 1 fM in die 1. M die Lm-Kette zum Ring schließen, 23 fM = 24 M

2. Rd: In Sonne 4 fM, 6 Lm, die nächsten 4 M überspringen, 8 fM, 6 Lm, die nächsten 4 M überspringen, 4 fM = 16 M + 12 Lm

3. Rd: In Kirsche 4 fM 6 fM in die Lm der Vor-Runde, 8 fM, 6 fM in die Lm der Vor-Runde, 4 fM = 28 M

4.–5. Rd: In Vintage 28 fM

6. Rd: In Honig 28 fM

7. Rd: In Sonne 28 fM

8. Rd: In Kirsche 28 fM

9.–10. Rd: In Vintage 28 fM

11. Rd: In Honig 28 fM ***Bild 1***

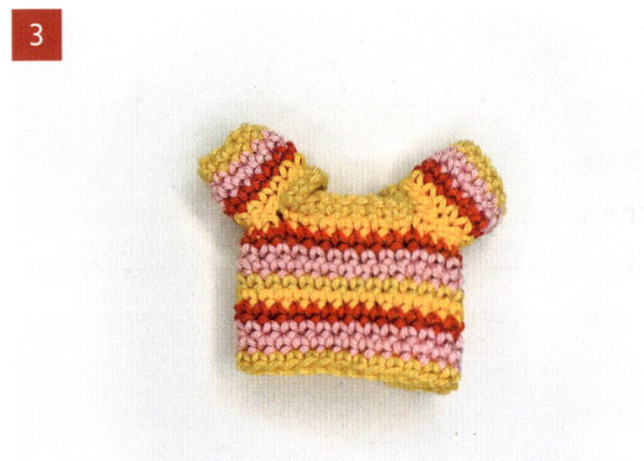

3

Den Faden abschneiden und durchziehen. Alle Fäden vernähen.

Ärmel

2 identische Ärmel häkeln. ***Bild 2***

In Honig 12 Lm anschl.

1. Rd: Mit 1 fM in die 1. M die Lm-Kette zum Ring schließen, 11 fM = 12 M

2.–3. Rd: In Vintage 12 fM (2 Runden)

4. Rd: In Kirsche 12 fM

5. Rd: In Sonne 12 fM

Den Faden abschneiden und durchziehen.

Die letzte Runde der Ärmel jeweils in die Armlöcher des Pullovers nähen. Alle Fäden vernähen. ***Bild 3***

4

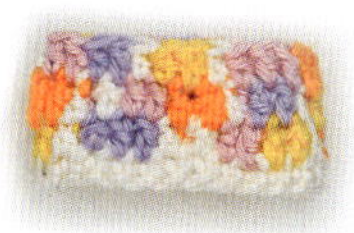

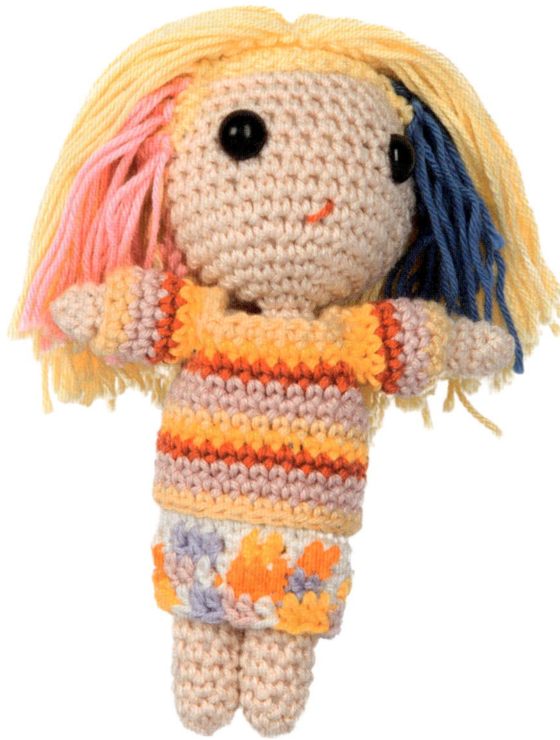

Rock

In Natur 24 Lm anschlagen.

1. Rd: Mit 1 fM in die 1. M die Lm-Kette zum Ring schließen, 23 fM = 24 M

2. Rd: 1 Stb, in Orange 2 Stb, in Weiß 1 Stb, in Sonne 2 Stb, in Vintage 2 Stb, in Weiß 2 Stb, in Lavendel 3 Stb, in Weiß 1 Stb, in Sonne 2 Stb, in Weiß 1 Stb, in Orange 2 Stb, in Weiß 2 Stb, in Vintage 2 Stb, in Lavendel 1 Stb

3. Rd: 2 Stb, in Sonne 2 Stb, in Weiß 1 Stb, in Lavendel 2 Stb, in Weiß 1 Stb, in Orange 2 Stb, in Vintage 2 Stb, in Weiß 2 Stb, in Orange 3 Stb, in Lavendel 2 Stb, in Weiß 1 Stb, in Sonne 2 Stb, in Weiß 1 Stb, in Vintage 1 Stb

4. Rd: 1 Stb, in Weiß 1 Stb, in Orange 2 Stb, in Vintage 3 Stb, in Weiß 1 Stb, in Sonne 2 Stb, in Weiß 1 Stb, in Lavendel 2 Stb, in Vintage 2 Stb, in Weiß 1 Stb, in Sonne 3 Stb, in Vintage 2 Stb, in Lavendel 2 Stb, in Orange 1 Stb ***Bild 4***

Den Faden abschneiden und durchziehen. Alle Fäden vernähen.

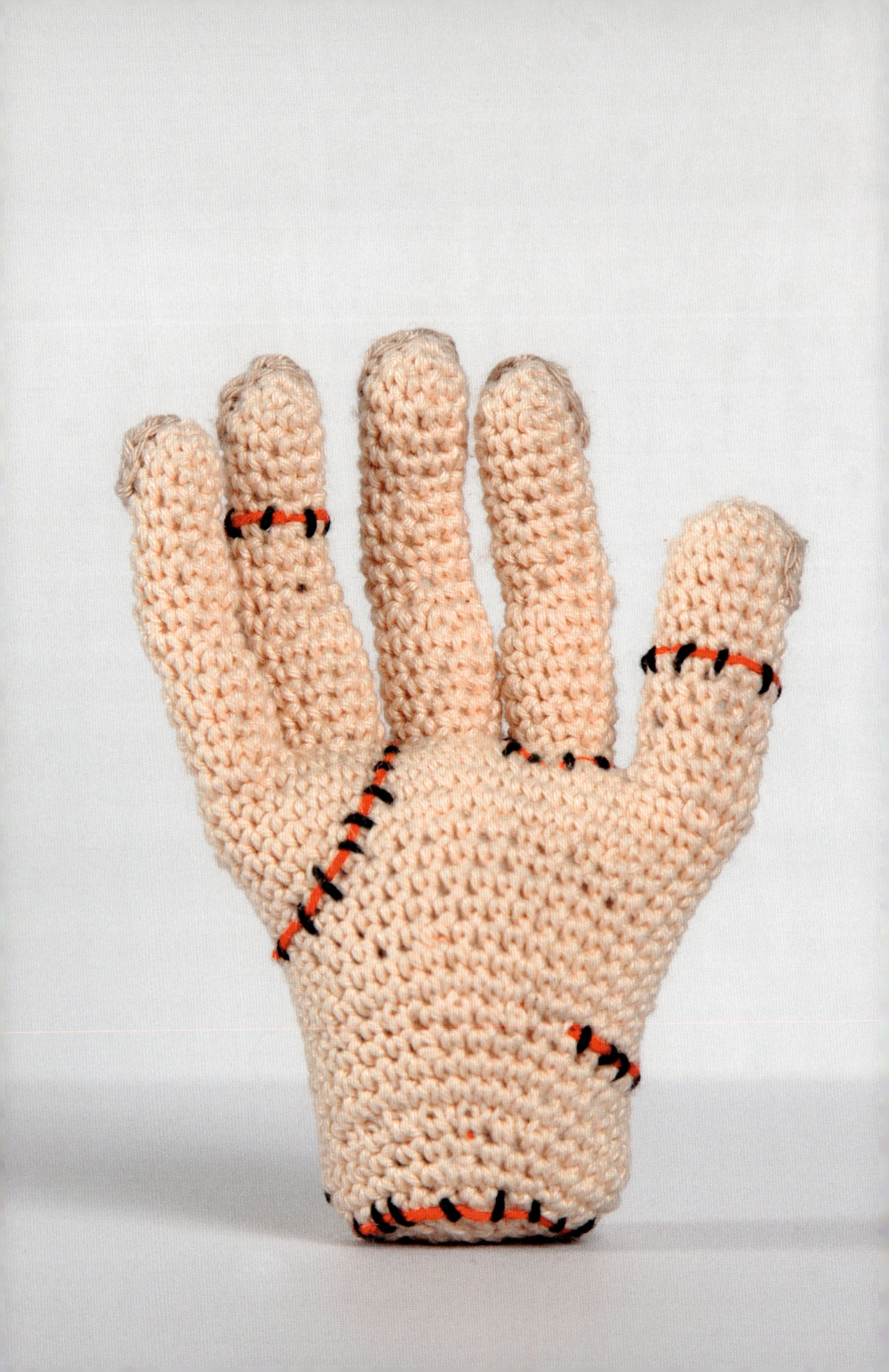

EISKALTES HÄNDCHEN

MATERIAL:

- Baumwolle Catania von Schachenmayer in Soft Apricot (Fb. 263), Kirsche (Fb, 424), Schwarz (Fb. 110)

SO WIRD'S GEMACHT:

Finger

Zeigefinger/ Ringfinger (2× häkeln)

Mit Soft Apricot in einen flexiblen Fadenring 6 fM häkeln. *Bild 1*

1. Rd: Jede 2. M verdoppeln = 9 M

2.–5. Rd: 9 fM

6. Rd: 3 fM, 2 M zusammenhäkeln, 3 fM, 1 M verdoppeln = 9 M

7. und 8. Rd: 9 fM

9. Rd: 3 fM, 3 hStb, 3 fM

10. Rd: 1 M verdoppeln, 2 fM, 3 hStb, 3 fM = 10 M

11. Rd: 2 M verdoppeln, 3 fM, 3 M zusammenhäkeln, 2 fM = 10 M

12.–16. Rd: 10 fM (5 Runden)

Den Faden abschneiden und durchziehen. Den Finger ausstopfen.

1

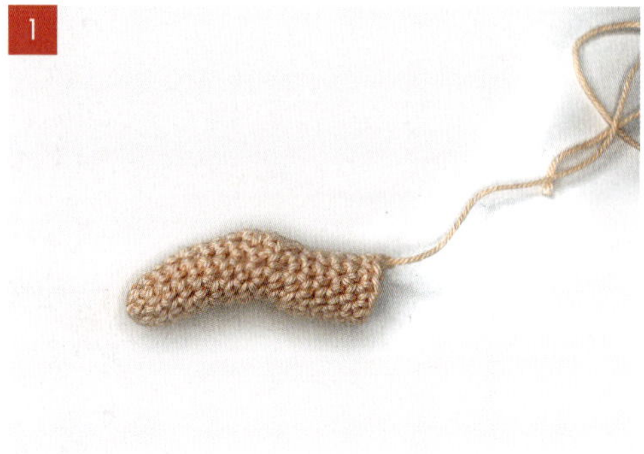

Mittelfinger

Mit Soft Apricot in einen flexiblen Fadenring 6 fM häkeln.

1. Rd: Jede 2. M verdoppeln = 9 M

2.–5. Rd: 9 fM (4 Runden)

6. Rd: 3 fM, 2 M zusammenhäkeln, 3 fM, 1 M verdoppeln = 9 M

7.–9. Rd: 9 fM (3 Runden)

10. Rd: 3 fM, 3 hStb, 3 fM

11. Rd: 1 M verdoppeln, 2 fM, 3 hStb, 3 fM = 10 M

12. Rd: 2 M verdoppeln, 3 fM, 3 M zusammenhäkeln, 2 fM = 10 M

13.–17. Rd: 10 fM (5 Runden)

Den Faden abschneiden und durchziehen. Den Finger ausstopfen.

2

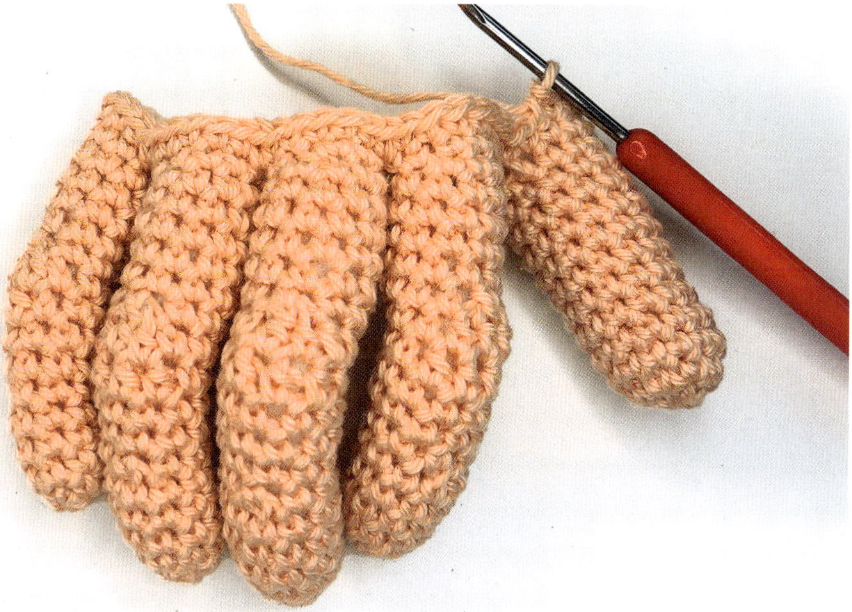

Kleiner Finger

Mit Soft Apricot in einen flexiblen Fadenring 6 fM häkeln.

1. Rd: Jede 3. M verdoppeln = 8 M

2.–4. Rd: 8 fM (3 Runden)

5. Rd: 2 fM, 2 M zusammenhäkeln, 2 fM, 2 M verdoppeln = 9 M

6. und 7. Rd: 9 fM (2 Runden)

8. Rd: 2 fM, 3 hStb, 2 fM, 2 M zusammenhäkeln = 8 M

9. Rd: 2 fM, 3 hStb, 2 fM, 1 M verdoppeln = 9 M

10. Rd: 2 fM, 3 M zusammenhäkeln, 2 fM, 2 M verdoppeln = 9 M

11.–14. Rd: 9 fM (4 Runden)

Den Faden abschneiden und durchziehen. Den Finger ausstopfen.

Daumen

Mit Soft Apricot in einen flexiblen Fadenring 6 fM häkeln.

1. Rd: Jede M verdoppeln = 12 M

2.–11. Rd: 12 fM . Den Faden nicht abschneiden und im Anschluss die Handfläche weiterhäkeln.

Handfläche

Ausgehend von der letzten M des Daumens weiterhäkeln: ***Bild 2***

1. Rd: 2 Lm, weiterhäkeln beginnend in der viertletzten M des Zeigefingers: 6 fM, weiterhäkeln beginnend in der viertletzten M des Mittelfingers: 6 fM, weiterhäkeln beginnend in der viertletzten M des Ringfingers: 6 fM, weiterhäkeln beginnend in der 8-letzten M des kleinen Fingers: 9 fM, weiterhäkeln beginnend in der nächsten M am Ringfinger: 4 fM, weiterhäkeln beginnend in der nächsten M am Mittelfinger: 4 fM, weiterhäkeln beginnend in der nächsten M am Zeigefinger: 4 fM, 2 fM in die Lm vom Anfang der Runde, weiterhäkeln beginnend an der nächsten M am Daumen: 12 fM = 53 M

1

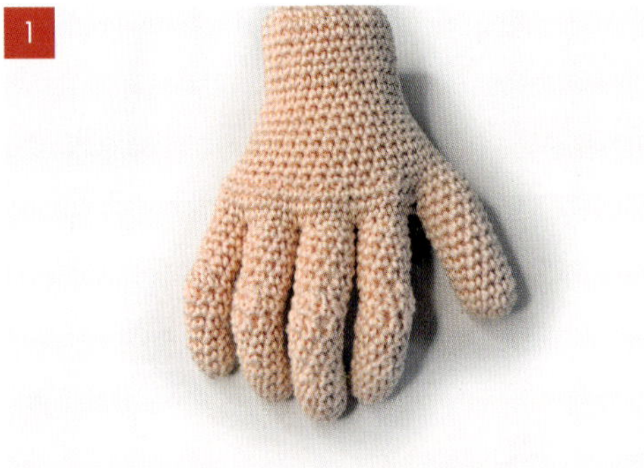

2

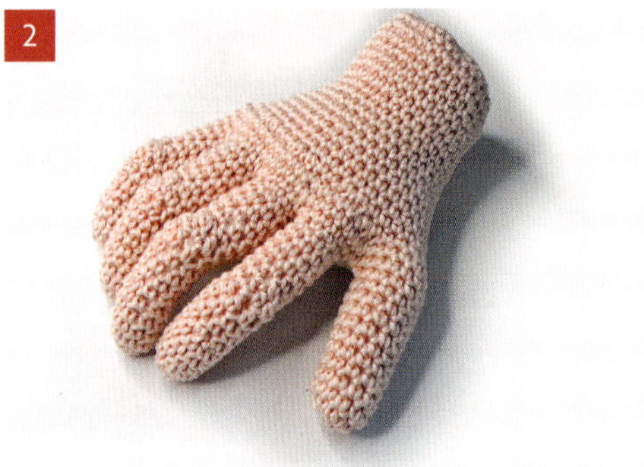

2. Rd: 2 fM in die untere Seite der Lm, 53 fM = 55 M

3. Rd: 55 fM

4. Rd: 46 fM, 3× ***2 M zusammenhäkeln***, 3 fM = 52 M

5. Rd: 2× *** 2 M zusammenhäkeln***, 48 fM = 50 M

6. Rd: 4× ***2 fM, (2× *** 2 M zusammenhäkeln***)***, 26 fM = 42 M

7. Rd: 18 fM, 6× ***1 fM, 2 M zusammenhäkeln***, 6 fM = 36 M

8.–13. Rd: 36 fM (6 Runden)

14. Rd: 6× ***2 fM, 1 M verdoppeln***, 6× ** 1 fM, 2 M zusammenhäkeln*** = 36 M

15.–17. Rd: 36 fM (3 Runden)

18. Rd: 6× ***3 fM, 1 M verdoppeln***, 6× ***2 M zusammenhäkeln*** = 36 M **Bild 1**

19.–21. Rd: 36 fM (3 Runden)

Die Hand ausstopfen.

22. Rd: je 2 M zusammenhäkeln, immer ins hintere Maschenglied einstechen = 18 M

3

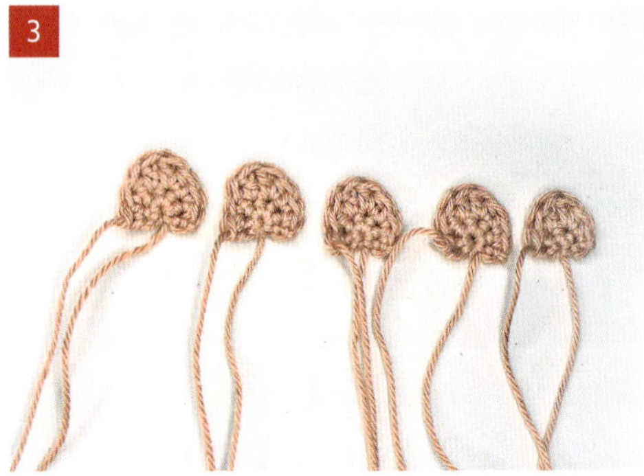

23. Rd: je 2 M zusammenhäkeln = 9 M

24. Rd: 4× ***2 M zusammenhäkeln*** = 5 M

Den Faden abschneiden, durchziehen und vernähen. **Bild 2**

Nägel

Großer Nagel: (4× häkeln) **Bild 3**

In Schlamm in einen flexiblen Fadenring 6 fM häkeln. 1 Wende-Lm, wenden.

1. R: 2 fM, in 1 M ***1 hStb, 1 Stb***, in 1 M ***1 Stb, 1 hStb***, 2 fM

Den Faden abschneiden und durchziehen.

Kleiner Nagel:

In Schlamm in einen flexiblen Fadenring 6 fM häkeln. 1 Wende-Lm, wenden

1. R: 1 fM, in 1 M ***1 hStb, 1 Stb***, in 1 M ***1 Stb, 1 hStb***, 1 fM

Den Faden abschneiden und durchziehen.

Fertigstellen

- Die Nägel an der Hand annähen. **Bild 4**
  Mit Kirsche lockere Narben auf der Hand anbringen. **Bild 5**
- Mit schwarzem Garn den roten Faden feststicken. Alle Fäden vernähen. **Bild 6**

4

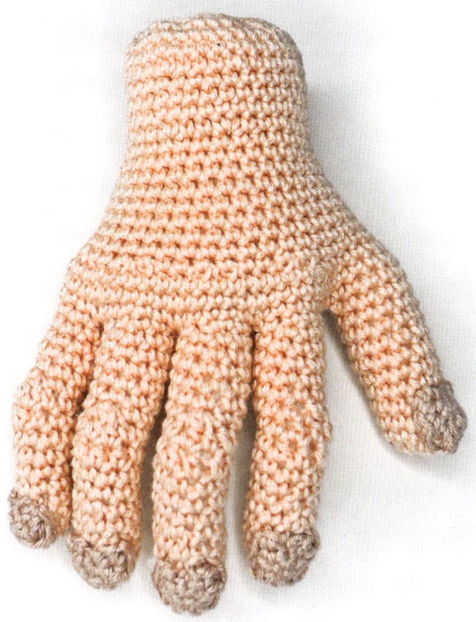

5

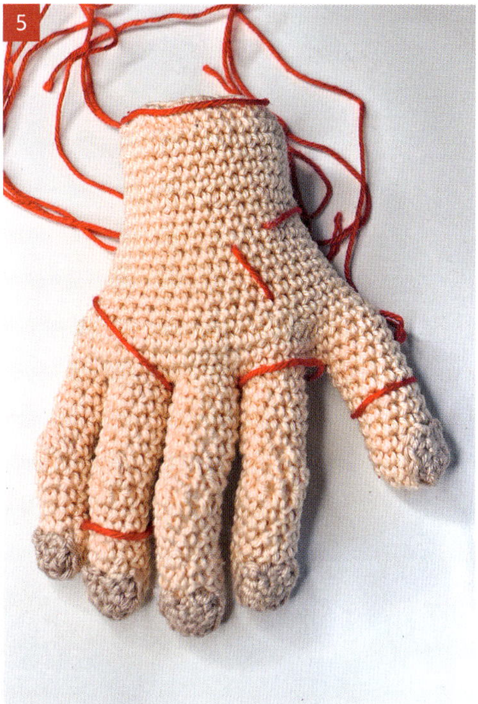

6

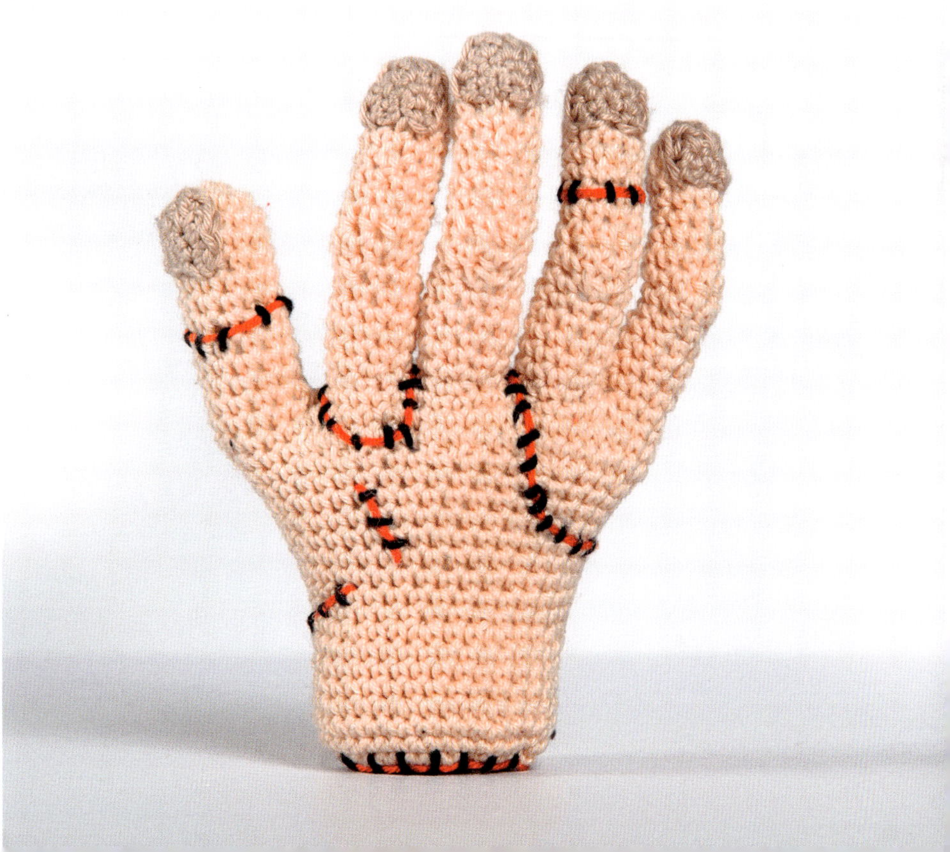

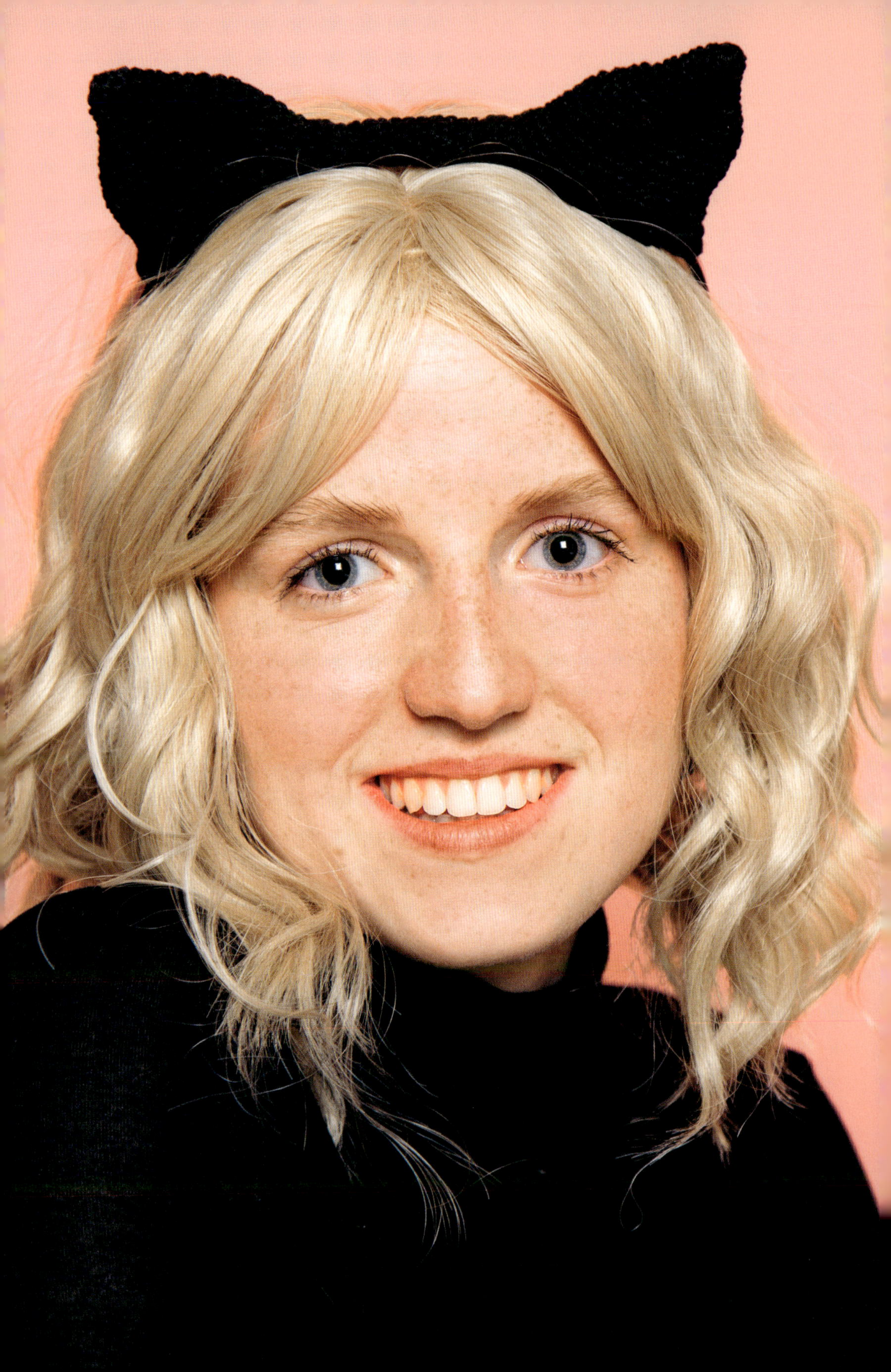

DIESES KÄTZCHEN HAT KLAUEN …

Enid trägt diesen Haarreif beim legendären Drachenbootrennen.

MATERIAL:

- Catania von Schachenmayr in Schwarz (Fb. 100)
- 1 schwarzer Haarreif aus Kunststoff, z.B. von Bijou Brigitte
- Häkelnadel 2,5 mm

1

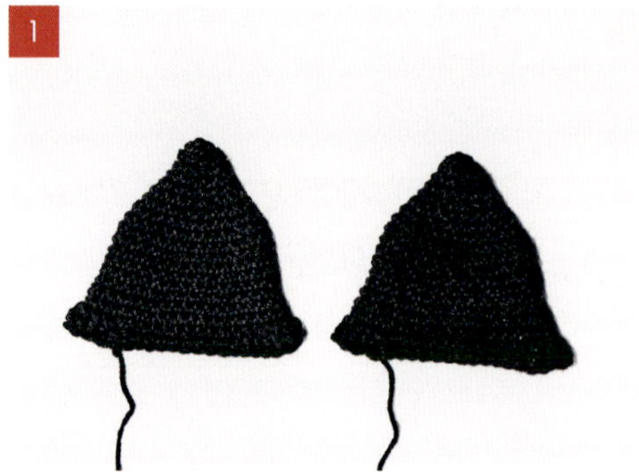

SO WIRD'S GEMACHT:

Katzenohren

2 identische Ohren häkeln.

In einen flexiblen Fadenring 6 fM häkeln und die M zur Rd schließen.

1. Rd: Jede 2. M verdoppeln = 9 M
2. Rd: 9 fM
3. Rd: Jede 3. M verdoppeln = 12 M
4. Rd: 12 fM
5. Rd: Jede 3. M verdoppeln = 16 M
6. Rd: 4× ***1 fM, 1 M verdoppeln, 2 fM*** = 20 M
7. Rd: Jede 5. M verdoppeln = 24 M
8. Rd: Jede 4. M verdoppeln = 30 M
9.–14. Rd: In jeder Rd 30 fM häkeln
15. Rd: Jede 5. M verdoppeln = 36 M
16.–17. Rd: In jeder Rd 36 fM häkeln
18. Rd: 2× ***2 Stb in 1 M, 1 Stb, 2 hStb in 1 M, 1 hStb, 4 fM, 2 M zusammen häkeln, 4 fM, 1 hStb, 2 hStb in 1 M, 1 Stb, 2 Stb in 1 M*** = 42 M. 1 Wende-Lm häkeln und weiter in R arbeiten. Arbeit wenden.
1. R: 3 fM, das Ohr flach aufeinanderlegen. 6 M überspringen, 15 fM durch je 2 gegenüberliegende M häkeln, die letzten 6 M bleiben frei.
Den Faden abschneiden und durchziehen. **Bild 1**

2

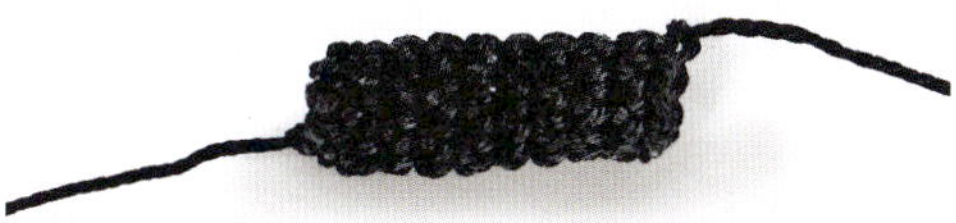

3

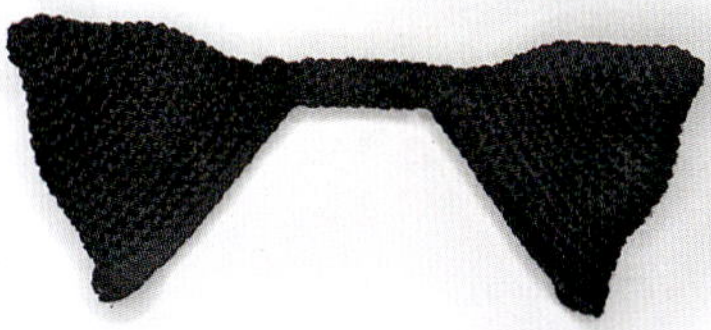

Zwischenstück

In Schwarz 8 Lm anschlagen.

1. Rd: Mit 1 fM in die 1. M die Lm-Kette zum Ring schließen, 7 fM = 8 M

2.–8. Rd: 8 fM (7 Runden) ***Bild 2***

Hinweis: Für einen größeren oder kleineren Abstand zwischen den Ohren entsprechend mehr oder weniger Runden häkeln.

Den Faden abschneiden und durchziehen.

Fertigstellen

Jeweils eine Öffnung des Zwischenstücks an eine seitliche Öffnung des Ohrs festnähen: Das Zwischenstück liegt mittig, rechts und links davon die beiden Ohren. Die zwei Ohren mit dem Zwischenstück auf den Haarreif schieben. Optional können die Ohren mit Kleber am Haarreif fixiert werden. ***Bild 3***

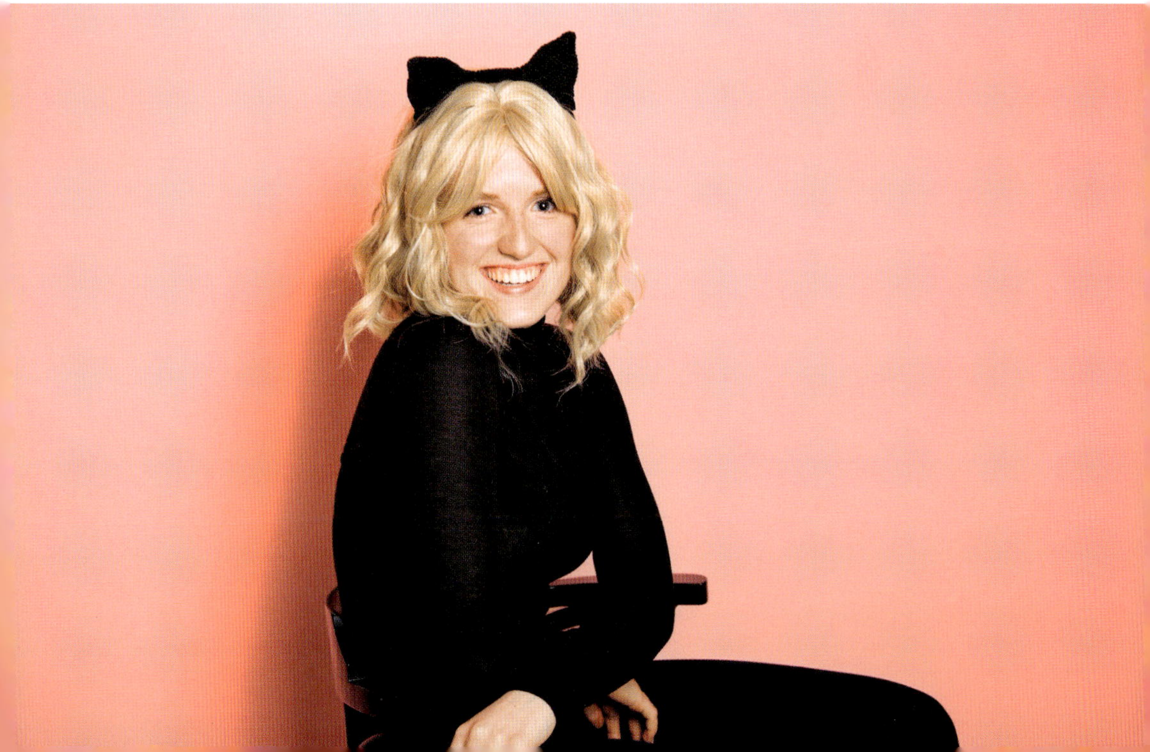

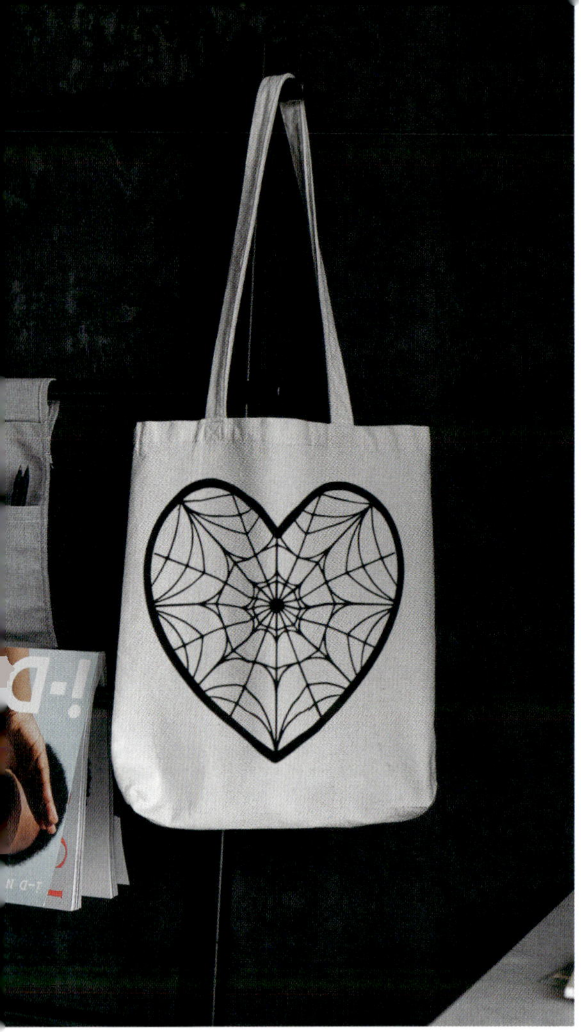

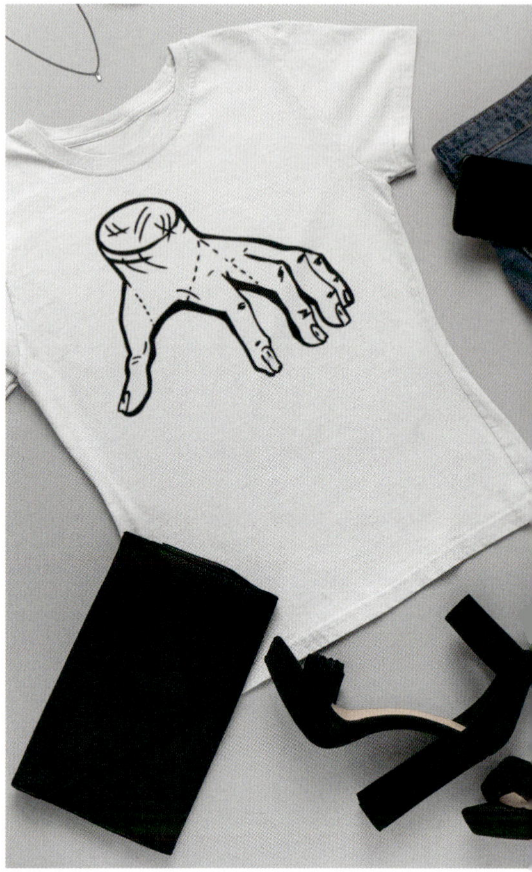

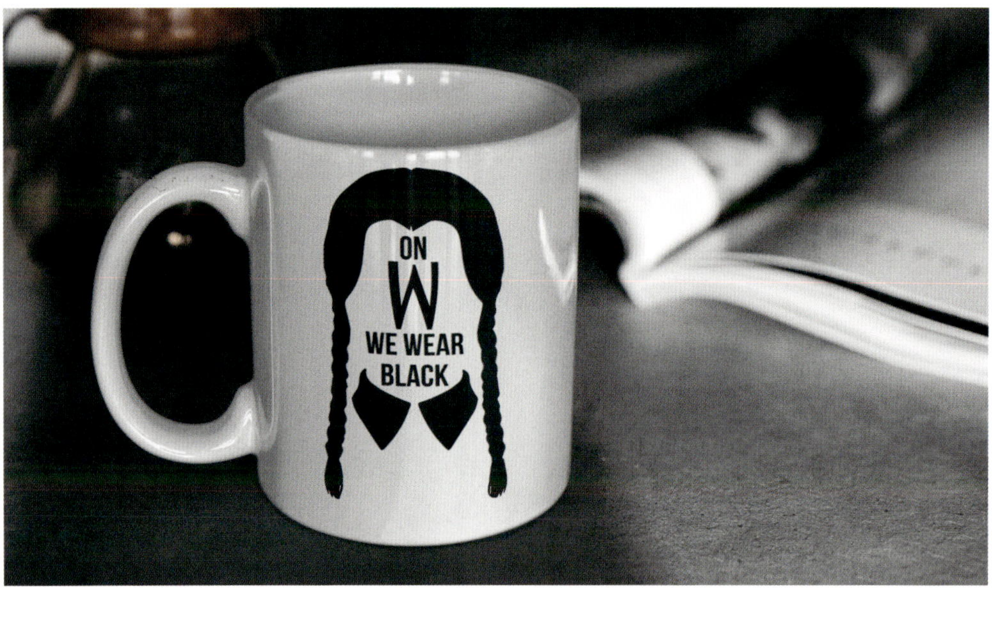
ON
W
WE WEAR
BLACK

GENIE UND WAHNSINN LIEGEN NAHE BEIEINANDER

Wednesdays böse Sprüche sind einfach nur ikonisch. Wenn sie, stets im Angriffsmodus, mit bestechender Intelligenz einen nach dem anderen exakt richtig und fies formuliert raushaut, bleibt dem Gegenüber schon mal das Lachen im Hals stecken. Aber recht hat sie und insgeheim sind wir doch alle nur neidisch auf ihre geniale Schlagfertigkeit.

JETZT WIRD GEPLOTTET!

Alle nachfolgenden Projekte sind Inspirationen. Alle Dateien kannst du über den QR-Code runterladen und nach Belieben weiterbearbeiten oder so aus-plotten wie angegeben. Beplotte Kleidung, Accessoires oder Tassen oder verschönere dein Zimmer mit Wandtattoos. Die Möglichkeiten sind unendlich.

WELCHE GERÄTE BENÖTIGST DU:

Schneideplotter von Silhouette oder Brother, Sublimationsdrucker, Tintenstrahl- oder Laserdrucker, Pressgerät deiner Wahl. Du kannst mit der Datei auch in einen Plottershop gehen und Dir den Plot dort ausdrucken und anbringen lassen.

WAS DU SONST NOCH BRAUCHST:

Pullover, Shirts, Taschen, Tassen oder andere Objekte, die du mit Sprüchen versehen willst, nach Wahl Flexfolie, Flockfolie oder Vinylfolie, Thermotransferfolie, Schneidematte, Entgitterhaken, Schere, Backpapier

DATEITYP:

Du kannst Dir die Datei im Format .svg, .dxf, .png, .jpg über den angegebenen Barcode runterladen. Die Datei steht gezippt zum Download bereit. Alle Dateien liegen als gruppierte Vorlage vor.

SCHWIERIGKEITSGRAD:

Die Plots sind einfach und schnell zu entgittern und daher für Anfänger geeignet.

SO DARFST DU DIE DATEI NUTZEN:

Die Größe darfst du an das jeweilige Projekt anpassen. Die Motive dürfen nicht nachgezeichnet, kopiert oder verändert werden. Der Gebrauch ist nur zu privaten Zwecken im Rahmen dieses Buches gestattet. Es ist untersagt, die Plotterdatei an Dritte weiterzugeben oder Produkte mit den Motiven zu verkaufen oder zu sonstigen kommerziellen Zwecken zu verwenden.

WAS DU SONST NOCH BEACHTEN SOLLTEST:

Achte immer auf die exakten Messereinstellungen bei deinem Plotter. Lies die Beschreibung der Folie genau durch und benutze sie nur in der dafür vorgesehenen Verwendungsart. Beachte beim Pressen die angegebene Press- oder Bügelzeit und die richtige Temperatur.

ZU GUTER LETZT:

Habe Spaß bei Tragen, Nutzen oder Verschenken deiner Projekte und vor allem: Sei wild, hab' immer einen guten Spruch parat und sei jeden Tag ein bisschen Wednesday.

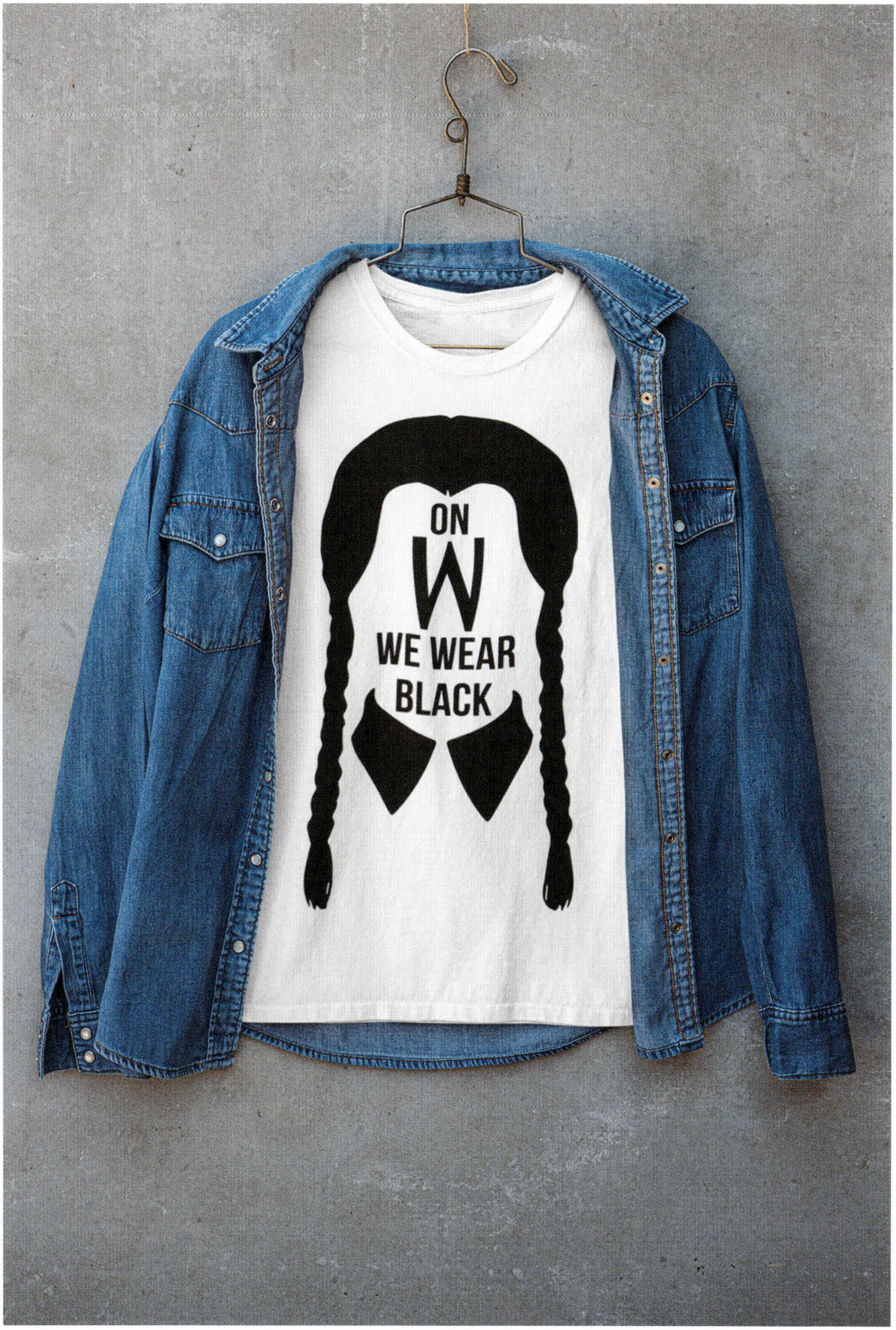
ON
W
WE WEAR
BLACK

If he breaks your heart,

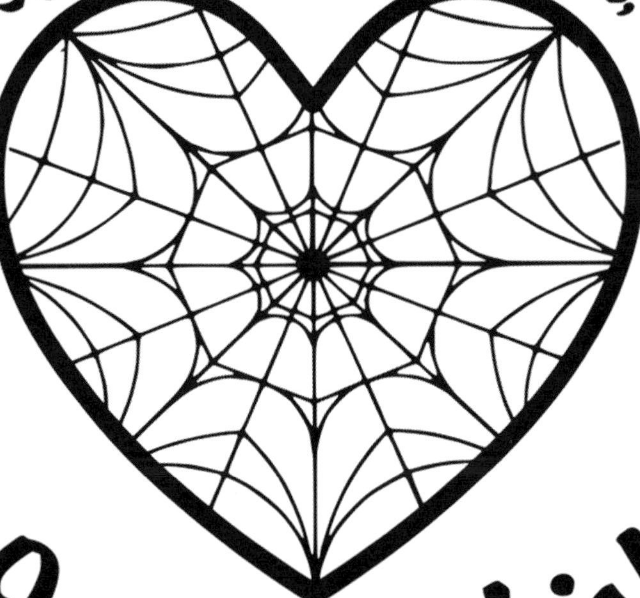

I nail-gun his!

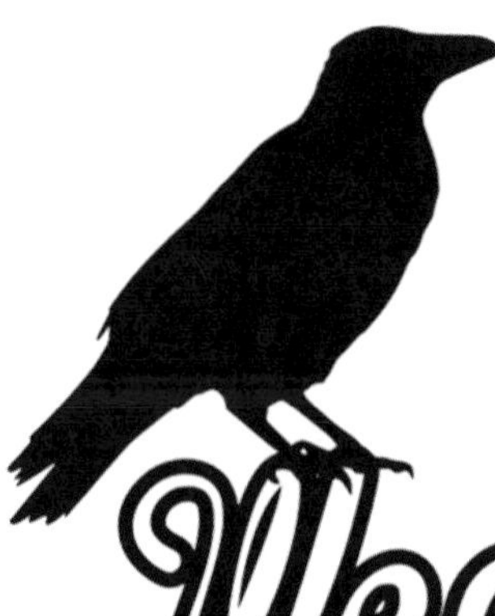

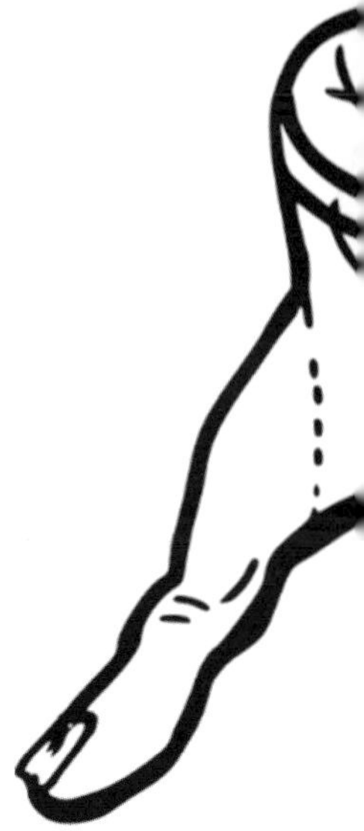

On Wednesday we wear Black!

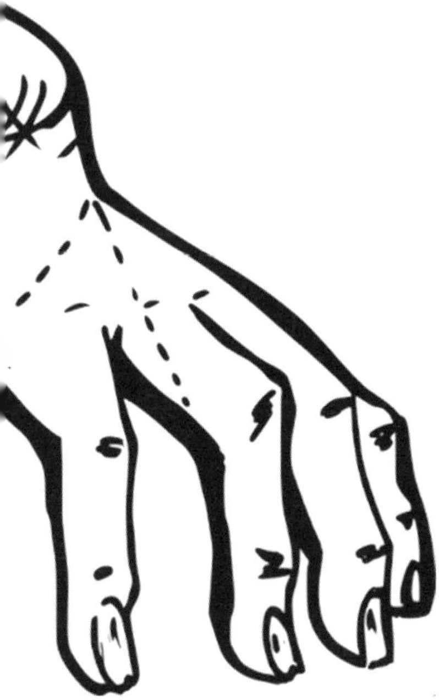

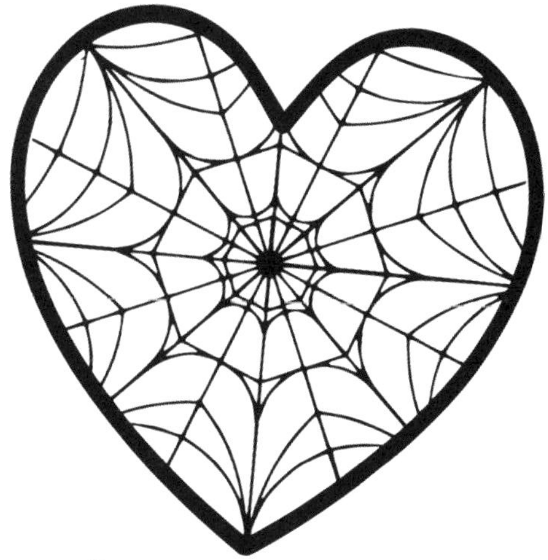

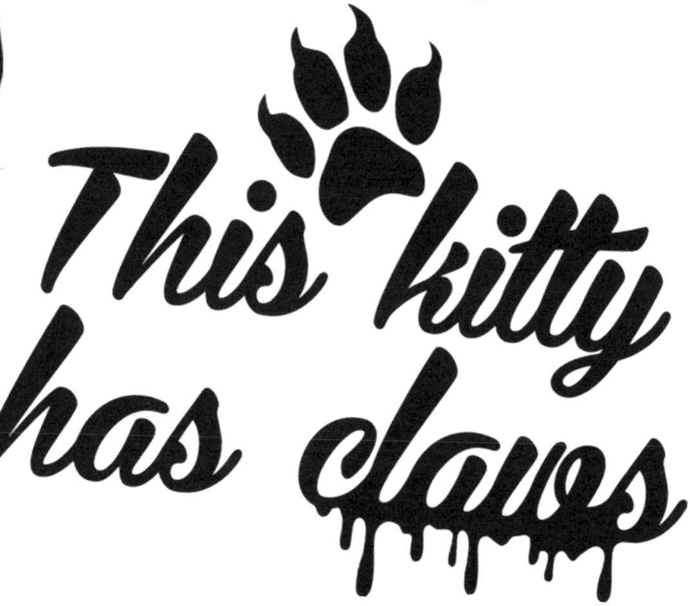
This kitty
has claws

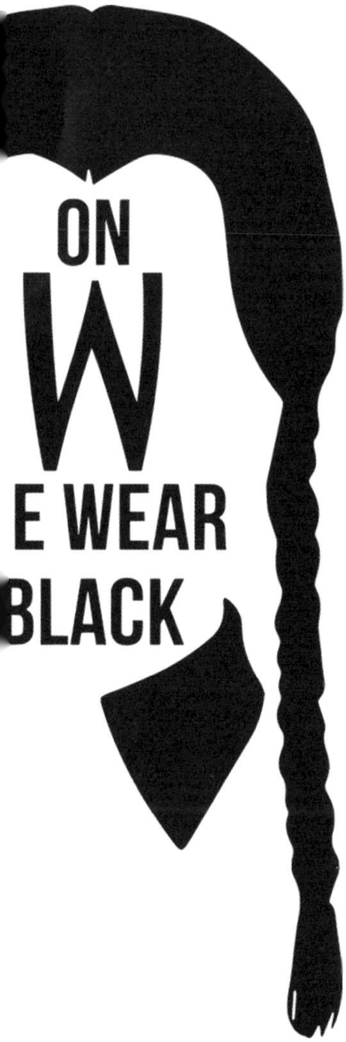
ON
W
E WEAR
BLACK

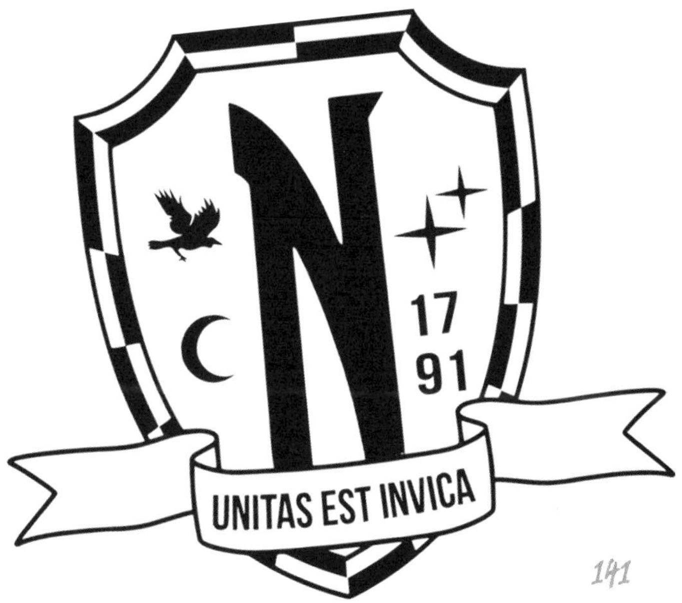
N
17
91
UNITAS EST INVICA

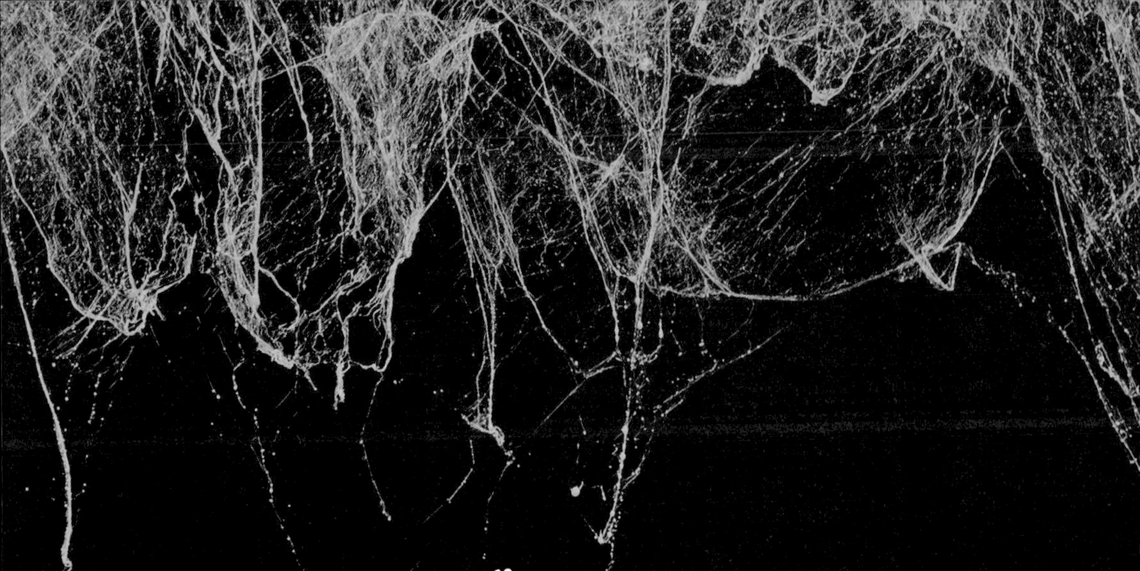

WEDNESDAY: »ICH HÖRE ERST DANN AUF, SCHWARZ ZU TRAGEN, WENN EINE DUNKLERE FARBE ERFUNDEN WIRD!«

Aus: Wednesday, Staffel 1, Folge 1: »Mittwochskind trägt großes Leid«

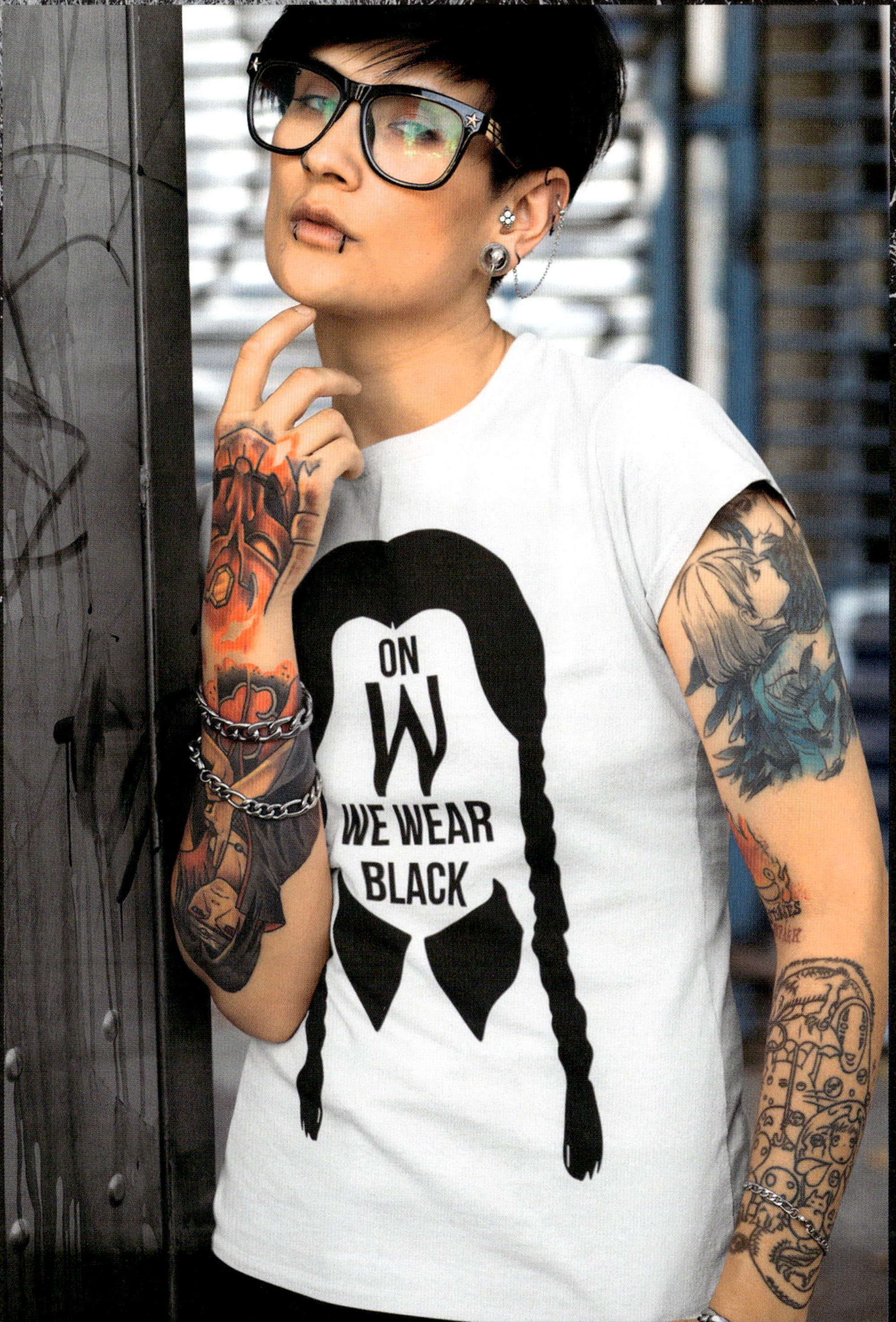
ON
W
WE WEAR
BLACK

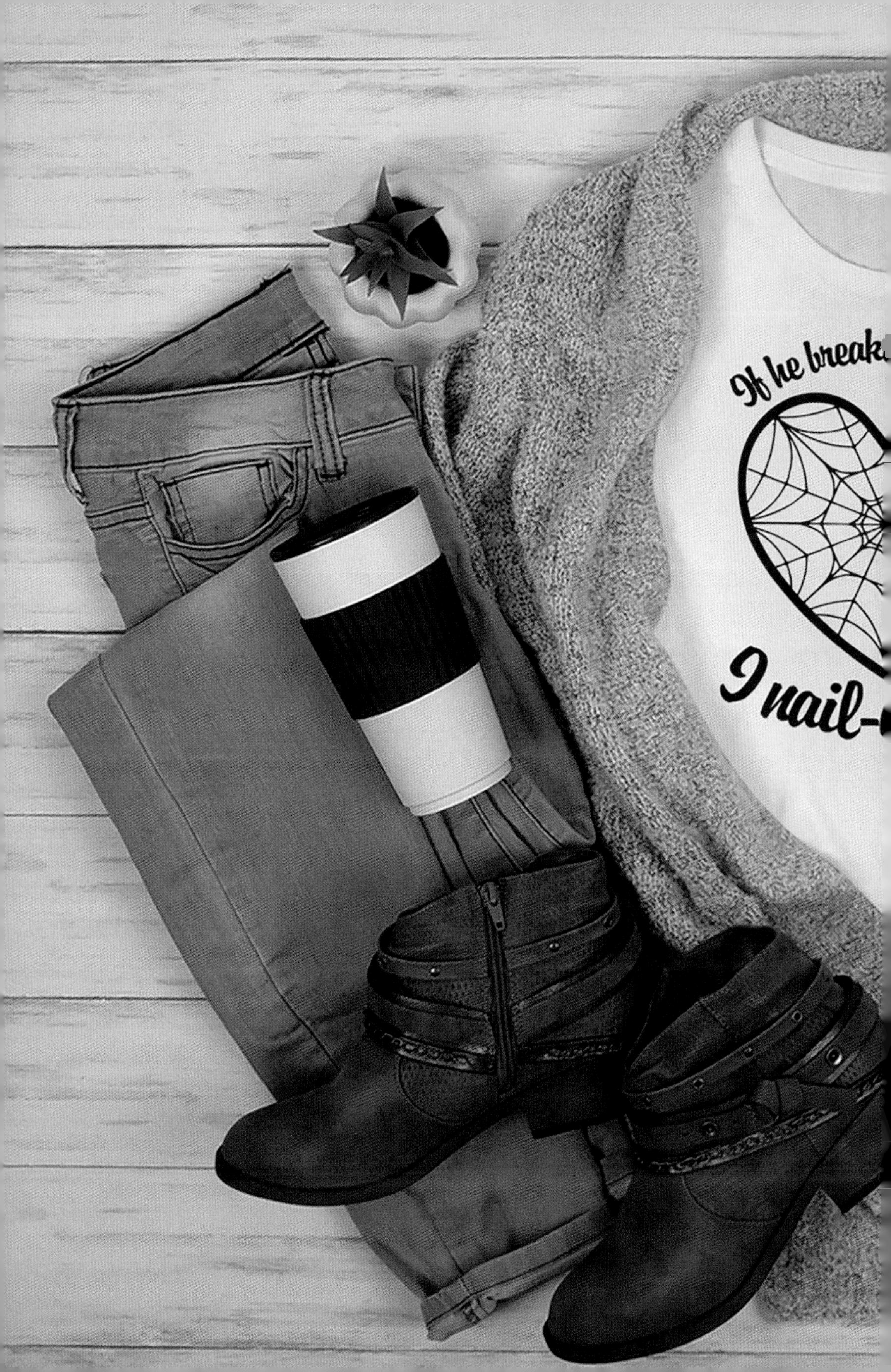
If he break
I nail-

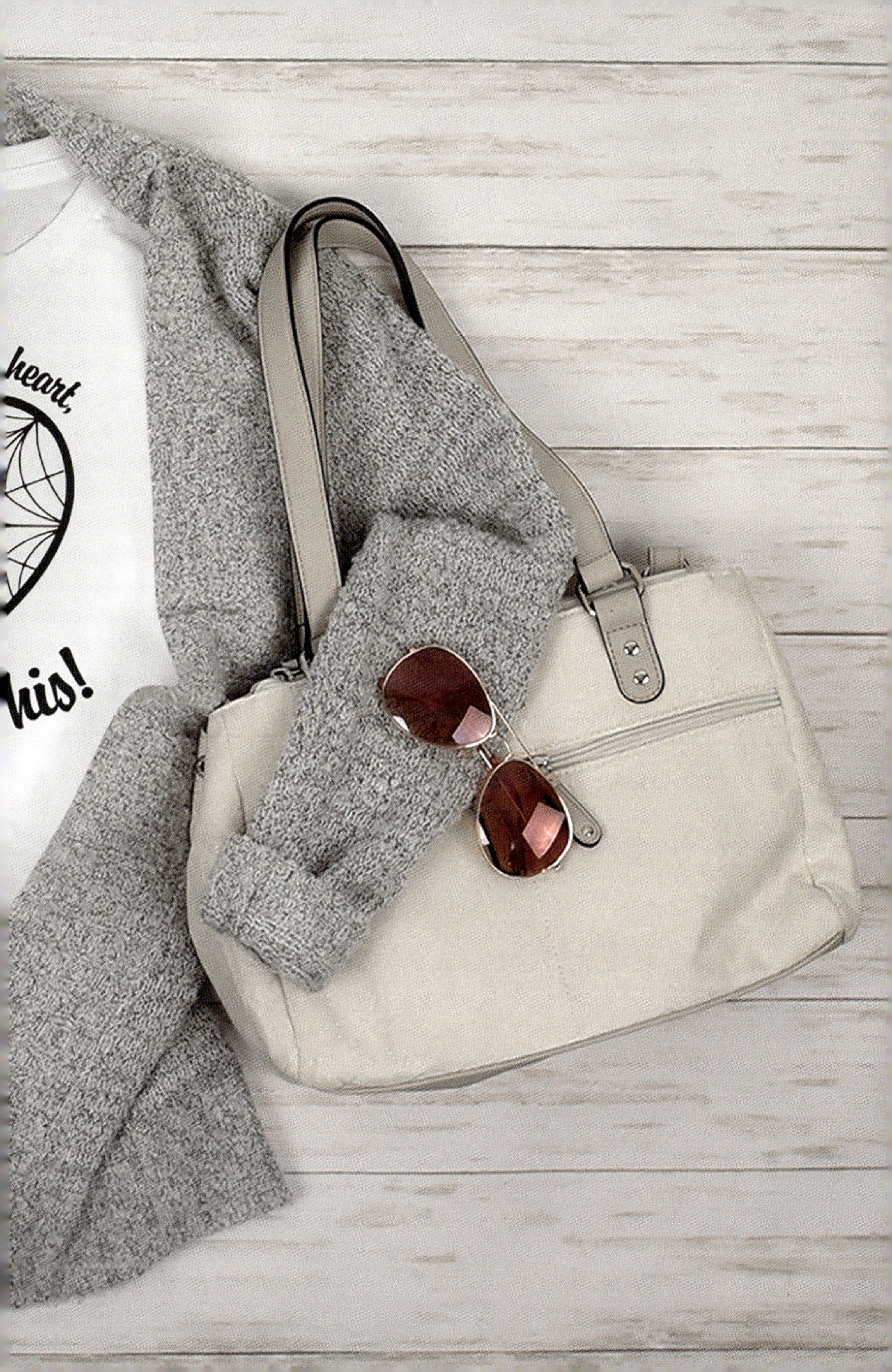
heart,
his!

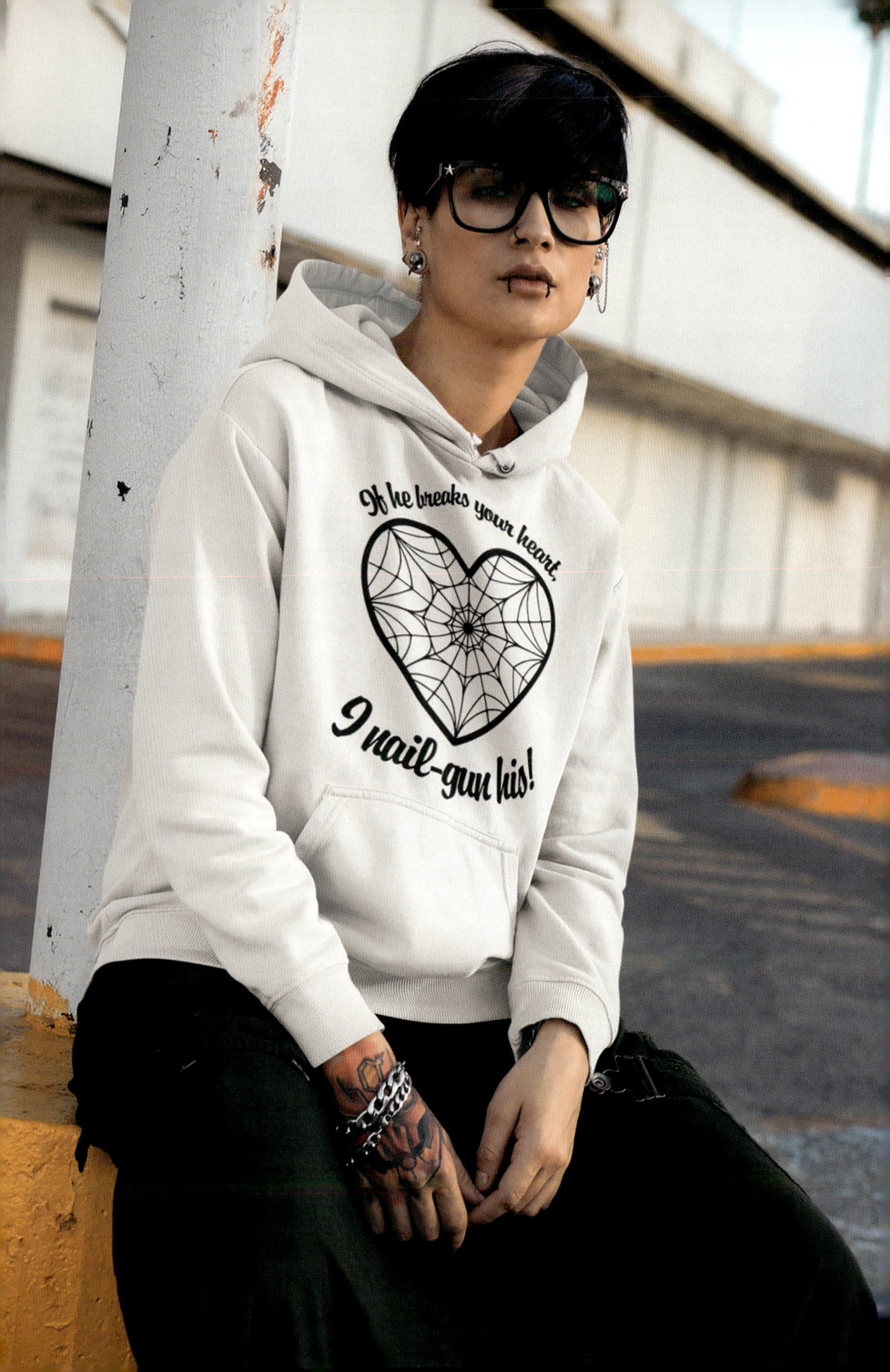
If he breaks your heart,
I nail-gun his!

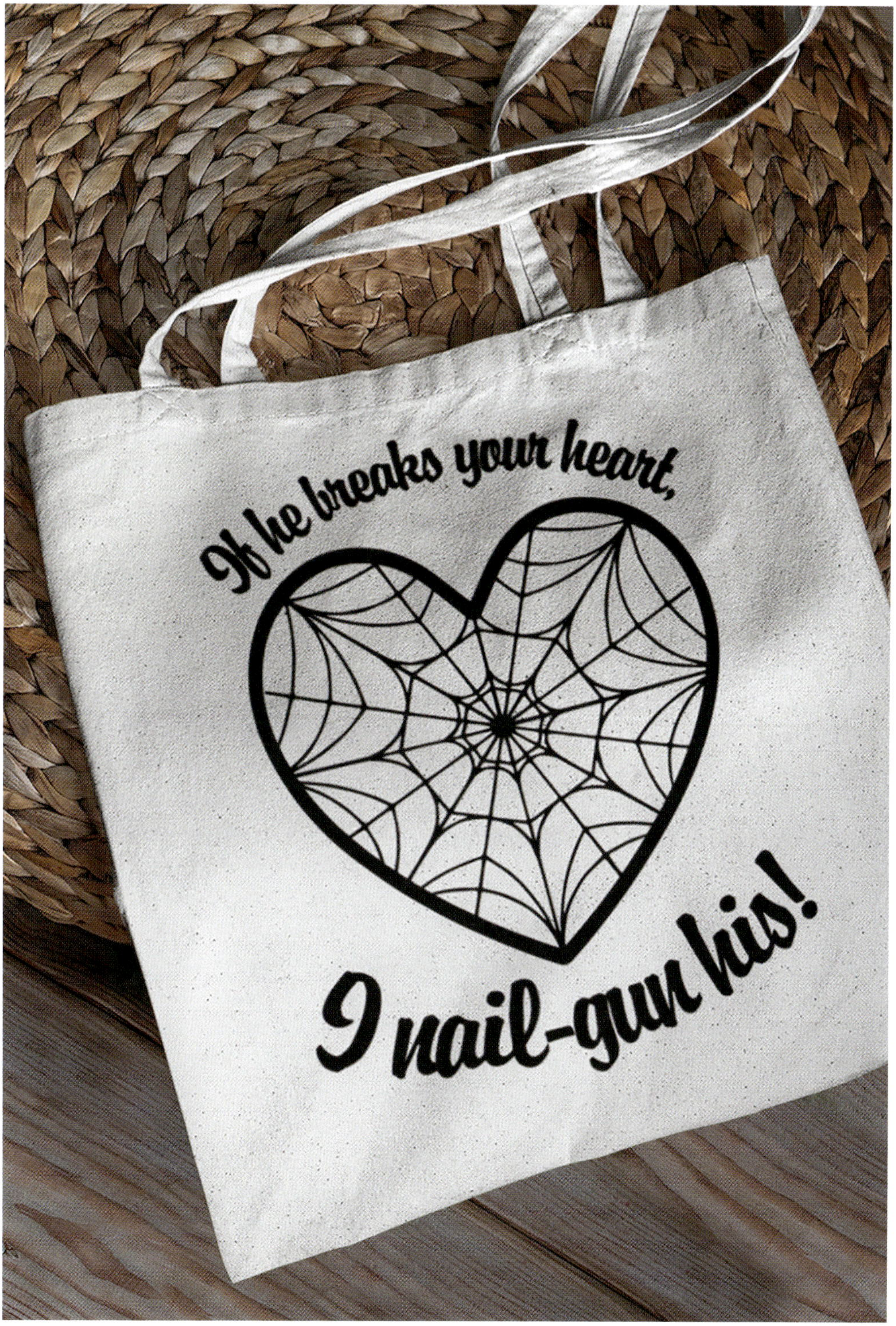
If he breaks your heart,
I nail-gun his!

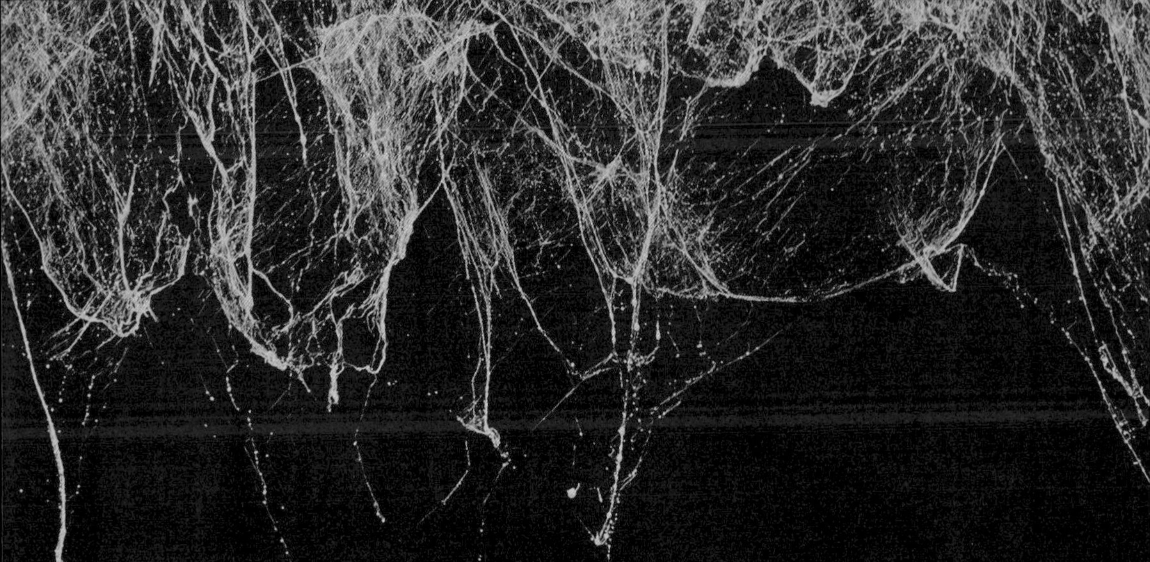

WEDNESDAY: »NATÜRLICH ENTPUPPTE SICH DER ERSTE JUNGE, DEN ICH KÜSSE, ALS PSYCHOTISCHES, SERIENMÖRDERISCHES MONSTER. ICH GLAUBE, ICH HABE EINEN TYP.«

Aus: Wednesday Staffel 1, Folge 7: »Wenn Du mich jetzt nicht betrübst«

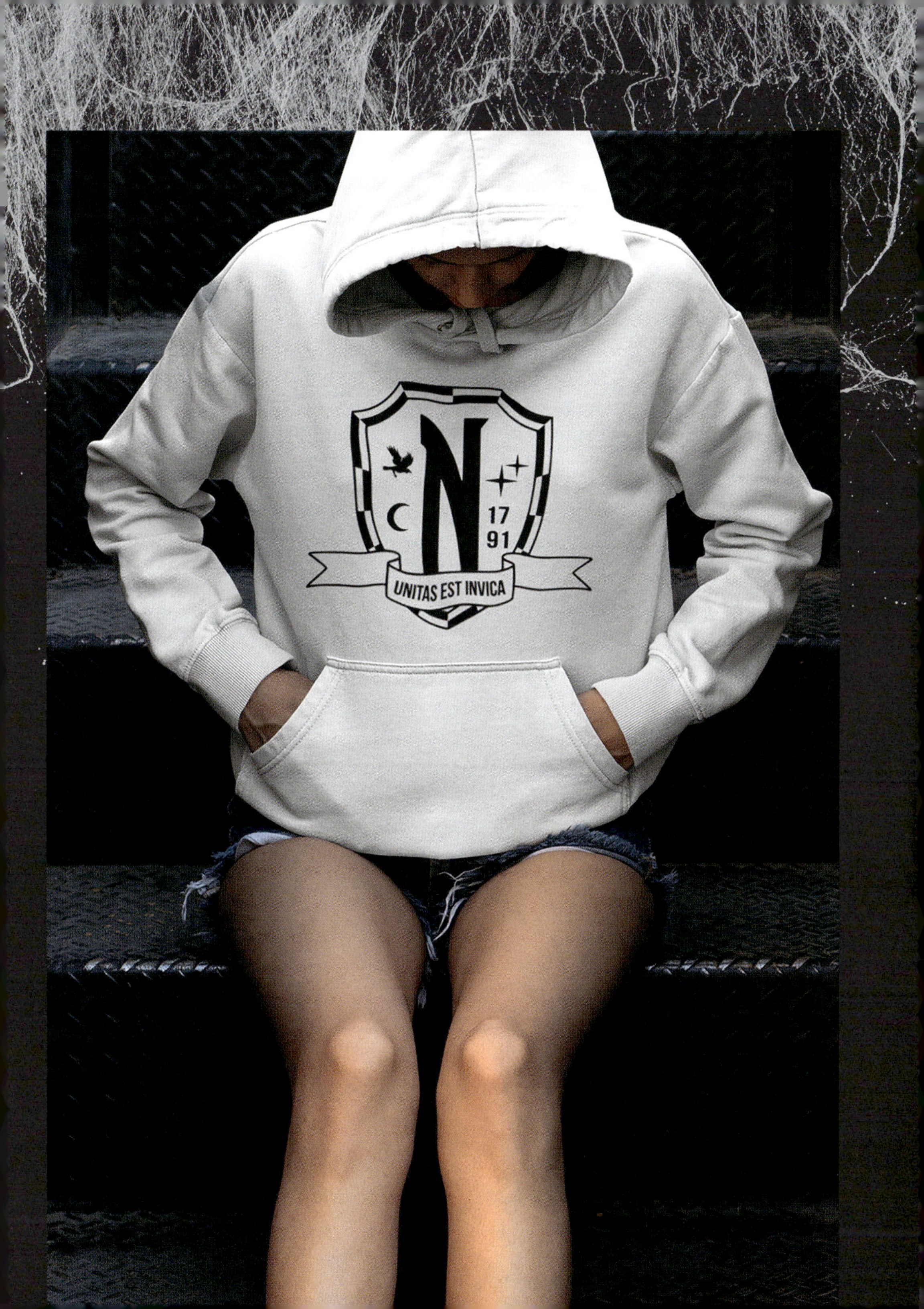
N
17
91
UNITAS EST INVICA

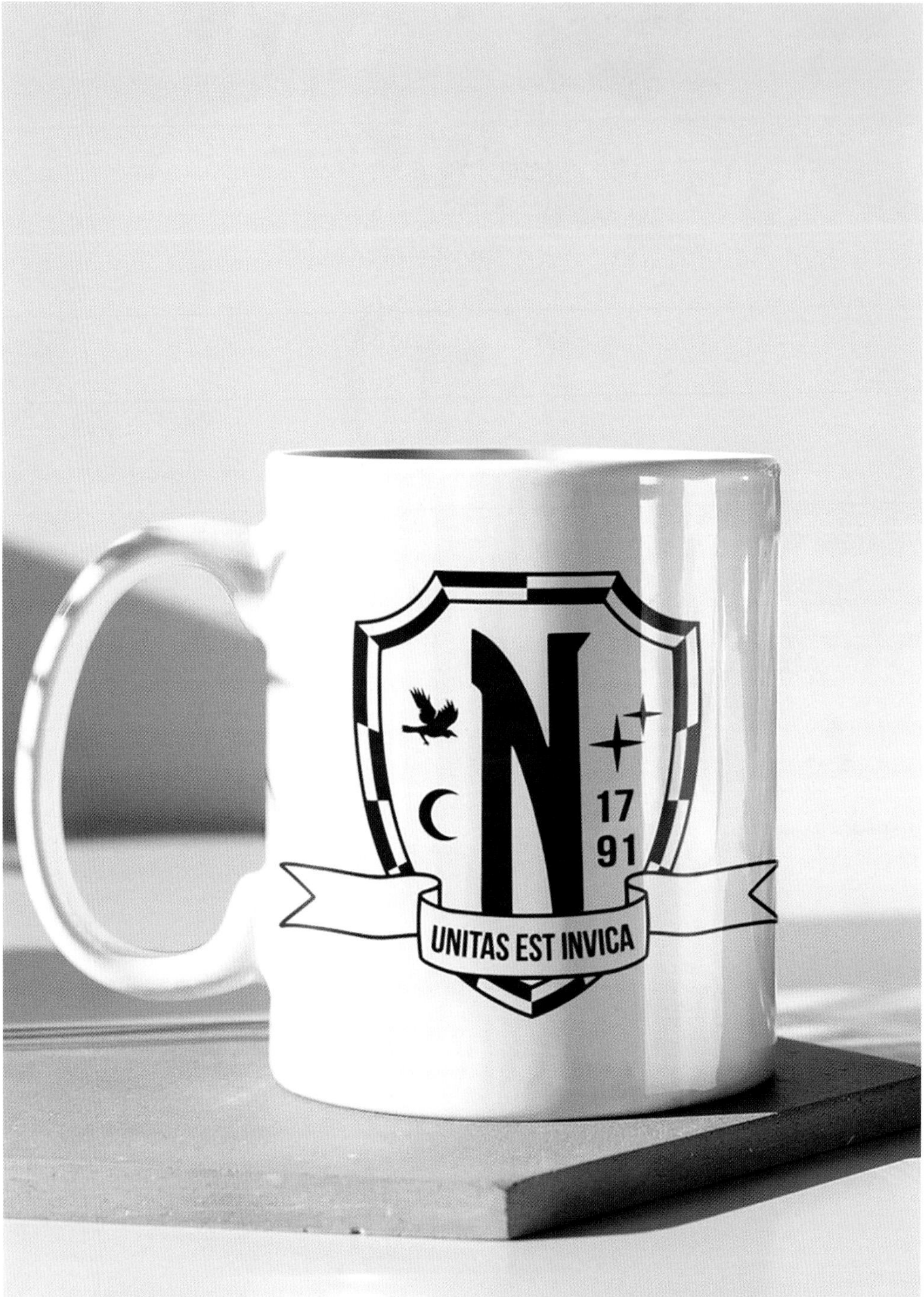
17
91
UNITAS EST INVICA

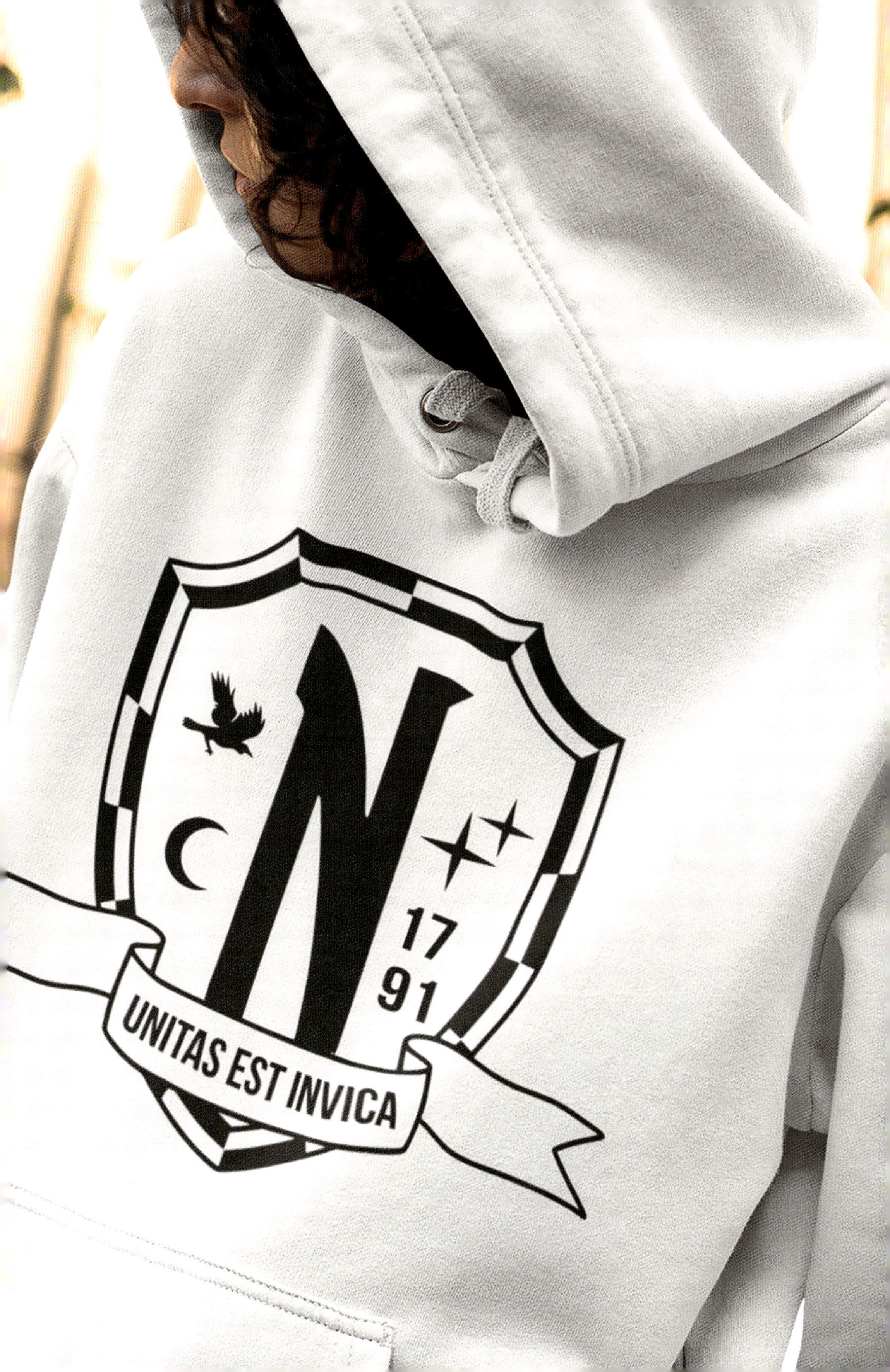
N
17
91
UNITAS EST INVICA

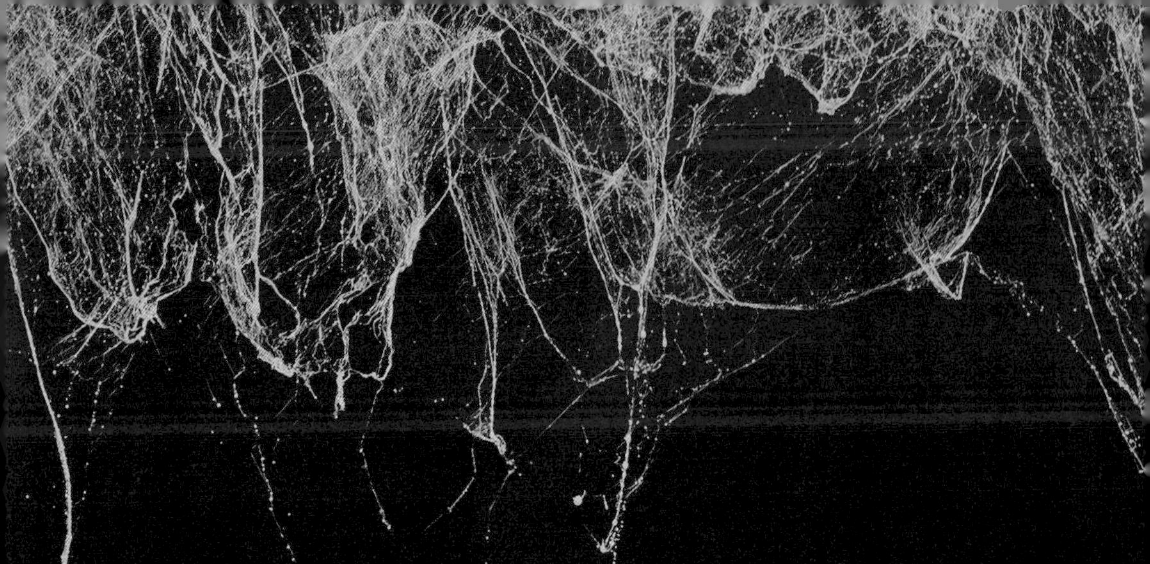

WEDNESDAY: »ICH FINDE, DASS SOZIALE MEDIEN EINE SEELENSAUGENDE LEERE BEDEUTUNGSLOSER BESTÄTIGUNGEN SIND.«

Aus: Wednesday, Staffel 1, Folge 1: »Das Kind am Mittwoch ist voller Kummer«

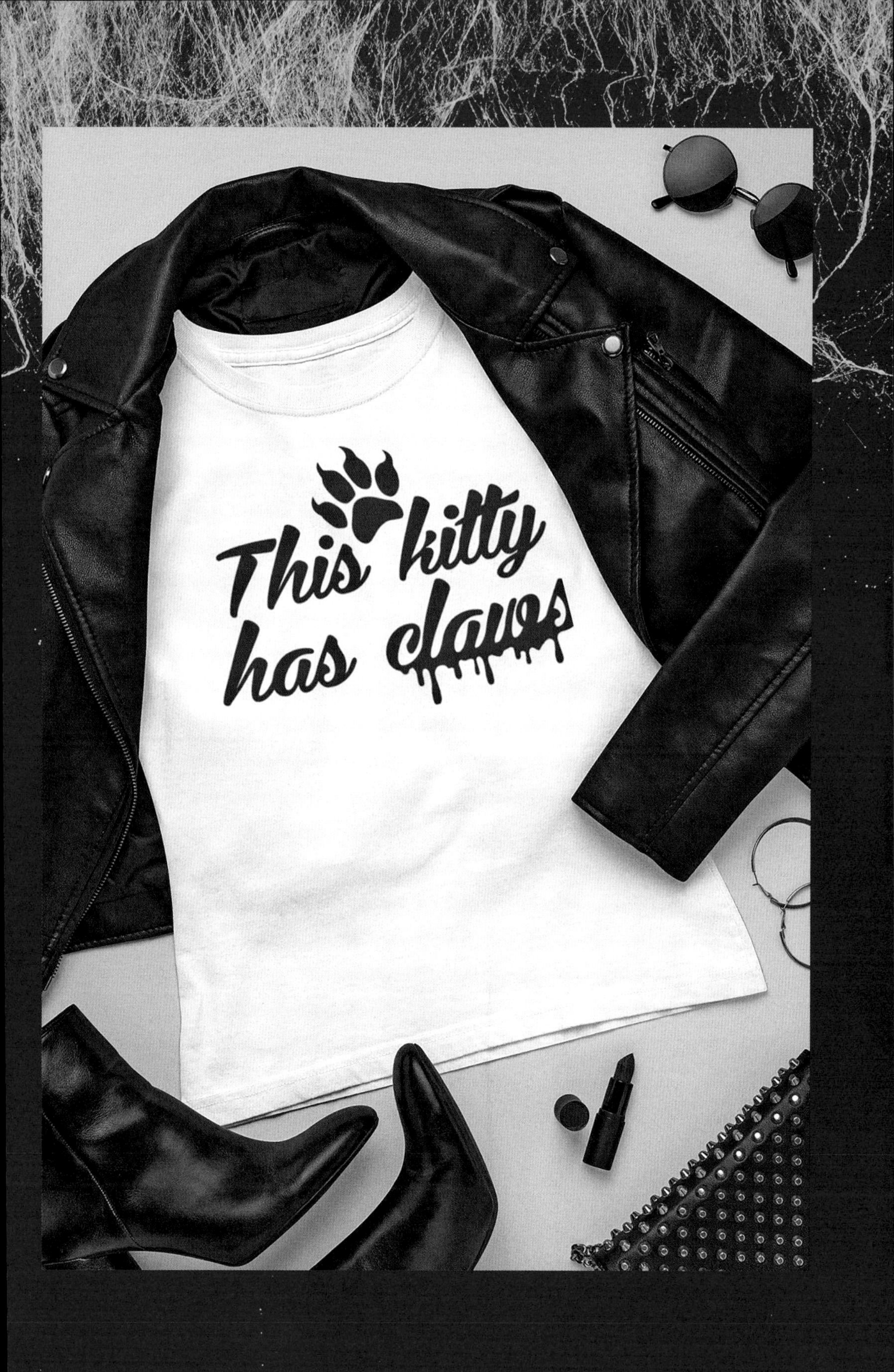
This kitty
has claws

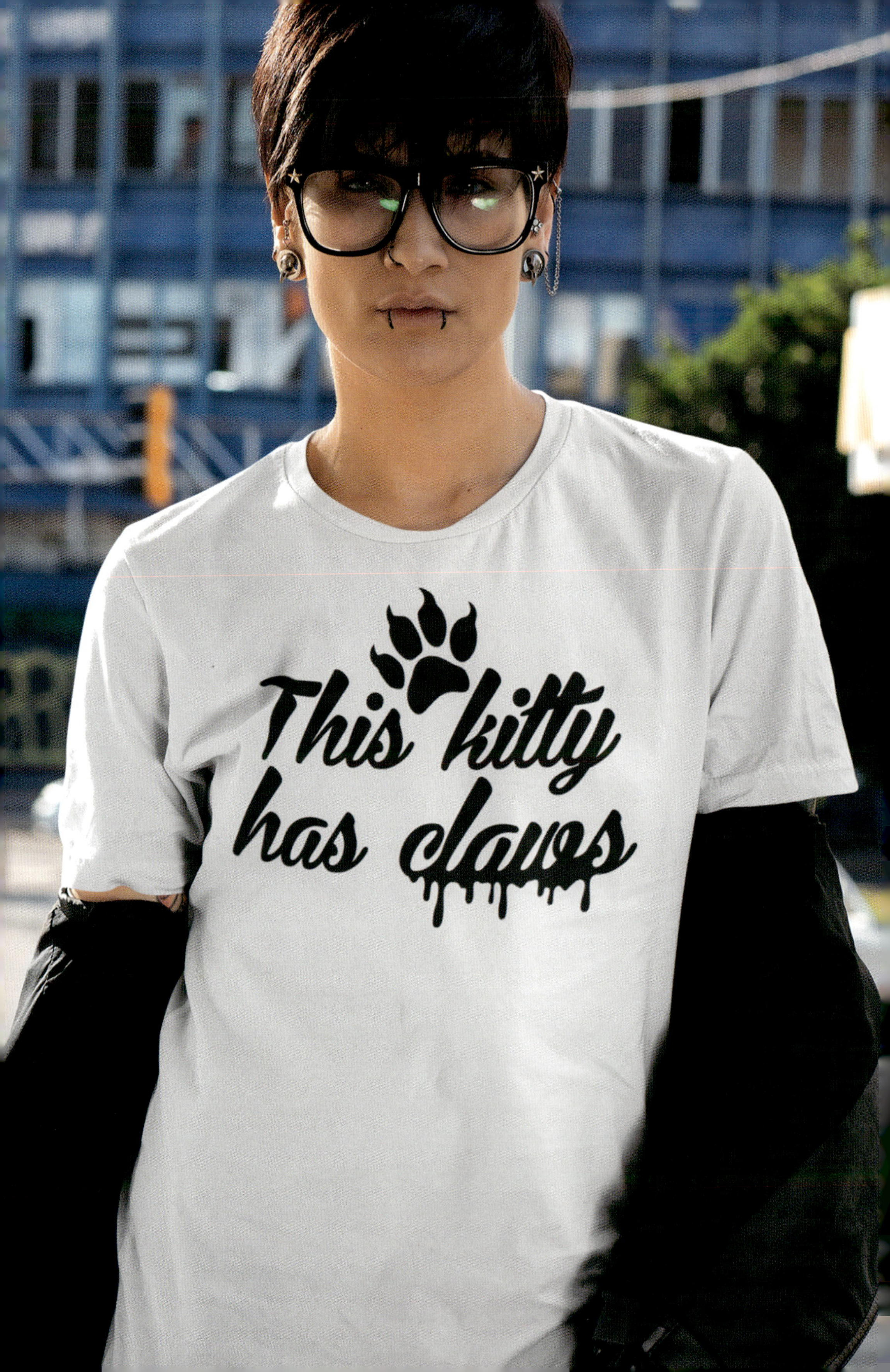
This kitty
has claws

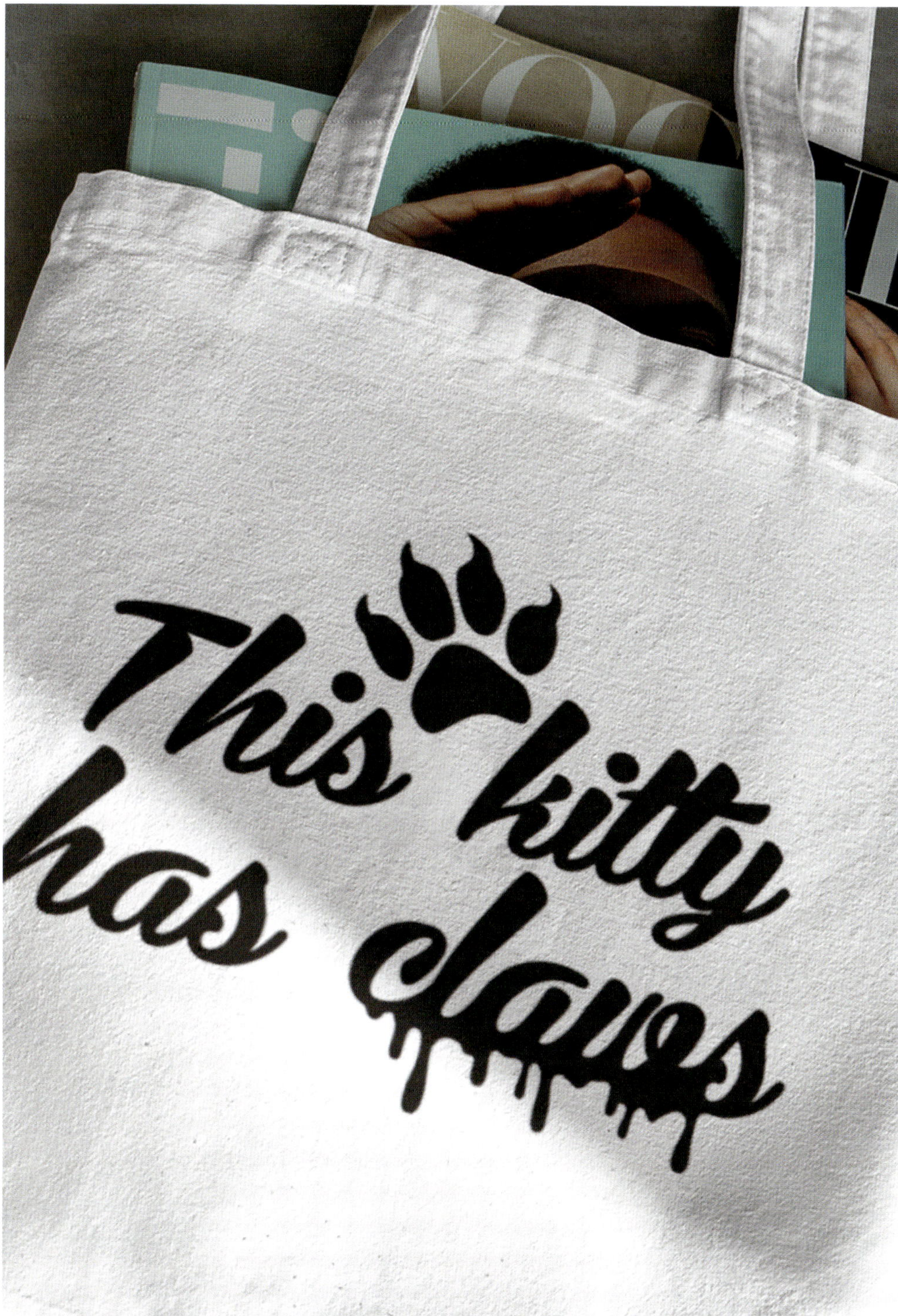
This kitty
has claws

DANKE AN ALLE MITWIRKENDEN:

Sabine Ruf für die tollen Enid-Pullis, Sonja Hahn-Schmück für die genialen Plotterdateien, Birgit Gack, Sandra Koh fürs Mitstricken, Sonja Herberhold für die süßen Amigurumi, Floor Hooghland fürs Mithäkeln und Marcus Taeschner für die Geduld beim Layout (auch wenn ihm schon ganz kariert vor Augen war), Ruth Maierl für den schönen Häkelkragen und alle anderen, die dazu beigetragen haben ...

Durch euer liebevolles Mitwirken habt ihr die zauberhaft morbide Welt von Wednesday und ihren Freunden lebendig gemacht. Danke, dass ihr euch für die Welt geöffnet habt und somit auch unseren Lesern Zugang zum Wednesday-Universum erlaubt, welches uns wieder in Erinnerung ruft, was wichtig ist:

MUT, FREUNDSCHAFT UND SICH SELBST TREU ZU BLEIBEN.

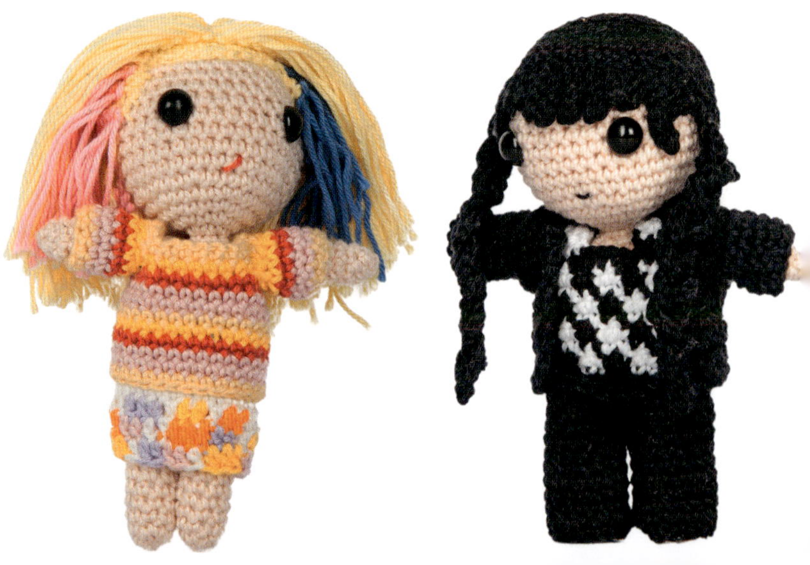

Ebenfalls erhältlich ...

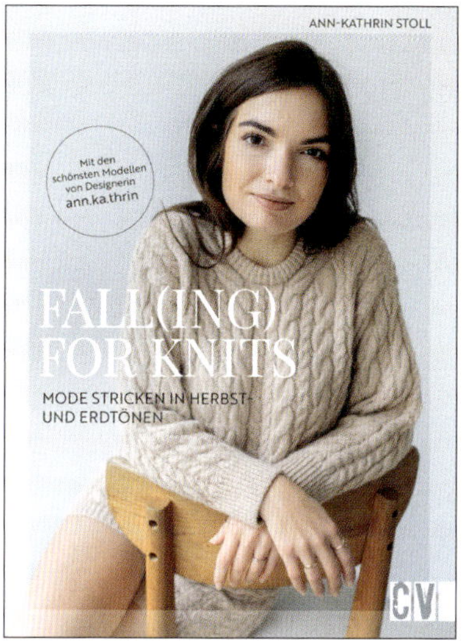

ISBN 978-3-8410-6760-9

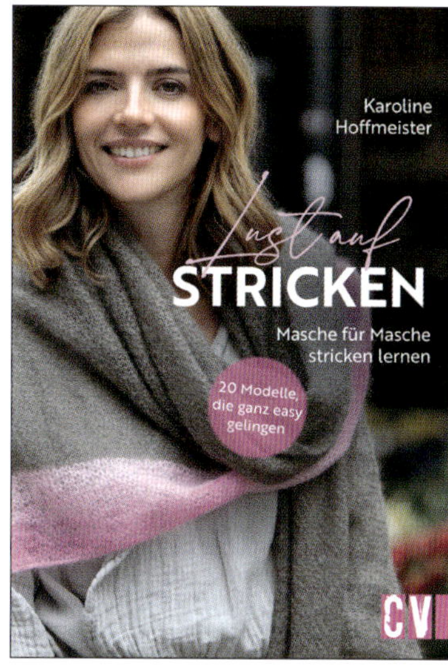

ISBN 978-3-8410-6742-5

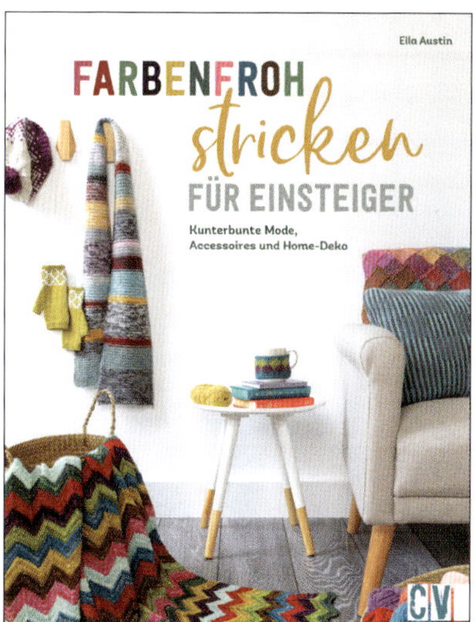

ISBN 978-3-8410-6714-2

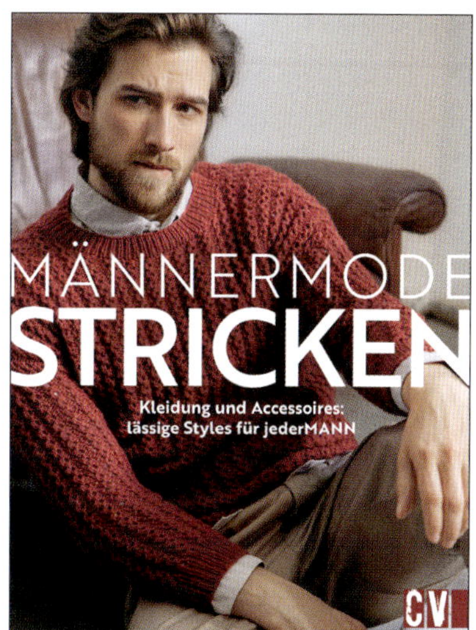

ISBN 978-3-8410-6754-8

CV

www.christophorus-verlag.de

IMPRESSUM

Redaktion: Helgrid van Impelen
Autoren: Siehe separater Bildnachweis
Fotos: Siehe separater Bildnachweis
Cover- und Umschlaggestaltung: Andreas Kersten
Bildredaktion: Rebekka Wittmann
Rezepte: Johanna von Pechmann
Lektorat: Dr. Brigitte Schnock
Korrektorat: Mareike Weber
Layout und Satz: Marcus Taeschner
Repro: LUDWIG:media
Herstellung: Julia Hegele
Druck: Printed in Poland by CGS Printing

Unser komplettes Programm finden Sie unter

www.christophorus-verlag.de

★★★★★

Sind Sie mit diesem Titel zufrieden? Dann würden wir uns über Ihre Weiterempfehlung freuen. Erzählen Sie es im Freundeskreis, berichten Sie Ihrem Buchhändler oder bewerten Sie beim Onlinekauf. Und wenn Sie Kritik, Korrekturen oder Aktualisierungen haben, freuen wir uns über Ihre Nachricht an Christian Verlag, Postfach 40 02 09, D-80702 München oder per E-Mail an lektorat@verlagshaus.de.

Die Deutsche Nationalbibliothek verzeichnet diese Publikation in der Deutschen Nationalbibliografie; detaillierte bibliografische Daten sind im Internet über https://www.dnb.de/ abrufbar.

ISBN 978-3-8410-6739-5

Kreativ-Service

Sie haben Fragen zu unseren Büchern und Materialien? Wir beraten Sie gern rund um alle Kreativthemen. Rufen Sie uns einfach an. Wir interessieren uns auch für Ihre eigenen Ideen und Anregungen. Sie erreichen uns per E-Mail kreativ-service@c-verlag.de oder unter der Telefonnummer 0049-89-1306 99 577.

Besuchen Sie uns im Internet: www.christophorus-verlag.de & www.selbstgemacht.de

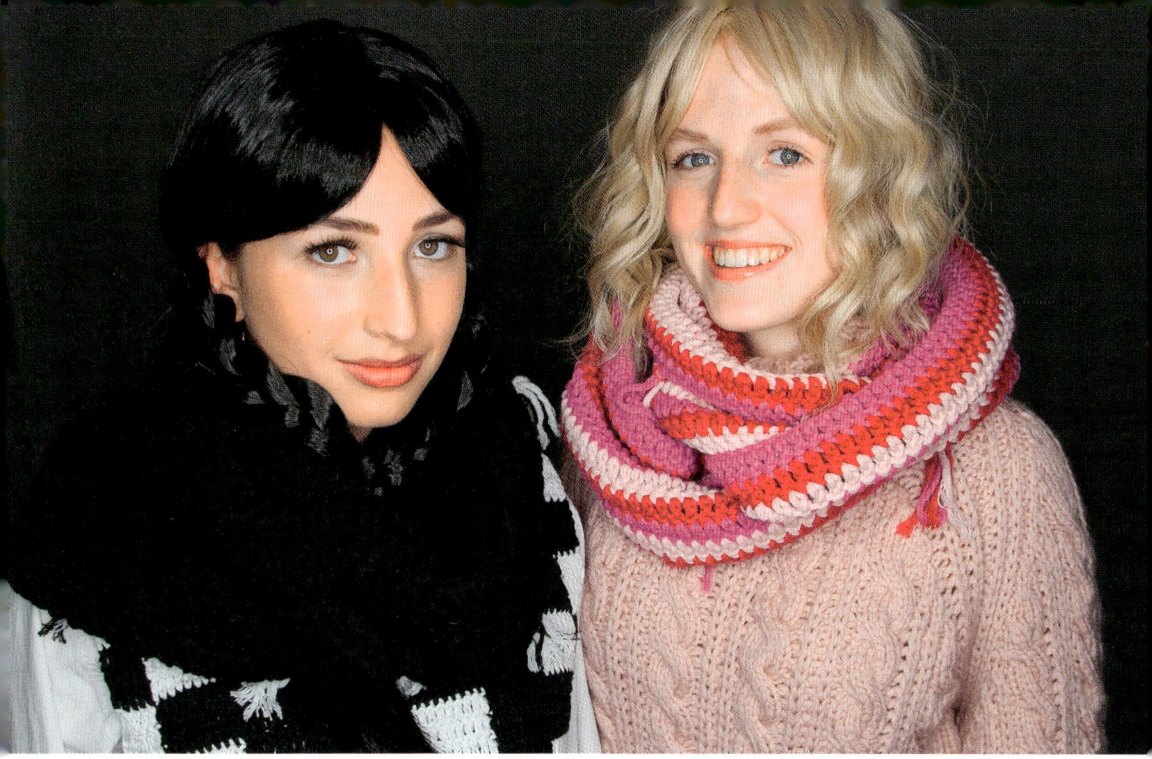

BILDNACHWEIS

Alle Bilder der angefertigten Modelle mit Model und Fotos der Amigurumi: Ulla Laser
Stepfotos der Amigurumi: Sonja Herberhold
Schnittskizzen, Strickschriften, Häkelschriften, Zählmuster: Sabine Ruf und Christian-Verlag,
Alle Fotos der Plotteranwendungen und Plotterdateien: Sonja Hahn-Schmück

Weitere Bilder:
Umschlag innen: Shutterstock / Stock Vector ID: 2304667225, Rusanova Svetlana;
Inhaltsverzeichnis: ????
Seite 6: Shutterstock / Stock Photo ID: 2246608261, Hamara
Seite 8: Shutterstock / Stock Vector ID: 2245044289, Mariarangs;
Seite 9 und ff: Shutterstock / Stock Vector ID: 2237934643, Katerina Kashera;
Seite 11 und ff: Shutterstock / Stock Photo ID: 2061116024, Leigh Prather;
Seite 12-13: Shutterstock / Stock Photo ID: 675722191, Svetlana Lukienko;
Seite 14: Shutterstock / Stock Photo ID: 1878335215, Vera Petruk, Stock Photo ID: 1786551431, T.Den_Team, Stock Photo ID: 1947311245, Vera Petruk;
Seite 16: Shutterstock / Stock Photo ID: 1604434756, Prokrida;
Seite 48: Shutterstock / Stock Vector ID: 2240026563, LH Jones;
Seite 49 und ff: Shutterstock / Stock Vector ID: 2105512847, Olga Rai;
Seite 50-51: Shutterstock / Stock Vector ID: 136523051, Irmalrma;
Seite 53 und ff: Shutterstock / Stock Vector ID: 2246535919, Alarcon Studio;
Seite 78-79: Shutterstock / Stock Vector ID: 2183375193, Mr. Timoty;
Seite 98-99: Shutterstock / Stock Illustration ID: 2237022087, zeze.kr;

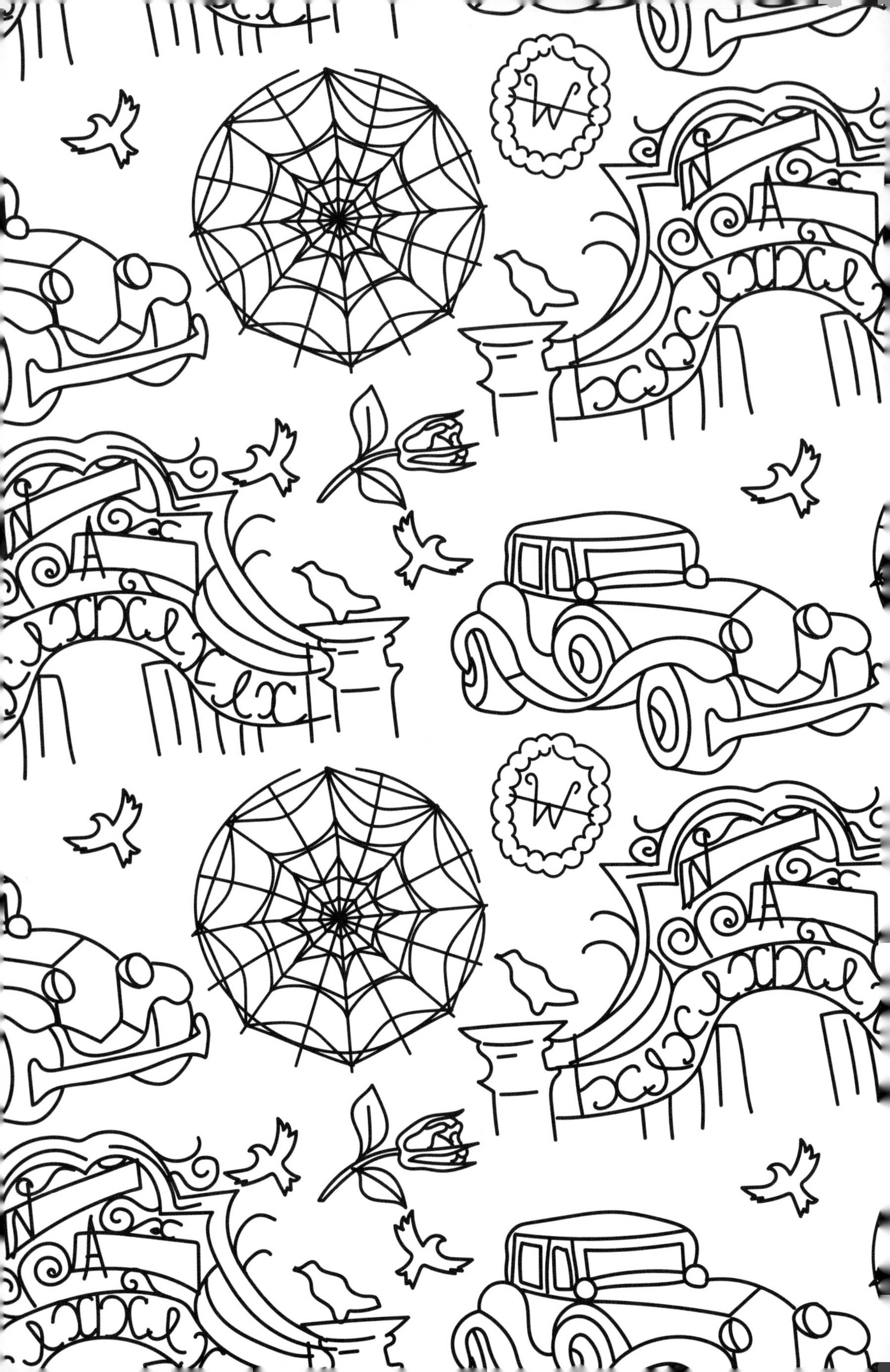